意識の神経哲学

河村次郎 著 Jiro Kawamura

Cognitive Neurophilosophy of Consciousness

萌書房

意識の神経哲学＊目　次

意識の神経哲学

序　意識の難問に挑む

世の中には難問と呼ばれるものがあまた存在する。さらに、それらの間には困難さの階層がある。ある問題は、確かにさしあたって解答困難だが、じっくり対処すれば、いつか解決できそうである。それに対して、ある種の難問は、いくら時間をかけても、またどれだけ策略を尽くしても、永遠に解けないように思われる。それどころか、そうした問題はそもそも設定自体が間違っているのであり、実は答える価値も必要もない「疑似問題」なのだ、とすら言われる。しかし、かつて時期尚早に疑似問題のレッテルを貼られたものが、その後予想に反してアクロバチックに解決された例もある。

ところで世の中には数多くの知的探究が存在する。これら知的探究すべてをひっくるめて学問と呼ぶことができるが、一般的には大まかに哲学と科学は区別されるべきものとみなされている。二千数百年に及ぶ西洋の知的探究の歴史を顧みると、かつて哲学と科学の間に明確な区別は存在しなかった。哲学と科学が明確に区別され始めたのは近世以降であり、一九世紀の中頃からその傾向はいよいよ先鋭化された。その際考慮されたのは、思弁と実証の対置である。つまり、哲学者が行っている知的探究は、論理（ロジック）はまあまあ整合的だとしても、しょせん机上の空論であり、現実に照らしてその真理を証明する姿勢が著しく欠如しているのに対して、科学者は一見卑賤に思われる実用性を常に顧慮し、実験と観察あるいは仮説演繹と帰納的実証のマッチングによって着実な成果をあげてきた。したがって科学者から見ると、哲学者たちはまさに前述の疑似問題と無益な格闘を繰り返していることになる。例えば、ＤＮＡの分子構造の発見者でその後神経科学に基づく意識の研究に転向したＦ・クリックは、

「何しろ哲学者たちは二千年という長い間、ほとんど何の成果も遺していない」と容赦なく断言している。クリックの発言はいささか度が過ぎるにしても、この発言に全く耳を貸さない哲学者もまた考えものである。

　さて、周知のように「心とは何か」という問いが難問であることは広く認められている。とりわけ「自我」として統覚される「意識」の問題（主観的経験の問題）は難解を極める。また心と身体ないし精神と物質の関係も難問であるが、これはさらに難解さの度合いが高い。しかし少し反省してみれば分かるように、我々は日常、何らかの障害を抱えていない限り、自分が自分であり、生活の来歴記憶に裏打ちされた各自の心をもち、また他者たちも自分と同じように自覚的心をもっていることを学以前の（vorwissenschaftlich）知り方で知っている。これは日常的暗黙知の次元に属す。そして暗黙知であるがゆえに、明確な概念化に到達しない。しかし日常生活には支障をきたさないので、それ以上考え込まないのが大方の趨勢である。中世の思想家アウグスティヌスが、「時間とは何か。誰も私に問わなければ、私は知っている。しかし誰か問う者に説明しようとすると、私は知らないのである」と言ったことは有名であり、哲学的アポリアが話題になるときによく引き合いに出されるが、この言明はそのまま心の問題に適用できる。つまり、「心とは何か。誰も私に問わなければ、私は知っている。しかし誰か問う者に説明しようとすると、私は知らないのである」、と。

　時間のアポリアがそのまま心のアポリアに変換できることには、それなりの理由がある。アウグスティヌスが問題にしているのは、自然界の物体の運動の観測・測定に定位した「物理学的時間」ではなく、精神の志向性から理解された、真に心的で主体的な「現象学的時間」なのであり、それは心理学的時間からも区別される。心理学的時間概念は、実は物理学における因果性の探求法を心的現象に応用したものであり、そこでは主体（主観）の経験の現象的側面は捨象されている。つまり心理学的時間概念は、主体によって体験される生（なま）の時間現象をいったん外部から客観的に観察される行動に還元し、そのデータを主体（被験者）の内観的報告データと照合することによって得られたものなのである。それゆえ時間体験の現象的質は色あせてしまう。二〇世紀前半を風靡した行動主義の実験心理学は、まさにこうした手法に則って心理現象全般を説明しようとした。そしてこの動向は、思弁を排する実証主義の哲学に基づいて、心理学を客観的科学にしようとする性急な判断に多くの心理学者がなだれ込んでしまったことを表している。確かに、下手をするとオカルトめいたものになりかねない心理学を、何とか合理的科学に引きとめようとした点で行動主義の心理学は、心の科学の成長過程における重要な通過点であった。内観主義の心理学と精神分析学のみが跳梁していたら、今日の「心の科学」（広い意味での認知科学）」はどのような様相を呈していただろうか。そもそも心の科学としての認知科学は誕生していただろうか。その意味で行動主義の心理学は、「誤りから学ぶ」という逆算法を提供してくれたのである。我々は今なお「心」と「意識」に関しては慎重を極めなければならない。とはいえ、チャルマーズの指摘する「心理学的心」と「現象的心」の区別はやはり重要である。要は、アウグスティヌス的な根源への志向と客観的科学の方法の間にどのような折り合いをつけ、両者を統合すべきか、である。これは単に「心とは何か」と問うよりもはるかに難易度の高い課題であり、必然的に哲学上の難問たる心身問題に帰着する。

常識的に考えると、我々の生存している世界は、物質を基本としながらも、何かそれとは区別されるものから成り立っているように思われる。「何かそれとは区別されるもの」とは曖昧な表現だが、心にしろ社会にしろ歴史にしろ政治にしろ、こうしたものはすべて純粋な物理科学（とりわけ物性物理学）が明確に規定できるものではない。さりとて物質から全く独立して、それらが存在するようにも思えない。我々の学以前の日常的世界観は、おおむねこのように穏当な物心二元論を基調としていると言える。そして実は、この日常的世界観が、科学者に影のようにつきまとい、反省されざる思考の習慣の基盤として働くのである。物理科学者が物質とその他の物理的特性のみ、精神科学者が心と社会的事象のみを探究するというのは極端すぎるが、自らの研究領域に異質の要素が入ってくると支障をきたす、というのは科学研究上の常識でもある。近代西洋の科学と技術の驚異的進歩を支えたのが、デカルトの物心（心身）二元論の哲学であることは否定しようがない。

しかしデカルトの物心二元論は広い意味での物理的事象の科学的研究の確実な進歩には寄与したが、心の科学の誕生を阻む足かせとなったことも事実である。つまりデカルト的物心二元論は、心とりわけ主観的意識を科学的研究の埒外に置き、かつ物理的事象と心的事象の関係を実体二元論的相互作用による曖昧な説明のうちにとどめ、心の科学全般ならびに物理的事象と心的事象の関係が要点となる科学の領域の進歩を遅らせたのである。物理的事象と心的事象、あるいは端的に心身関係が問題となるのは、現代で言えば脳科学、認知科学、精神医学、心身医学、そして最近興隆してきた意識科学などである。これらの分野では、ダイレクトに心と脳あるいは精神と身体の関係が問題となるが、その他心理学関連の諸領域、例えば臨床心理学、発達心理学、認知心理学、教育（心理）学、体育学、社会心理学などでも多かれ少なかれ心身関係は問題となる。また分子生物学を中心とする生命科学においても、「生命」そのものの意味が問われ、クローン生物に関する倫理的ないし科学論的議論がなされる際には、やはり心身問題が頭をもたげてくる。つまり技術倫理を含む生命倫理の領域でも心身問題は重要なのである。さらに医学全般が生命そのものの意味を問い、人間における心身関係を考慮する傾向を示し始めている。しかもこの傾向は、基礎の生物学的医学と臨床の医療技術双方の驚異的進歩に対する無反省な全面的信頼に異論を申し立てる、安っぽいヒューマニズムに由来するものなどではない。医学そのものが生命の科学であるという自覚に達し、人間（患者）を心身統合的有機体として理解する医療の原点の現代的刷新を試みているのである。これは要するにホーリスティック医学の、科学技術に裏打ちされた形での復権である。

このように諸科学においても心身関係は問題となるが、何と言っても心身問題は哲学上の大問題である。しかし哲学的心身問題は、よく不毛であると言われる。あるいは解けそうもない疑似問題である、とも揶揄される。もしこのように言われるのなら、哲学者は批判から目を逸らさずに、落ち度を認めつつ議論を再構築しなければならない。そのために、まず哲学的心身問題の由来について少し考えてみよう。

心身問題の原初形はプラトンの対話編『パイドーン』におけるソクラテスの発言に見られる。その際ソクラテスは、「善く生きること」を可能ならしめる自由意志が物理的・生理学的因果関係から独立して機能しうることを、自らの死をもって示そうとした。これは表層的に見れば、脳の生理的活動から精神を切り離す心身二元論の原始形態であるが、実はここでのっぴきならない「問題提起」がなされているのである。つまり「自我とその自由意志を安直に身体（脳）の生理的過程に還元してよいのか」、と。例えば三島由紀夫の自決は、彼のビルドアップされた身体に追いつけなかった彼の脳の純粋に生理―物理学的機能の破綻なのであろうか。あるいは、読者である「あなた」の日々の行為と行動はすべて、あなたの中枢神経系を中心とした身体の物理的―生理的因果性に支配されているのだろうか。

「当然、この宇宙の摂理に即して、すべて物理的因果律に従うよ」。「行動は物理的因果性に支配されるけど、行為はその支配から逃れているよ」。「まず〈物理的〉と〈生理的〉と〈生物学的〉を区別して考えないと、混乱するよ。社会的生物である人間は生理的過程ですら純粋な物理法則には従わないし、自由意志による行為には生物学的説明すら拒むものがあるよ。それぞれの説明は分をわきまえるべきだね。行為の社会的意味関連をよく考えなきゃ」。「おっと、心理学的次元はどうなんだい。人間の行為と行動を説明するのは、何はともあれ行動の科学としての心理学なんだから」。「いや精神は身体であり、身体こそ不滅である。科学的説明など要らない。我々は武士道の精神に則り、英霊の声に従うのだ。私はフロイトが大嫌いだよ（三島由紀夫）」。

このように色々な意見が出そうだが、ソクラテスが心身問題の原初形を提示したというのは、何よりもこの問題が問題としてあくまで成り立つことを示したということなのである。つまり物理的（物質的）な身体（ソーマ）と非物理的

（非物質的）な精神（プシュケー）・知性（ヌース）をあえて対置し、自我の自由意志による行為の根拠を問うたからこそ、心身問題が明確に提示されることになったのである。もちろんこうした姿勢に二元論のレッテルを貼り、不毛な問題の捏造だと罵ることもできる。しかし、「それは不合理な心身二元論だ」という反論を引き起こすところに、実はソクラテスの問題提起の意義がある。つまり、こうした反論を引き起こす扇動性が、その後二千数百年にわたる西洋の心身関係論の火種となったのである。

　心身二元論克服という傾向は前世紀以来、哲学と科学双方において支配的である。筆者もこの傾向に与しているが、二元論の代表者と目されるソクラテスとデカルトのことは常に念頭に置き、敬意を払っている。そして現代の心脳問題の若きエースたるチャルマーズも、あえて性質二元論を提唱し、新たな物議を醸しつつも意識科学の先導者の一人として活躍している。チャルマーズの性質二元論は「意識のハード・プロブレム」の提唱と連係するものだが、ある意味でデカルトの方法的懐疑と似た性格をもっている。つまり両者にとって二元論や懐疑そのものが執着の的となっているのではなく、それは根源的真理に到るための一種の道具なのである。

　ところでデカルトの思索のうちに見事に示されているように、心身問題は自我の問題と密接に関係している。また自我の問題は現代の脳科学において最高難度のものと認められているし、現代の心脳論は主観的自我の意識と感覚質（クオリア）の問題を頂点に据えている。すでに自我を思惟実体（res cogitans）とみなすデカルトの立場は大昔に廃れた。さりとて自我を知覚の束として脱実体化するヒューム的立場も現代脳科学の返り討ちを受けている。そもそも単なる知覚の束が、いかにして脳内の認知機能の諸単位（モジュール）の統率原理としての「自我」たりうるのか。現代の脳科学（神経科学）は、ますますシステム論的色彩を強め、脳（中枢神経系）を環境との相互作用のうちで自己組織化する生物情報システムとみなすようになってきている。そしてこの自己組織システムは、その認知活動において「自己参照性（自己言及性）」という性格を有している。したがって「自我」は実体としては存在しないが、その統率的機能は認めざるをえないのである。また現代の神経科学者たちは、心身論上の立場としてはマリオ・ブンゲの主張する創発主義的マテリアリズムに近い立場をおおむねとっており、自我と心は脳の創発的性質として「確かに存在する」という見解を擁護する傾向にある。その「存在」の意味は曖昧なままであるが、哲学者のとる教条主義的な消去的唯物論を現代の脳科学者はもはや承認しない。それはポスト行動主義の現代認知科学（広い意味での心の科学）全般に見られる傾向でもある。

それでは、こうした傾向の中で「意識」はどのように扱われるのか。意識はかつて哲学の独占的テーマであった。しかし近年意識の科学が台頭してきた。この学際的分野において科学者と哲学者はいかに対話しているのであろうか。

意識はデカルトの省察を通して初めて明確に問題化された。デカルトは科学者でもあったが、意識の問題は経験科学的にではなく、形而上学的に扱った。それは当然である。「我思う（cogito）」としての「私の意識」は、公共的観察の対象として客観化できない「私秘的なもの」であり、形而上学的な接近しか許されない、とデカルトは判断したのである。またコギトとしての意識は、他の諸々の心理現象や認知機能とも区別される。後者は、外部に表出される行動との関係に着目すれば公共的観察の対象として客観化し、法則性を経験科学的に探求できるが、前者はそうしたアプローチを厳しく拒むのである。ここに「意識の形而上学としての心の哲学」と「経験科学としての心理学」の分岐点が存在する。

デカルト以後、意識の問題はイギリス経験論からカントとドイツ観念論を経て二〇世紀の現象学と分析哲学へと、もっぱら哲学の枠内で伝承されていった。このうちイギリス経験論から分析哲学への流れが主観的経験に対して懐疑的であり、心の哲学を経験科学とリンクさせたがる傾向にあるのに対して、カントとドイツ観念論から現象学への流れは超越論的哲学の伝統を形成しており、経験科学を含むあらゆる学知の基盤への遡及において意識を、いわば権利問題的に先験化＝超越論化して捉えた。なお経験的立場からの心理学を提唱したブレンターノ、医学部出身で心理学者兼哲学者だったジェームズ、神経学の臨床データを介して意識と心身問題を考え抜いたベルクソン、一九世紀から二〇世紀にかけて活躍した、この三人も意識の哲学の歴史において極めて重要である。とりわけジェームズのテーゼ「意識はモノではなくプロセスである」は、今日の脳科学と意識科学の道先案内的役割を果たしている。こうした意識哲学の伝統に関して、ここで立ち入って論じることはできない。その代わりに今日優勢となっている、英語圏の神経哲学を紹介しておこう。

近年アメリカを中心に興隆してきた神経哲学は、それ以前の分析哲学の内部における心の哲学の発展形である。「神経哲学（neurophilosophy）」という言葉を初めて用いたのはパトリシア・チャーチランドであり、一九八六年に刊行された彼女の主著の表題は、ずばり『神経哲学』であった。副題が「心と脳（Mind/Brain）の統一科学を目指して」となっているこの本の内容は過激である。確かに分析哲学系ないし科学哲学系の心の哲学の伝統を受け継いでいる様子は窺えるのだが、極端に神経科学の事実的側面を重視しているのである。彼女の意図を簡略化すると、「すべての素朴心理学（folk psychology）の言明を厳密な神経科学的説明に還元してしまおう」となる。彼女によれば、我々が日常使っている「心的なものに関する表現」は、すべて神経生物学的表現に還元され、それが成功した暁には前者は消去されるのである。これは言うまでもなく心身論上の物理的還元主義の最右翼に位置する消去的唯物論の主張である。彼女の思想は、前述のクリックの立場と並行している。いわばクリックの哲学版である。実際、彼女は夫のポール・チャーチランドとともにクリックと交流し、意見を交換し合っている。

しかし神経哲学はパトリシアの専売特許ではない、アメリカを中心とした英語圏の分析哲学系の心の哲学の専攻者で神経科学や認知科学と積極的対話をしている者は、みな神経哲学者の範疇に属す、とみなされている。またその中でも、特に認知科学に強い関心を寄せていると認知哲学者と呼ばれる。例えばデネットがそうである。いずれにしても今日の心の哲学は、言語分析よりもはるかに神経科学と認知科学の実証データを重視し、心身問題と心脳問題を事実問題（quid facti）へと限りなく引き寄せる。これはライルやクワインやクリプキの世代から見れば大きな様変わりである。

それでは、こうした神経哲学の流れの中で意識は、どのように扱われるのだろうか。本書はまず、それについて論じることにする（第Ⅰ部）。次に神経哲学で主題となる心脳問題が伝統的心身問題とどのように関係するかに焦点を当て、神経哲学の中心論題の意義を、心身関係論と心脳問題の循環的関係の考察から逆照射する（第Ⅱ部）。それから、自我の問題をさらに掘り下げて考察するために、自我意識の社会的次元と脳の神経活動の社会関連性の関係を解明する（第Ⅲ部）。さらに、自我意識に関する形而上学的探究と自然科学的研究の間に存するギャップを明らかにし、その架橋の可能性を探索する（第Ⅳ部）。そして最後に、情報と創発性に焦点を当てて物質と意識のつなぎ目を抉り出す（第Ⅴ部）。

以上のような流れで本書は「意識の神経哲学」を展開するが、折に触れて精神医学や動物心理学や情報理論といった周辺的事柄も話題となる。第Ⅰ部で扱われるポール・チャーチランドは精神医学に積極的に言及するが、その姿勢は神経哲学の現実適用化をさらに促進するものとして高く評価できる。彼の立場は、精神病を神経物理主義的に捉えるものであり、従来の保守的な哲学的精神病理学サイドからは反感を買いそうだが、マンフレート・シュピッツァーのような進歩派の人とはうまくリンクしそうである。シュピッツァーは哲学にも造詣が深い人として現象学的精神病理学から出発した精神医学者だが、その後認知神経科学を精神医学に応用し、精神病を神経回路網（ニューラルネットワーク）の障害として捉えることを推進している。また情報理論とりわけ情報物理学は、心身問題の解決に重要なヒントを与えてくれる。日本で初めて情報物理学の可能性を示唆した湯川秀樹は、「情報は物と心の間である」という重要なメッセージを遺してくれた。我々はこのメッセージを受け継ぎつつ、心身問題と情報理論の関係を考えなければならない。さらに動物心理学も神経哲学にとって興味深いものである。それはネーゲルの名を一躍有名にした問い、「コウモリであるとはどのようなことか」に象徴される。

意識の問題の中でも「意識体験の主観的側面」の問題は特に難しい。ネーゲルの問いは、まさにそれに定位しているのだが、多くの還元主義者によって足蹴にされた。筆者の立場はネーゲル的観点を決して軽視しないで、意識体験の主観的側面の現象学を認知神経科学にリンクさせようとするものである。これはチャルマーズとヴァレラの意向を、より自然主義化したものである。

「意識」とは「自分の心的活動を自覚していること=意を識っていること」である。つまり意識とは、生物の心的活動の統覚的な自覚的側面なのであり、必然的に「自我」の概念とオーバーラップする。あらゆる生物の中で、明確な言語体系をもつ人間のみが意識的自我の高次機能を獲得しているとみなされるが、あらゆる生物の神経システムの活動に程度の差こそあれ見られる自己参照性ないし中枢再帰性は、意識的自我の自然科学的探究の道を拓いてくれる。換言すれば、それは意識的自我の自然主義的で客観科学的な把握の可能性を頭ごなしに否定する立場に再考を促すのである。主観的なものは現象学的のみならず客観科学的にも捉えられる、ということに目を開くことが肝要なのである。そうすれば「比類なき唯一の〈私〉」のメタフィジックス（形而上学）から「意識的自我」のフィジックス（自然学）への道は自ずと拓けるであろう。

また脳と意識的自我の関係を考える際には、後者が前者に対して「創発的」であるという観点を堅持することが肝要である。意識的自我は、物質的生物システムである脳から創発する非物質的特質である。しかし非物質的だからといって、意識を脳から二元論的に実体化して分離することはできない。それと同時に意識は脳の生理学的活動に還元されえない。つまり物質的脳が非物質的意識を自らの創発的性質として内包しているのである。この事態は、よくコンピュータのハードとソフトの関係になぞらえられるが、そうした類比は単純すぎる。人工知能の研究が自我の問題で躓くのも当然である。確かに人間の脳の認知機能はコンピュータの情報処理機能と類似点をもっており、前者を後者によってある程度模倣できる。しかし人間の意識（心）は生物進化の長い過程を通して自然発生したものであり、かつ社会的生存という「目的」に即して機能する。ここに意識と生命の深い関係が窺え、意識的自我の自然学（ピュシス学）の構築へと我々を駆り立てるのである。

社会的高等脊椎動物である人間の脳が、いかにして他の人間の脳との社会的相互作用において非物質的な意識の主観的特質を創発せしめるのだろうか。神経哲学は、この問題に真っ向から取り組まなければならない。本書は、その糸口を見出さんとする、一つのささやかな試みである。

第Ⅰ部　意識の神経哲学の多様性

第1章　現代における意識哲学の四つの方途

はじめに

意識という現象にアプローチし、それを研究する仕方は多種多様であるが、まず大まかに哲学的アプローチと科学的アプローチに区別できる。哲学的アプローチは、心身問題に対してとる立場の相違とか思想上の立場・方法論などによって色々な様相を呈する。また、それぞれの哲学体系の内部で「意識」というものが、どう位置づけられているかも重要なポイントとなる。他方、科学的アプローチは自然科学的なものと人文・社会科学的なものに二分されるが、意識という現象のファジーな性格からして自然―人文・社会の両分野にまたがってしまうことが多い。この傾向が心理学という学問において顕著なのは誰もが認めることであろう。また自然科学的アプローチも神経生物学を重視するものが優勢であるが、その他量子物理学に依拠するものとか情報理論を介してコンピュータ科学やロボット工学に傾倒するものもある。なお今日「脳科学」と呼ばれるのは、神経科学と認知科学における生理学的方法と心理学的方法と計算論的（コンピューテイショナル）方法を包括する分野のことである。その際もちろん神経生理学が中核となるけれども。

ところで序でも指摘したように、意識という現象はかつて哲学者の占有物だったのであり、客観主義の科学者はこの雲を摑むような現象を故意に無視してきた。しかし近年脳科学が真っ向からこの現象に取り組むようになってきた。そしてこの趨勢が心の哲学ならびに哲学的心身問題と合流し、神経哲学というものが誕生したのである。

しかるに意識を研究する脳科学と神経哲学の関係はニワトリと卵の関係に似ており、どちらの誕生が先とは言えない。意識科学の興隆の背景には脳科学者と哲学者間の相互触発があったのである。哲学の意味を広く受け取れば、脳科学者がどういう「心の哲学」を自ら採用したかが重要な契機となったのであり、神経哲学の先導者たちはいつの時代にも見られるような、先端科学を摂取するという前衛的傾向を顕示したのである。

意識の研究のためには哲学と科学の対話が必須とまでは言わなくとも、かなり役立つことは間違いない。筆者は哲学者なので哲学サイドから、まだ混迷状態にある意識科学の基礎固めに貢献したいと思う。そのために筆者が選んだ便法は、現代における意識哲学の対立する諸々の立場を整理し、それぞれの立場の長所と欠点を明らかにし、統一的見地の獲得の可能性を探索することである。これは心身問題に取り組む際に、あらかじめ心身論上の諸々の立場を分類しておくことを見習ったものである。なお「意識哲学」というものは心身論上の立場と同様に、神経科学や認知科学の専攻者が自らの信条としている思考原理なのであり、意識研究の際に潜在的に機能していることを付け加えておきたい。

現代における意識哲学は、心と脳の関係をどう考えるかという心脳論上の立場、ならびに意識の問題にアプローチするための方法論によって分岐する。例えば認知生物学者で哲学的現象学にも造詣が深いF・ヴァレラは、近年の意識哲学(意識を研究する際の哲学的立場)を次の四つに大きく分けている。(1)還元主義(reductionism)、(2)機能主義(functionalism)、(3)現象論(phenomenology)、(4)ミステリアニズム(mysterianism)。そして、それぞれの立場に属する代表的人物と立場間の対立関係を次のような図で表している。[1]

意識哲学の分類はこの他にも選択の余地があるし、より多様化し精緻を極めることもできるであろう。しかし分類というものはあくまで道具なので、これ以上こだわってもあまり意味がない。実際ヴァレラの分類は要点を押さえているので、以下この分類に即して議論を進めることにしよう。

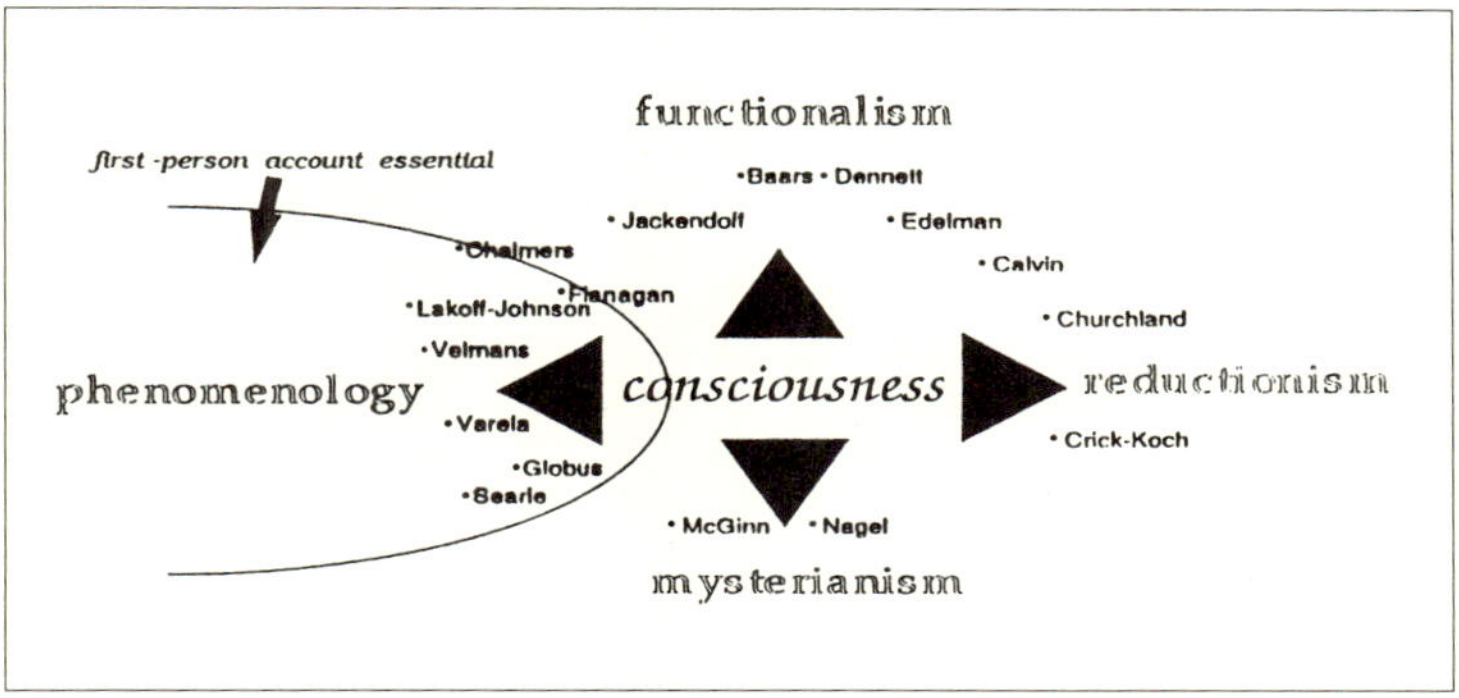

図 1－1

1　還元主義

図1－1の右に位置する還元主義は、心身論上の一つの立場として有名なものだが、哲学と科学双方にまたがる思想全般の中でも特有の地位を占めていることは周知のことであろう。この広い意味での還元主義は、心とか生命を物質ないし物理―化学的プロセスへと引き戻して理解する立場であり、俗に唯物論とも呼ばれる。

還元主義は、還元の対象になっている組織体（合成物）をどの程度まで要素に還元するかによって様相が若干異なってくる。例えば生物学的ないし生理学的レベルまでか、それとも化学的レベルまでか、あるいは物理学的レベルまでか、という還元の推し進め方に相違がある。心と意識の場合には、有機体（身体）の一器官としての脳（中枢神経システム）の機能へと還元するのか、それともニューロン間の生化学的相互作用のプロセスまで還元するのか、という還元の限界点に相違があるし、生命の場合にはD

NAの機能を中心とした分子生物学的レベルへと還元するのか、はたまた量子物理学的レベルまで還元するのかという相違がある。そして要素への還元が成功したとき、説明は完成されたものとみなされる。さらに極端な立場は、そのとき心とか生命に関する非還元的説明は「消去」されるべきだとするものである。これが還元主義の最右翼たる消去的唯物論の主張である。

ところで科学上の重大な発見がなされたとき、還元主義が猛威をふるい、セントラルドグマを形成する傾向が見られる。代表的な例は、ワトソンとクリックがDNAの分子生物学的機能によって遺伝メカニズムを解明したことが、遺伝子決定論と唯物論的生命観へと多くの科学者・思想家をなだれ込ませたことである。この熱狂振りは今なお尾を引いている観があるが、その後システム論的生命観によって諫められ、分子生物学的還元が生命探究全体の中で守るべき節度が自覚されたと言える。還元の操作は確かに自然科学にとって重要なのだが、システム論的方法と補正し合わないとドグマへと流れる傾向を生み、ある種の探究領域では大きな足かせとなることもある。その領域の一つが近年興隆してきた意識科学である。

意識に関する自然科学的研究は、かつて実験心理学（とりわけ内的心理物理学）の内部で細々と隠れるようになされていた。ところが一九九四年に二つの出来事が起こり、その後様相が激変することになる。一つは、アメリカのツーソンにあるアリゾナ大学で意識の科学的基礎に関する大規模な学際的会議（第一回目のツーソン会議）が開催されたこと。もう一つは、先述のクリックが『驚異の仮説——魂の科学的探求』[2]を著し、意識研究の神経生物学的方法を初めて明確に提示したことである。その際彼はあらためて還元主義的方法を称揚し、人間の心は脳内の一〇〇〇億個のニューロンの組成とそれらの相互作用の産物に他ならない、と断じた。そして彼が意識の自然科学的研究の端緒として選んだのは、視覚的情報処理の神経生理学的メカニズムの解明であった。これはまさに複雑な対象を要素に分解して、低レベル（基礎レベル）の、実験的対象化になじみやすい現象の研究から始めて、順次高レベルの抽象的な現象へと上昇していく還元的実証主義の方法に則ったものである。しかし脳ないし神経システムは容易に対象化できるけれども、意識はそうはいかない。意識や心を脳と同じような「対象」とみなすことは、これまでカテゴリー・ミステイクと呼ばれてきたが、クリックはこの忠告を不毛なものとみなし、前述の方法を推し進めるのである。とはいえ、彼はクオリアや自我といった最もレベルの高い現象への神経生物学的アプローチは先送りし、今のところ留保することを告白している。

還元主義は唯物論（物質主義）と客観主義の哲学に裏打ちされている。つまり意識という現象を探究する際にも、それが脳の実質ないし脳という基質に必ずや基づいているという確信が前提となっており、客観化され定量的に分析されるもの以外の実在性を疑うのである。そしてこの傾向が極まると消去主義になり、意識の主観的特質への問いは高度の神経生物学的説明へと吸収され、ついには解消されるのである。これは、精神病の悪魔憑き説が脳病理説へ、熱現象の熱素説が分子運動エネルギー説へ、生命現象の生気説がＤＮＡ説へ、それぞれ解体され啓蒙がなされたことと同類であると消去主義者は考える。チャーチランド夫妻は科学哲学的立場からこの消去主義を推進し、クリックをいわば後押しすることとなった[3]。しかし意識の主観的特質への問いは、果たして前述の諸例のように単純な理論的還元・消去がなされるであろうか。これについては後で詳論することにしよう。

なお意識研究における還元主義で肝要なのは、脳内の神経回路を形成する物質とそこで生起している物理—化学的プロセスにあくまで基盤を置くという点であり、他の物理システム、例えばシリコンチップによって構成されたコンピュータ回路に基づく意識研究は、神経生物学的研究に役立つ限りで参照されるにすぎない、ということである。またヴァレラも指摘しているように[4]、神経還元主義ないし消去主義は神経科学の研究者のほとんどが自然と身につけている意識哲学でもある。人間の心的現象や認知機能に関する神経生物学的研究は、還元主義の方法に則らない限りなかなか前進できないのである。そして神経生物学的研究は意識科学の成立には不可欠のものである。問

題は還元の方法の節度をわきまえる開放的態度を神経科学者がもち合わせているかどうかであろう。(5)

2　機能主義

消化が胃の機能、呼吸が肺の機能、循環が心臓の機能であるように認知は脳の機能である。そしてそれぞれの臓器（器官）は特有の物質的組成の「構造」をもち、それに基づいて自らに課せられた「機能」を履行する。さらに、それぞれの器官の機能は、有機体（生命をもった身体）全体の機能ネットワークの作用因果連鎖の中にはめ込まれている。

複雑な有機的組成をもつヒトの器官の構造を人工機械によって再現することは今のところ技術的に不可能であり、将来的にも希望が薄い。しかし器官の機能は人工機械によって容易に代替される。大きな手術のときに使われる人工心肺装置とか、腎臓の機能を失った患者に使われる人工透析器とか、近年いよいよ精度を増してきた義手・義足などはその代表例である。これらの機器は、有機体の器官のようにＤＮＡの形質発現に基づく精妙な物質組成を有している必要はない。つまりタンパク質を含まない、死せる金属とプラスチック類でも有機体の器官の「機能」はかなりの程度模倣できるのである。ここに構造―機能の機械論的―二元論的把握の源泉があり、それは心身問題にも適用されてきた。しかしヒトの器官の中で最も高度で複雑な機能をもち、機械によって代替できないのが脳を中心とした神経システムなのである。

心は脳の機能である、と一応単純化して言えるけれども、心ないし心的現象は階層性をもっており、低レベルの認知機能（視覚、聴覚、嗅覚、体感などの情報処理とか言語理解、判断、推論、記憶、連合学習）は人工機械（コンピュータ、ロボット）によってある程度模倣できるが、高レベルの心的現象（私秘的感覚質(クオリア)、自己意識、人生観、愛情）は計算的情報処理による模倣を受け付けない独特の「質」をもっている。しかし高レベルの精神現象にのみ目を奪われていたのでは、心の科学的理解はいつまでたっても埒が明かない。そこで、計算的情報処理に照らした心の科学的理解を目指したのが認知科学であり、その技術的応用が人工知能研究であった。そして**図1-1**の中央の上に配置された機能主義こそ、認知科学を背後から支えた哲学だったのである。

機能主義は行動主義の欠点を補うことを目標にして出発したが、結局客観主義の足かせから逃れられなかった。行動主義が、心的なものを人間の感覚器への入力に対する反応として外部に表出される行動という出力に還元して、内的な認知過程（情報処理過程としての心）を無視したのに対して、機能主義はこの内的過程を人間の心の重要な契機とみなし、客観的考察の対象としたのである。つまり機能主義は、行動主義が刺激（入力）―反応（出力）の因果連関として外部から客観的に観察されるとした過程が、内的認知過程にも見出されうると考え、心的状態を知覚入力や他の心的状態および行動出力との因果連関の中での因果的役割ないし機能として捉えたのである。例えば「赤いバラを見て美しいと思う」という心的状態は、行動主義者に言わせれば、「美しいと思っている」ような表情や「きれいだ」という発話などの外部から観察される行動に還元される。しかし機能主義的に考えれば、「美しいと思う」心的状態は知覚者が「赤」という色ならびに「バラ」という花を好む志向的（嗜好的）態度と決して切り離せないものであり、さらにそのバラを摘むなりデジカメで撮ってパソコンに入力して壁紙としてカスタマイズするという反応的行動にも連なるものであり、それゆえ心理―行動の因果連関の中で確かな機能を果たしているのである。

このように機能主義は行動主義を内側から越え出て、内面的機能としての心の実在性を承認し、心の科学としての認知科学の強力な推進基盤となった。しかしそのように捉えられた「機能としての心（的状態）」は、ある意味でデジカメやパソコンの内部でなされている情報処理と大差がない。デジカメやパソコンは、赤いバラをデジタル信号化して受像し、それを保存し、ユーザーから指示があれば画像として出力するのであり、人間のように自らそれを見ようとしたり、美しいと思ったりしているわけではない。あるいは端的に、デジカメは見ているわけではないし、パソコンは自らの意志で、美しいと思ってバラの画像をデジタル記号化して保存しているわけではないのである。そこには「見る主体」ならびに「美しさを感得する主体」が欠けている。「見る主体」とは「自らが見ていることを自覚的に意識している者」であり、「私」という質感を伴うものである。そしてこの「私という質感」が「赤そのものの質感」と共鳴して、いわゆるクオリアが立ち現れてくる。機能主義は、どうやらこの自我とクオリアの問題を苦手としているようである。つまり還元主義と同様に意識の主観的特質にアプローチする術をもち合わせていないのである。

　しかし非還元的物理主義として心脳同一説に反対し、心的なものは物理的なものとトークン的には同一でも、物質的素材に還元できない性質（タイプ）としてあくまで区別されるべきだと主張した機能主義の功績は大きいと思う。この考え方は、物と心の間に情報という概念を立てる情報物理学と近縁関係にあり、今後も意識科学や心脳問題に影響を与え続けるであろう。ちなみに**図1-1**において現象論の中で最も機能主義に近い位置に配置されているチャルマーズは、性質二元論とともに情報の二重側面理論というものを提唱しているが、それについては第4章で詳しく説明することにする。なお心の哲学の歴史における代表的な行動主義者と言えば、周知のようにライルであるが、機能主義のエースたるデネットは彼の愛弟子である。機能主義が自我問題にどのように対処するかは、第3章でデネットの思想を分析しながら改めて詳論することにしよう(6)。

3　現象論

ヴァレラが**図1-1**の左側に位置づけた現象論（phenomenology）は、今日の意識哲学の一つの方法的態度を指すものであって、フッサールによって創始されハイデガーやメルロ＝ポンティに受け継がれた、いわゆる哲学的現象学を直接指し示すものではない。もちろんヴァレラはフッサールとメルロ＝ポンティの強い影響下に意識科学の方法論的地盤固めを目論んでいたわけだが、**図1-1**の現象論のグループに配置された人の中でヴァレラ以外に哲学的現象学の流れを汲んでいる者はいない。

現象論ないし現象主義というものは、西洋の哲学と科学において古くから存在した、現実把握のための一つの方法ないし立場である。そしてそれは現象（現れ）と実在（本体）の対置という周知の図式から派生したものであり、必然的に主観―客観の二元性の問題と密接に関係する。

現象と実在の区別は、日常生活においては自覚されないことが多いが（実はこれが落とし穴）、知覚経験の内容に少し反省を加えればすぐ分かるものである。例えば、見かけの太陽の大きさ（約三〇㎝）と実際の大きさ（直径が地球の約一〇九倍）のギャップ。また、実際は真っ直ぐなストローを水の入ったコップに入れて外から眺めると曲がって見えること。あるいは、体感温度と実際の物理的温度の違い。

以上のように比較的単純な例から少し程度を上げてみよう。胃腸科に通う三人の患者が主観的に訴える不快症状がほとんど同じであるにもかかわらず、病理学的には胃粘膜の急性の炎症、軽度の潰瘍、けっこう進んだ細胞の癌化による腫瘍の形成、と明確に区別され、主観的症状と病理学的重症度は比例しないどころか反比例しさえする。さらに程度を上げると、事故や手術によって四肢の一部を欠損した患者が、既に失われた右腕や左脚がまだ身に備わっていると感じ、その部位に鮮烈な痛みを感じる、というよく知られた幻影肢の症例に出会う。

こうした例は枚挙に暇がないが、すべて現象と実在あるいは主観的思い込みと客観的実相の間のギャップを如実に示している。しかし既に気づかれた人もおられると思うが、程度が上がっていくにつれて主観的現象がリアリティを増し、最終的には客観的現実と区別がつきづらくなるのである。幻影肢の現象が、この逆説的事態を説明するために、よく言及されるのは識者にとっては周知のことである。(7)

ところで心的現象が主観的で曖昧な性質のものであるのに対して、物理的事象は客観的実在性をもつ堅固な対象であるとみなす傾向は根強いものである。しかしこのことから心的なものと物的なものの関係をそのまま現象と実在の関係に置き換えるのは、かなり粗雑な論理であると言わざるをえない。我々各人が主観的体験として一人称の言明の形で報告する心的現象は、他のもので代替できず、物理的説明に還元できない特有の質をもっている。つまり主観的体験としての心的現象は、それ自体のリアリティをもっているのであり、そこでは現象と実在の区別が消失し、現象即実在となる。こうしたリアリティに着目して意識的経験の主観的特質をありのままに記述し、把握しようとするのが意識哲学上の現象論なのである。

しかしこの現象論は、かつて実験心理学の誕生期に拠り所とされた内観法とは厳密には区別されるべきである。内観法は、我々が日常自分の心の中を覗き込むように反省するときに使われる主観的意識経験の観察法である、と素朴心理学的(フォークサイコロジカル)に理解されているものと言ってもよいが、意識の現象論が開示しようとする心的経験の本性は、そのような内観法によっては決して把握されない。哲学者のサールが指摘するように(8)、内観法は主観性をあたかも客観的世界の観察対象のように取り扱い、意識的主観性が問題とされるところでは観察者と観察されるものの区別が存在しないことを見逃し、内観を遂行している自我が既に意識活動に参与してしまっているために、真の一人称的主観性(不可逆の意識の流れとしての心的生活)に追いつけないことを自覚できないのである。

こうした内観法の自己矛盾は、前述の行動主義の誤りと表裏一体の関係にある。つまり他者の心を外部に表出される行動に還元する行動主義の客観主義的観察法が、内観法においては自己の心に適用されているだけなのである。どちらも不可逆の意識の流れとしての心的生活を把握できなかったのも当然である。

この心的生活＝意識生を主―客未分の純粋経験のうちに位置づけたのがジェームズであり、それをさらに複数の主観の共同存立機構（間主観性）へと着地させて理解しようとしたのがフッサールであった。ヴァレラは、このジェームズとフッサールの意向を現代の認知科学（神経生物学を含む）と統合し、神経現象学（neuro-phenomenology）という意識哲学の一方法を提唱した。[9] 現象学の創始者フッサールは、意識の現象学を展開するに当たって脳の生理活動を全く無視した。しかし同時代人のジェームズは生理心理学者でもあっただけあって、不十分ながら意識研究における脳の重要性を理解していた。またヴァレラが自らの神経現象学上の師と仰ぐ[10]メルロ＝ポンティは、当時の神経生理学やゲシュタルト心理学の成果を十分咀嚼し、それを心身問題の解明に役立てた。ヴァレラ自身、認知生物学者であるわけだが、現代の意識科学への現象学の寄与は、神経科学と認知科学との対話を介さない限り不可能であると思われる。脳を無視した現象学は、雲をその形によって分類して悦に入る旧来の現象主義者と大差ない、と言ったら過言かもしれないが、少なくとも現代の洗練された意識科学には、もはや寄与できないのは確かである。

しかし何よりもここで強調しておかなければならないことがある。それは現象論が、現時点では自我とクオリアという神経哲学上の二大問題にアプローチするための最良の方法的立場だということである。自我とクオリアは、現状では一人称の主観的言表を現象論的に精密に記述し、その本質を把握するのが第一の選択肢であり、この点で現象論は還元主義と機能主義を大きく凌駕している。なぜなら還元主義と機能主義は、一人称の主観的経験をできる限り無視することによって意識を説明することをモットーとし、自我とクオリアを神経生物学的過程に還元するか認知過程の因果連鎖の中の機能的役割へと平板化してしまうのが関の山だからである。しかし野放図な現象主義にも警戒しなければならない。意識哲学（意識科学の基礎論）の一方法としての現象論を実り豊かなものにするためには、神経科学や認知科学とリンクすることが必須であると思われる。実際、ヴァレラもチャルマーズもサールもみなそうしている。我々はこのうちチャルマーズを重視し、彼の提唱する「意識のハード・プロブレム」の意義を考察することにした（第4章）。チャルマーズは片足の三分の二ぐらいを機能主義に突っ込んでいるという点でも興味深い存在である。

なおフッサールからヴァレラに至る現象学派では身体性と間主観性というものを非常に重視するが、これはチャルマーズのような認知主義の洗礼を受けた者には縁遠いものであり、自我の社会性と身体（脳を含む）の関係を論じる際に（第Ⅲ部）改めて取り上げ、それによって現象論的自我論を肉づけし、深化させることにしよう。

4　ミステリアニズム

意識は確かに謎めいており、雲を摑むような現象である。したがって、それはいかなる科学的ないし合理的把握の手からも滑り落ちるように思われる。これまでに三つの意識科学の基礎論の立場を紹介してきたが、やはりいかなる手を尽くしても意識は不可知なミステリーにとどまる、という感は拭えない。このような感慨に浸るとき、我々は自ずと不可知論や神秘主義に傾きたくなる。しかし現代の意識哲学における洗練されたミステリアニズム（**mysterianism**）は、従来の単純な二元論や超越的思弁や宗教的神秘主義とは無縁である。**図1-1**の中央の下に配置されたマッギンとネーゲルの思想は決して従来の神秘主義（**mystisism**）の範疇に属さない。彼らの思想は脳科学の成果を承認した上での、洗練された不可知論なのである。

ネーゲルの名を有名にした問いかけ「コウモリであるとはどのようなことか（What is it like to a bat?）」は、コウモリという特殊な感覚—知覚生活（反響位置決定法による外界知覚）を営む動物を取り上げ、著しく異なる知覚機能をもつ人間がコウモリの主観的意識状態にアクセスする手段を全く欠いていることを示そうとしたものである。[(11)] つまり我々人間が自らの主観的意識体験に内観法や現象学を使ってアクセスするようには、コウモリのそれにアクセスすることなどできないことをネーゲルは浮き彫りにしたかったのである。その場合、神経生理学も比較行動学（動物心理学）の知見も全く役立たない。すなわち、異質な神経—知覚システムをもつ生物の「主観性」は他の何ものにも還元できないのであり、外面的解釈（客観的把握）を拒絶する性格のものなのである。このように主張するネーゲルの狙いは、楽観的な物理的還元主義に歯止めをかけて、意識の主観的特質への問いが極めてハードであることを示唆することにあった。そしてそれは周知のようにチャルマーズを強く触発したのである。しかし我々は、「ネコであるとはどのようなことか」=「ネコの気持ちが分かりますか」という問いを立てることによってネーゲルの懐疑を容易に諌めることができる。要は、主観性への問いがハードであることを認めつつ、懐疑を方法的なものにとどめることであるように思われる。

マッギンのミステリアニズムは、不可知論という点でさらに洗練されており周到である。彼の着眼点は、一人称的主観性の還元不能な性格よりも脳そのものの物理的特性（自然特性）が現在ならびに将来のあらゆる物理科学の理解を超越するということにある。彼にとって意識が脳から創発する現象として二元論的に脳から分離できないのは自明なことなのだが、どのようにして意識が脳から創発するかは人間にとって永遠にかつ絶対に不可知なのである。それは、結局は人間の脳内ニューロンのＤＮＡの物質組成の制約下にある人間の知力が、そのような創発関係ならびに創発を引き起こす不可解な物理特性（自然特性）を解明することを断固として阻んでいるからである。

普通、神秘主義や不可知論というと二元論的超越主義（超自然主義）に逃げ込む傾向が強く、物理的世界を不遜に見下すものだが、マッギンは脳の物理特性の内奥こそ神秘の源泉だと考えるのである。そして、これが彼独特の空間論と結び付き、デカルト的な空間的「物質」と非空間的「心」の悪しき二元的対立を打ち破る方途が示唆される[12]。いずれにしてもマッギンは強固な不可知論を主張して譲らないが、彼のミステリアニズムは聞き捨てならないものなので、第5章で立ち入って考察することにしよう。

ところで、脳科学者や神経哲学者の中には、意識の問題に取り憑かれた理由として存在体験ないし実存体験のことを挙げる人がいる。例えばエックルズはパスカルを引き合いに出して、そのことをはっきりと告白している[13]。また量子脳理論に基づく意識研究の第一人者であるスチュワート・ハメロフも、実存体験が意識の問題への関心の火種となったことを告白している[14]。そしてチャルマーズは、意識体験が表現不能で還元不能であると判断するのは「存在の不思議(mysteries of existence)に思いをめぐらす傾向のある人たち」である、と言っている[15]。

意識への関心は自己の存在への関心と深く結び付いている。しかし実存体験のようなナイーヴなものは還元主義では無視されるし、機能主義では平板化されてしまう。また、現象論では確かに意識の主観的特質の現象的性格が確保されるが、それを現象学的に精緻に把握しようとするがゆえに、逆に実存体験の繊細な本性を逸する傾向がある。それに対して性質二元論やミステリアニズムでは、唯一無二の「私」の質感は確保され、自我とクオリアの問題にあなどれない重要な寄与をなすように思われる。しかし、それは思弁に堕す危険性も孕んでいる。要は、マッギンのような自然主義的不可知論の姿勢を崩さないことであろう。

以上、ヴァレラの分類に即して意識哲学上の四つの立場の概要を示した。我々は次にそれぞれの立場を代表する哲学者を一人ずつ選んで、その思想を考察することにする。それぞれの代表者の選択は、既に触れたように本書全体の趣旨に則ったものであり、各代表者の思想の分析と考察もまた然りである。

なお、本章で取り上げた四つの立場に帰属させやすい学者の他に、多くの折衷的ないし妥協的立場をとる人々がいる。哲学者と科学者に二分すると、前者の方が自らの立場つまり主義を明示する者が多い。それは前者が世界観や価値観に敏感であると同時に、方法論の確立を主要な使命としているからである。つまり哲学者は、科学的探究が人間的生（自然的ならびに社会的）にとってもつ意味を常に顧慮し、探究の歴史的脈絡の中での方向づけを模索するのである。この点を銘記して、以下四人の神経哲学者（意識科学の基礎論を考究する者）の思想を解釈してみよう。

注

（1）F. J. Varela, Neurophenomenology : A Methodological Remedy for the Hard Problem, *Journal of Consciousness Studies* 3, No. 4, 1996, pp. 330-349. 拙訳「神経現象学」、『現代思想』二〇〇一年一〇月号を参照。

（2）F. Crick, *The Astonishing Hypothesis : The Scientific Search for the Soul*, Scribner's and Sons, New York, 1994

（3）Cf. P. M. Churchland, *Matter and Consciousness*, MIT Press, 1984, P. S. Churchland, *Neurophilosophy : Toward a Unified Science of the Mind/Brain*, MIT Press, 1986

（4）F. J. Varela, *op. cit.*

（5）その際「創発性」の概念をどう受け取るかが重要なポイントとなる。物理主義者は創発の概念を否定するが、システム論者や生物学主義者は積極的に評価する。否定例としてはH・ファイグル『こころともの』伊藤忽康・荻野弘之訳、勁草書房、一九八九年、P. M. Churchland, *op. cit.* など。積極的な評価例としてはM. Bunge, *The Mind-Body Problem : A Psychobiological Approach*, Pergamon Press, Oxford, 1980 が際立っている。ブンゲの創発主義的精神生物学による還元主義の批判に関しては、拙著『脳と精神の哲学』萌書房、二〇〇一年の第1章を参照されたい。なお還元主義と創発性の関係については後で詳しく論じる。

（6）機能主義については以下の諸論考を参照した。P. M. Churchland, *op. cit.*, pp. 36-42, J. R. Searle, *The Rediscoverry of the Mind*, MIT Press, 1999. 土屋俊『心の科学は可能か』東京大学出版会、一九八六年、信原幸弘「心・脳・機能主義」、中畑正志

「因果的世界における心の位置」（どちらも日本哲学会編『哲学』第四七号、一九九六年に所収）、G・M・エーデルマン『脳から心へ』金子孝芳訳、新曜社、一九九七年

（7）メルロ＝ポンティは身体の世界内属性の観点から幻影肢の現象学的解釈を行ったが、それは心理と生理ならびに主観と客観の「間」の次元を我々に初めて明示してくれた。Cf. M. Merleau-Ponty, *Phénoménologie de la perception*, Gallimard, Paris, 1945（竹内芳郎・小木貞孝訳『知覚の現象学・I』みすず書房、一九八七年）. その現代的意義については、拙著『脳と精神の哲学』の第2章を参照されたい。

（8）Cf. J. R. Searle, *op. cit.*, pp. 95-98

（9）F. J. Varela, *op. cit.*

（10）F・ヴァレラ『身体化された心』田中靖夫訳、工作舎、二〇〇一年を参照。

（11）T. Nagel, What is it like to be a bat ?, *Philosophy of Mind : Classsical and Contemporary Readings*, ed. D. J. Chalmers, Oxford University Press, New York, 2002, pp. 219-226

（12）C. McGinn, *The Mysterious Flame : Conscious Mind in a Material World*, Basic Books, New York, 1999

（13）K. R. Popper/J. C. Eccles, *The Self and Its Brain*, Routledge & Kegan Paul, London, 2003, p. 357

（14）『最新脳科学――心と意識のハード・プロブレム』学習研究社、一九九七年、九七ページ

（15）D. J. Chalmers, *The Conscious Mind : In Search of a Fundamental Theory*, Oxford University Press, New York, 1996, p. 176

第2章　ポール・チャーチランドの神経物理主義

はじめに

まず還元主義の代表者としてポール・チャーチランドを取り上げることにしよう。彼は、序で紹介したパトリシア・チャーチランドの夫であり共同研究者でもあるが、パトリシア[1]ほど神経生物学に偏っておらず、コンピュータ科学における認知研究を重視する点に特徴がある。しかし基本的に還元主義者であるという点では変わりない。彼は自らの立場を神経計算論主義と称しているが、我々はそれを神経物理主義とみなすことができる。つまり、彼にとって心的現象は脳という物理的システムの活動に還元されるべきものなのである。

脳の構造と機能を研究するのは基本的に神経科学であるが、脳と心の関係を解明するためには生物学的・生理学的研究だけでは埒が明かないので、コンピュータ科学的手法による脳の認知機能のシミュレーションによって補う必要がある。これが脳科学における神経科学と認知科学の融合の動向として起こったのは周知のことであるが、ポールはこの動向を「認知（計算論的）神経生物学」として受け取り、決して機能主義に陥らない形で、心脳問題を神経計算論的観点から解決しようとする。つまり、機能主義が脳の生物学的実質からコンピュータ的心を分離して考察したがるのに対して、ポールはあくまで脳という基質から遊離しない認知神経生物学によって心脳問題の解決を目指すのである。そのために彼は、生物の脳内ニューラルネットワークの最も基本的な活動を模倣した人工ニューラルネットワークの研究を手引きとして際立たせる。この研究は、人間の脳が通常のデジタルコンピュータの直列的計算による情報処理とは違う、並列分散処理（PDP：parallel distributed processing）という計算様式によって情報処理を行っているという観点に基づいている。そして、このPDPはベクトルコード化的計算を中核とする。この研究によって、人間の脳が行っている情報処理の基本的メカニズムをシミュレーションすることが可能になったとみなされている。そこでポールは、このモデルを手引きとするわけだが、「生物学的実在性」という基準を常に顧慮し、安易な妥協を許さないという点ではクリックとパトリシアと同様に還元主義の原則に忠実である。しかしポールは生粋の生物学的還元主義者というより物理主義的傾向が強い人である。しかも脳の神経的実質を重視する。それゆえ我々は、彼の神経計算論的立場を「神経物理主義」と呼ぶのである。

我々は、彼の長年の研究の成果として、円熟した思想が開陳されている、一九九五年の著書『理性のエンジン・魂の座――脳への哲学的旅』(2)を中心として心脳問題に対する彼の解決策を考察することにする。この著書は、脳機能のPDPモデル化を基調として心脳問題の還元主義的解決を目論んだものだが、社会的次元や医療問題についての考察も見られ、それらはいくぶん従来の還元主義の枠をはみ出す傾向も有している。あるいは自然主義としての物理主義的還元主義の意外な懐の深さを示唆しているのかもしれない。いずれにしても我々は、ポールの思索の意味を「還元主義」というレッテルによって矮小化することなしに、そのポジティヴさに着目して解明すべきだと思う。

なお本書の趣旨からすると、意識の反還元主義的把握に対するポールの対処、ならびに彼自らの「神経計算論的観点による意識の再構成」が最も重要である。また社会的次元への発言は、後で取り上げるジンガーへとリンクするという点で無視できない。そして精神病と精神医学に関する彼の考察も興味深い視点を提供してくれる。しかし基本になるのは、やはり人工ニューラルネットワークによる脳の認知機能のシミュレーションについての考察である。そこで本章では次の順序でポールの神経物理主義的心脳論を考察することにした。⑴生物学的脳と人工ニューラルネットワーク、⑵社会的次元の神経表現、⑶精神病の解釈、⑷意識の謎に対する神経物理主義的解決策。

なお自我とクオリアという二大問題は本章においても十分顧慮されるが、この二大問題に思い入れの強い読者がポールの冷徹な観点から決して逃げることなく、彼の思想を直視して、それにいくばくかの理解を示すことを期待する。

1 生物学的脳と人工ニューラルネットワーク

人間の脳は長い生物進化の果てに誕生した器官であり、それは高度の認知機能を有している。そして、この認知機能は膨大な数の脳内ニューロンの複雑な相互作用に基づいている。その数は脳全体で約一〇〇〇億個と推定されているが、そのうち約一四〇億個が認知の中枢たる大脳に存在する。

ニューロン（神経細胞）は、脳を中心とする、有機体の神経システムの基本要素となる細胞であるが、他の細胞と異なる点は、高度の情報伝達機能を有していることである。そしてこの伝達機能は、ニューロンが細胞本体の他に軸索と樹状突起という信号伝達繊維をもっていることによって可能となっている。一つのニューロンは一本の軸索と多数の樹状突起をもっているが、軸索は末端部で分岐し、他のニューロンの樹状突起ならびに細胞体と極めて狭い間隙（シナプス）を隔てて結合している。このシナプス結合の数は、一つのニューロンあたり一〇〇〇～一〇〇〇〇と見積もられる。そして、この結合部において前ニューロンの軸索を通ってきた電気信号が種々の神経伝達物質による化学信号へと変換され、それが次ニューロンにおいて再び電気信号に変換されて別のニューロンへと伝送されるのである。

脳全体で約一〇〇〇億個のニューロンがあるのだから、各ニューロンが一〇〇〇～一〇〇〇〇のシナプス結合をもつとすると、その相互結合の組み合わせ数は天文学的なものとなる。しかも軸索から送られてくる信号は興奮性のものと抑制性のものがあり、シナプス結合の強度（重み）にも段階があるとすると、人間の脳内ニューラルネットワークで行われている信号のやり取りの組み合わせ様式数は、ほとんど算出不能な膨大なものとなる（ポールはおよそ一〇の一〇〇兆乗通りとみている）。しかも有機体が感覚器官を通して営む経験によってシナプス結合の重みが変化したり、新たなシナプスが形成されて神経回路の編成が変化したりする。つまり外界から入ってくる情報（ならびにその内的処理）によって神経回路の再編がなされるのである。神経科学では、これを「脳の（神経）可塑性」と呼ぶ。

人間の脳は、あらゆる生物の中で最も可塑性の許容度が高いとみなされているが、生物の脳のもう一つの特徴は、多数の認知機能単位（モジュール）によって情報の並列的な分散処理が行われていることである。つまり個々の機能単位に対応するニューロン群（数百万個にも及ぶ）の機能的連結によって、生物の脳は並列分散的な情報処理を行っているとみなされる。

この神経可塑性と並列分散処理（ＰＤＰ）という二つの特徴は、生物である人間の脳と一般のデジタルコンピュータとの違いを際立たせているが、以上のような人間の脳神経回路の構造と機能を部分的に模倣することを目指して開発されたＰＤＰコンピュータは、ポールによれば次のような生物の認知特性を模倣することができる[3]。

(1)　雑音や歪みというベールを通して、あるいはまた部分的情報しか与えられていないときでも、特徴やパターンを認識する能力。

(2) 複雑な類似性を見て取る能力。
(3) これまで一度も出会ったことのない状況が生じたときにも、関連のある情報を直ちに想起する能力。
(4) 感覚入力の様々な特徴に注意を集中する能力。
(5) 問題を孕んだ状況に直面したときに、一連の様々な認知的「試行」を実行に移す能力。
(6) 自分の子供の声や松葉の匂いなどのように微妙で定義不可能な感覚性質を認識する能力。
(7) 物理的環境において、自分の身体を一貫して滞りなく運動させる能力。
(8) 社会的および道徳的環境において、目的と責任をもって社会的自己の舵取りをしていく能力。

以上の八つの特性、とりわけ(6)~(8)の三つの特性は、一般にいかなる物質的（material）ないし物理的（physical）計算システムによっても実現不可能と思われてきたものである。PDPコンピュータによって、このような認知特性が模倣可能であると考えるポールの意図は、人間の精妙な認知機能が物理的システムによってあくまで模倣可能であることを明示することによって、心身二元論や素朴心理学の臆見を根底から覆すことにある。つまりポールにとって人間の脳は「生きている物理システム」なのであり、その認知機能はいかなる非物理的な精神的要素も入り込む余地はないとみなされている。[4] しかしポールは前述のように、決して機能主義を採用しない。PDPコンピュータないし人工ニューラルネットワークは、あくまで神経生物学的な心の理解の人工モデルなのであり、構造と機能が分離して後者が一人歩きし始めることはない。とはいえ、ポールには生物学における生態学的見方や進化論的観点への配慮があまり見られないし、有機体の生々しい生理・生化学的要素への視点も乏しい。[5] これは、彼の心身哲学が基本的に機械論的物理主義に根ざしていることに由来すると思われる。[6] 生物学的に見ても要素還元主義的である。しかし前掲の(8)のような認知特性に取り組む彼の姿勢は、そのような足かせを取り外して、人間の本性に肉迫しようとする傾向も有しているように思われる。

ところで脳内の情報処理は、関連するニューロン群の発火の時間空間パターンであると言われるが、これをポールはベクトルコード化的計算と回帰ネットワークモデルの融合によって説明している。そして、それによって人間の脳が営む感覚経験と認知活動の時間空間的構造の基本的枠組みの神経計算論的モデルが得られるのである。もちろんポールは、このモデルが実在の生物学的神経システム（つまり人間の脳）の機能を十分に再現しているとは考えていない。それは現段階では、かなり粗雑なモデルであり、今後の研究によって精密化されることが必要である。しかし重要なのは、彼がこの方向を正しいと信じていることである。そしてそれは、前述の神経物理主義的信条に基づいている。彼はこの信条に導かれて、現象的クオリアの主観的表象をニューラルネットワーク内での物理的なベクトルコード化的計算の時間空間パターンに還元しようとする。つまり彼の意図は、主観的―現象的クオリアがニューラルネットワーク内で実現される物理的情報処理に他ならないことを示すことにあるのだ。[7]

ポールのこうした考え方は現象論的反還元主義者の集中反撃を受けそうだが、現象学から認知神経生物学に転向したシュピッツァー[8]のような人も顧慮すると、あながち無思慮（鈍感）な還元主義のレッテルのもとに等閑視することはできない。基礎から一歩一歩前進するためには、還元的処置はやむをえないのであり、ポールの方法は心脳問題に大きく寄与するであろう。しかし神経生態学的観点や発達心理学的観点も取り入れないと[9]、社会性の次元とうまくリンクできないはずである。果たしてポールは自らの方法を応用して、社会的環境の中での自己実現の基礎に存する認知神経生物学的メカニズムを捉えているのだろうか。

2　社会的次元の神経表現

大脳の神経回路を中枢とする人間の知覚―認知システムは、純粋に物理的な刺激から複雑で抽象的な社会的事象まで情報として処理することができる。しかし色、音、匂い、温度といった単純な物理的刺激と複雑な対人関係の中で生じる葛藤の間には大きな懸隔があるように思われるので、物理的（自然的）事象と社会的事象は一般に漠然と区別され、脳の情報処理を考える際には前者の方が適合しやすく、後者は適合しにくい。そこで、ポールが指摘するように、二〇世紀の実験神経科学はもっぱら物理的対象の知覚性質の神経解剖学的（すなわち構造的）対応物や神経生理学的（すなわち活性化的）対応物を研究対象にしてきたのである。[10]

これによって周知の脳機能地図が作成されたが、その地図の中に社会性回路はまだ定置されていない。それは、脳神経回路の中に「社会連合野」と呼ぶべきものが存在しないからではなく、社会性回路が多数のサブ回路（認知モジュール）の統合の上に成り立つ、複雑で対象化しにくい上位連合システムだからである。それゆえ社会性回路は、神経哲学的には自我と同じように、難しい心脳問題を引き起こす元凶である。つまり、特定の脳領域ないし神経回路に定置しにくいのである。おそらく前頭連合野と言語野（ブローカ領域、ウェルニッケ領域）が中心的役割を果たしているのであろうが、現代の神経科学はそれ以上のことを解明していない。

しかし困難を極めるからといって、社会的性質の神経対応項の自然（物理）科学的解明を諦める必要はない。ポールによれば社会的性質は、物理的な世界に備わっている諸々の複雑な側面をもってしては尽くすことができない何物かではないし、物理学や化学の対象とは別の、それ自体として存在する因果的性質でもない。[11]しかし、あらゆる生物が生活する世界は、物理的対象だけではなく、他の生き物からも成り立っているのであり、社会的動物の場合には、自らの神経系を働かせて、身の回りの社会的空間に備わっている多くの次元を表現（リプレゼンテーション）（表象）できるようにならなければならない。すなわち社会的動物は、ある特別なニューロン群中のシナプスの重み配置を調節して、自分が住んでいる社会的実在の構造を表現できるようにならなければならず、社会的に有利な行動を生み出すベクトル列を算出できるようになる必要がある。[12]このようにポールは考える。

これとの関連で例えば次のような事態を考えてみよう。隣の家のドラ息子がバンドの仲間と夜中にエレキギターをかき鳴らして、うるさくてしょうがない。そのドラ息子がある日、オートバイを運転中、事故を起こして重体になった。彼の血液型はRh^-のAB型であり、輸血可能な人は極めて少ない。ところが幸か不幸か、うるさがっていた隣家のオヤジの血液型はRh^-のAB型であった。このオヤジが、知らせを受けて、隣のあのドラ息子に献血しようかどうか、大いなる葛藤の中に現在ある。ちなみに、瀕死のドラ息子はオヤジ狩りの常習犯でもあった。

このような社会的事態は、基本的に騒音、衝突、転倒、身体の損傷、音声信号による報告、血液の生化学的特性といった物理—化学的要素から成り立っている。それらの複合体が一つの社会的事態として現出しているのであって、物理—化学的要素の他に、それらに還元されない社会的性質が独立して存在するわけではない。そして、嫌な奴を助けるべきかどうかといった葛藤も、それを感じている当人の脳内の特定のネットワークにおけるニューロン群発火の時空間パターンということになる。

しかし、このような機械的説明を聞いて納得する人はほとんどいないであろう。もし彼らを納得させようと思うなら、神経物理学的説明と外界の社会文化的性質との関連を明確に示さなければならない。意味を産出するのは、脳内ニューラルネットワークだけではない。外界の情報ネットワークや事象関連も意味を産出し、それを多数の社会的生物の脳に供給している。社会的生物である人間は、この情報を帯びた社会空間の中で他者とコミュニケーションしながら脳神経回路を発達させ、社会性を身に付けていくのである。したがって脳の社会性回路を探求するためには、どうしてもシステム論的で創発主義的な考え方が要求される。しかしポールは還元主義に固執し、人間の心のもつ多様な社会的性質を、あくまで脳の神経可塑性に基づけて、コネクショニズムの観点から理解しようとする。[13] また道徳的能力の説明に関しては、規則に基づく説明を退けて、学習されたプロトタイプ階層に注目すべきであると主張する。つまり、人間の道徳的な知覚や行動の基盤は、ニューラルネットワーク中のシナプスの重み配置を十全に調節することによって具体化された、社会的プロトタイプにあるという考え方を推奨しようとするのである。[14]

いずれにしても、社会的空間と脳神経回路を両端とする天秤の錘は、後者に偏っている。しかも後者の計算論的物理特性に。これでは、せっかく社会的次元に視野を広げようとする神経計算論主義の心身哲学の意図は十分かなえられない。しかし、これまであまり注目されなかった、社会的次元の神経表現という課題に敢えて挑んだ功績は大きいと思う。そしてそれは、精神病の理解や医療の問題にも応用可能なのである。

3 精神病の解釈

哲学者の中には精神病と精神医学に興味を示す者が少なからずいる。例えばメルロ＝ポンティ、フーコー、ドゥルーズといったフランスの思想家はその代表である。しかし、これらの人々の関心は精神医学の中でも主に精神病理学や精神分析に集中しており、精神病を脳の病理に基づいて理解する生物学的精神医学にはあまり注意が払われない。確かにメルロ＝ポンティは、ベルクソンの影響もあって神経心理学（脳病理学）への多大な関心を示しているが、生物学的精神医学の核心に触れることはなかった。哲学史上、初めて明確に生物学的精神医学の重要性を主張したのはポールである。[15]

精神医学は、その科学基礎論として心身問題に関する熟考を必要としていることが識者の間で認められている。つまり、精神症状と脳の病理の関係を考える際に、哲学的心身問題の枠組みを応用することが要求されるのである。それではポールの物理主義的な神経計算論的立場は、精神病と脳の関係をどのように捉えるのだろうか。

まず二大精神病と呼ばれる、統合失調症（精神分裂病）と躁うつ病は、それぞれ認知機能障害と感情機能障害として大まかなカテゴリーに入れられる。また、自閉症は社会的機能障害に分類される。これは精神病を脳の機能障害とみる生物学的精神医学の一般的な見解に沿ったものである。しかし脳の機能に関する神経計算論的理解は、そのまま精神病に応用できない。例えば統合失調症は、ポールによれば、脳卒中に起因する局所的病変のように特定の認知サブシステムに突如として起こった破損によるのではなく、脳全体に比較的ゆっくりと起こった変質が原因とみなされるが、このような変質の本質の探究のためには、ニューラルネットワークについて新たな側面から議論することが必要となる。それは生物のニューラルネットワークが人工のそれとは違って、その全活動を複雑な生化学的スープの中に浸された状態で実行している、という側面である[16]。つまり人工ニューラルネットワークの場合、シナプス伝達の過程で重要なのは、「シナプスの重み」の値を表す数と到達した「活性化レベル」の値を表す数の二つを掛け合わせるプログラムにすぎず、この二数の積が標的細胞へ伝えられる興奮に等しい。これに対して、生物の神経回路のシナプスの場合、伝達過程は様々な生化学的要因によって調整され、その影響をもろに受けるのである。その生化学的要因の中でとりわけ重要なのは、脳内の様々なサブシステムで独自に用いられる神経伝達物質の多様性であり、神経伝達物質の量や伝達状態がシナプス結合の重みを変化させ、その結果認知モジュールの機能を変化させるのである[17]。

周知のように統合失調症の主な症状は、辺縁系（特に海馬）と前頭前野の神経システムの機能不全、ならびにそれに付随するドーパミンとグルタミン酸の伝達障害に由来するが、ポールはこの神経化学的障害を神経計算論的観点から再把握しようとする。それによれば、正常な人の実在に反応する整合的な認知が、以前の学習によってニューロン活性化空間に刻み込まれたプロトタイプを脳全体が円滑にたどっているのに対して、統合失調症の患者の脳は正常なプロトタイプ経路の導きという安定した基盤を失い、知覚的活動の回帰的調節が阻害され、内部に起源をもつ話にすぎないものと外部に起源をもつ出来事との区別が判然としなくなってしまうのである[18]。

このようなポールの把握は、統合失調症の認知神経心理学的研究と基本的志向を共有している[19]。そして彼は生化学的要因まで取り込んで、精神病の認知神経生物学モデルを論じている。その姿勢が物理的還元主義の心身哲学に裏打ちされたものであるのは言うまでもない。しかし前節で触れた社会的次元への彼の関心は、うつ病の成因における慢性ストレスや社会的状況という環境因子への着目、あるいは自閉症患者における幼児期の社会化過程の不十分さへの言及などに表れている。それは神経系の発達学や行動―生態学にリンクするものであり、彼の言葉を使えば、「神経社会的問題（neurosocial problem）」[20]に関わるものである。また彼は精神科臨床における生物学的治療法（化学的および外科的治療）と精神療法（対話療法）の作業分担の問題を取り上げ、次のように述べている。

「心理学的障害の発現において社会化過程での欠陥が大きく作用しているという論点を真剣に受け止めるならば、治療にあたっては対話に基づく社会的役割の感得に常に重点が置かれなければならないことになるだろう。……薬剤の投与だけでは、社会化を成功させることはできない[21]」。

この言明は明らかに物理的還元主義の枠をはみ出している。しかしポールはシステム論的方法や創発主義的観点を取り入れようとせず、結局は神経計算論的（すなわち神経物理主義的）研究にすべてをゆだねるつもりらしい。その研究は確かに、神経社会的問題も取り込んで発展していくだろう。しかし、それは哲学的心脳問題には有効であっても、臨床精神医学にどこまで寄与するかは不明である。

4　意識の謎に対する神経物理主義的解決策

意識は心的現象の中で最も実験科学的客観化になじみにくく、それゆえ物理主義的還元を拒むものである。既述の神経生物学と人工ニューラルネットワークの融合による心的現象の解明は、脳の神経システムが遂行する情報処理としての知覚と認知の機能を物理主義的に客観化して捉えることには成功した。しかし「私がそれらの心的機能を遂行している」という統覚的な意識は、純粋に主観的現象として、物理主義的客観化に厳然と逆らう独特の質感をもっている。それゆえネーゲルは、コウモリという特殊な感覚―知覚生活（聴覚的な音響定位法による対象知覚）を営む動物に焦点を当てて、一人称的主観性の客観化的把握の不可能性を示唆したのであり、ジャクソンは色盲の神経科学者が色彩クオリアを純粋理論的客観化によって捉える可能性を否定したのである。またサールは旧来の実体二元論を否定して、心的現象がすべて脳の状態ないし性質であることは認めるが、それは脳の「物理的状態」ではなく「心的状態」であるという留保を付け、やはり一人称の主観的心性の物理主義的還元に断固として反対する。

これら三人の神経哲学者の主張は、現代脳科学の成果を踏まえたものなので、従来の素朴な二元論的心性の理解よりもはるかに洗練されており、それゆえ手強い。しかしポールによれば、彼らは依然として主観と客観ないし物と心の二元性に関する前科学的理解に呪縛されており、しかもそれを自覚していない。それゆえ彼らは、かつての生気論者に典型的に見られるような「無知に基づく（あるいは無知を利用する）論証」に身をやつしているのである。(22)

主観と客観についての前科学的理解は、素朴心理学の中核をなすものであり、還元主義に対する感情的反発の温床となるがゆえに、意識の科学的（神経計算論的）解明を妨害する障壁である、とポールは考える。そして、この障壁を取り除くために、次のような注目すべき見解を表明する。

我々は今や、物理的現象がもっぱら客観的なわけではないことを理解できる。なぜなら、それらは主観的な手段によって、つまり自己結合的な認識経路の活動によって、知られることもありうるからである。脳の物理的状

> 態が客観的なわけでないことは、身体の物理的状態が本質的にもっぱら死せるものであるわけではないことと同様である。いずれの場合も、すべては組織された物理的システムがどう機能するかによる。
>
> 　自分自身の心的状態も、もっぱら主観的なわけではない。それらは普通、自己結合的経路によって知られるが、その他の情報経路によって知ることも可能である。……すなわち、他の人たちは私の現在の心的状態を、私の言葉や、顔の表情、身体行動から推理する。重要なことは、客観的であることと主観的であるこの間には全く何の衝突もないということである。同一の状態がその両方でありうる。[23]

我々は日常、主観的／客観的という言葉を深く考えないまま、よく使用する。また、脳科学者や心理学者も主観／客観という概念を利用するが、近年意識の問題が切実になってきたので、その利用頻度はますます高くなってきている。しかし脳科学者が果たして主観／客観という概念を十分吟味した上で使用しているか、というとはなはだ覚束ない。神経生物学の用語に関しては極めて厳格な脳科学者も、主観／客観という概念については、あたかも前科学的理解をそのまま引きずり込んでいるかのようである。それに対して、主観／客観の概念そのものを深い次元で考察してきたのは哲学者である。この二つの概念は、認識論と存在論という理論哲学の二大分野の基幹をなすと同時に、心身問題の中核的議論に必要不可欠なものである。哲学的心身論は脳科学に対して科学基礎論の役割を果たす。それゆえ、この仕事を先導する神経哲学者は、主観／客観という概念を脳科学の提供するデータと照合しつつ彫琢することが要求される。

　心身哲学上、一般に二元論者は主観と客観をはっきり分けて考えたがるのに対して、還元主義者（物理主義者）は主観的なものを客観的なものに吸収させ、解消させたがる。またハイデガーやメルロ＝ポンティのような現象学派の哲学者は、還元的唯物論は受け付けないけれども、やはり主観と客観の悪しき二元的対立を乗り越えようとする。前世紀以来、西洋の哲学と科学において主流となっているのは心身二元論克服という傾向であるが、近年意識科学の興隆とともに、主観―客観の対置図式をより深い次元で捉え直した上での、洗練された「心身二元論克服」が要請されている。

　それでは前掲のポールの見解はどうであろうか。まず引用文の前半における「脳の物理的状態がもっぱら客観的なわけではない」という主張は、その状態が「主観的手段」つまり「自己結合的な認識経路の活動」によっても捉えられるという事実によって裏づけられるが、果たしてこの両者を単純に同一視してよいものだろうか。「自己結合的な認識経路の活動」というものは、「主観の主観性」、つまり主観自身が体験する独特な「主観的であることの自覚あるいはその質感」にとっては、あくまで神経相関項ないし神経基質にとどまる。そして主観的であることの直接性は、やはりその神経基質に対して創発の関係にあり、単純に還元されえない。この創発関係を考えるためには、脳を物理的システムとして捉えているだけではだめで、それを生命ある認知システムとしても理解しなければならない。しかるにポールは、「身体の物理的状態がもっぱら死せるものであるわけではない」ことを認めつつ、その意味を深く考えていない。それゆえ彼は、物理的現象（生理的現象）が主観的でもありうることを十分説明できないのである。

　次に、自己の心的状態がもっぱら主観的なわけではないという主張の裏づけはより杜撰（ずさん）である。なぜなら心的状態が、自己結合的経路によってのみならず、他者が外部から客観的に観察できる行動（振る舞い）からも知りうるという考え方は、内面的心を消去する行動主義と何ら変わらないからである。これでは心的現象が客観的でもありうることの説明になっていない。つまり、他者によって観察された主観性は、真の一人称的主観性ではないのであり、ポールが客観的（というよりは物理的）でもありうると考える心的現象は、実は真の主観性の行動的相関項にすぎないのである。

もちろん主観／客観というものは、水素原子やＤＮＡ分子や皮質コラムや中枢神経系のような実在物ではなく、一種の構成概念である。そして実体二元論はそれを無視して不合理に陥っているのだから、ポールの主観／客観相互置換の主張は基本的には間違っていない。しかしポールに欠けているのは、有機体論者やシステム論者や現象学者に見られる、主観と客観ならびに心理と生理の「間」への視点である。この「間」への視点から初めて主観―客観関係の深い次元での把握が可能となり、真の心身二元論克服が実現されうるのである。しかし、方法論的に二股をかけることは破綻を招きかねないこと、そして脳科学と哲学諸派間の対話が不十分であることを顧慮すれば、現時点でポールにそこまで要求することはできない。むしろ我々は、彼から意識の自然主義的把握の基礎的方法論を学ぶべきであろう。

彼は、意識の基盤として重要な自己結合的神経経路が「生物学的進化の通常の選択的圧力の下で誕生したのは、感覚面と運動面の両方を含めて、我々の内部の生理的活動の関係諸側面をすべて統合するためではなかったのだろうか[24]」、と言っている。これはまさに我々が序で示唆した、意識的自我の自然科学的探究の基点となる考え方である。つまり、生物の神経システムの活動に見られる自己参照性ないし中枢再帰性のうちに、意識的自我の自然科学的探究の基盤を見出そうとする姿勢をポールは共有しているのである。しかし彼はあくまで物理主義の姿勢を崩さない。すなわち、「自己結合的な認識経路の存在やその起源、およびその現在の認知機能はいずれも、純粋に物理主義的な仮定に基づいて完全に理解可能である[25]」と主張し、神経計算論的観点から意識を再構成しようとする。それは、視床の一部である髄板内核と大脳両半球の皮質の広い領域を結ぶ、大規模な回帰ネットワーク（神経経路システム）に焦点を当て、さらにそれを人工ニューラルネットワークでシミュレーションしながら、次の七つの認知特性を神経物理主義的に解釈しようとするものである。⑴内容選択的、減衰時間可変的な短期記憶、⑵舵取り可能な認知的注意、⑶多様な認知的解釈、⑷感覚から独立した認知活動、⑸深い眠り、⑹夢、⑺統一された多様相的認知活動[26]。

これらはすべて、チャルマーズが意識のイージー・プロブレムに属すと考えた認知特性であり、真にハードな問題、つまり統覚的自我の一人称的主観性とクオリアの問題はここでは除外されている。もちろん神経哲学における意識のハード・プロブレムの解決は、現象論に終始するのではなく、常に脳の神経活動の認知的側面を考慮するものなので、イージー・プロブレムに関する研鑽も怠ることはない。しかし、最終目標はやはりハード・プロブレムの解決である[27]。ところがポールは一人称的主観性とクオリアを神経物理主義的に平板化してしまう。そして最終的には消去するつもりなのであろう。

私の意識に直接現れる一人称的主観性の現象的性質と、自己結合的神経経路（つまり自分自身のシナプスの重みの配置と自分自身の活性化空間の自分自身の分割を備え、自分自身の感覚状態を自分の内部で表現する手段をもつニューラルネットワークの因果的結合[28]）の物理的性質の間にはやはりギャップがある。そして、このギャップは容易に埋められない。それを安易に埋めようとするのは、ある意味で軽薄である。意識科学と神経哲学はまだ始まったばかりなのだから、それぞれの立場の人は、自らの方法論を信じて研究を進めていくことはいっこうに差し支えないと思う。そして、これまでの科学の歴史を顧慮すれば、還元的物理主義が意識の問題に関しても勝利を収める可能性は決して否定できない。しかしポールが本当に「神経社会的問題」を重視するなら、脳の認知神経的活動の統合性を生態学的視点からも考察し、個体が発達の過程で他者と触れ合いながらその統合性を獲得する様式を明らかにしなければならない。なぜなら、そこにこそ「私である」という一人称的主観性の質感の自然的基盤があると思われるからである。

注

（1）以下、ポール・チャーチランドをポール、パトリシア・チャーチランドをパトリシアと表記することにする。

（2）P. M. Churchland, *The Engine of Reason, the Seat of the Soul: A Philosophical Journey into the Brain*, MIT Press, 1995（以下*ES*と略記する）. 信原幸弘・宮島昭二訳『認知哲学——脳科学から心の哲学へ』産業図書、一九九七年を参照。

（3）P. M. Churchland, *ES*, p. 15（邦訳、二〇ページ）

（4）Cf. P. M. Churchland, *ES*, pp. 15-17（邦訳、二〇—二三ページ）

（5）『物質と意識』の第7章「神経科学」では、生物の神経系の進化や生理学が論じられているが、それも認知神経生物学やPDPモデルへの前置き程度のものである。P. M. Churchland, *Matter and Consciousness*, pp. 123-165. なおパトリシアの方がより神経生物学を重視しているが、やはり要素還元主義的である。Cf. P. S. Churchland, *Neurophilosophy*, 1986, *Brain-Weise: Studies in Neurophilosophy*, MIT Press, 2002

（6）このことは、ポールの次の言明によく表れている。「人間と動物の認知の主要な特徴は大部分、我々が走らせているプログラムのゆえに生じるのではない。それらは神経系の特異な物理的組織化のゆえに、また情報の特異な物理的コード化のゆえに、さらにまたその情報を変形する物理的に分散したやり方のゆえに生じるのである」（*ES*, p. 251. 邦訳、三二九ページ）。

（7）P・M・チャーチランド／P・S・チャーチランド「最近の意識研究——哲学的、理論的、経験的観点から」信原幸弘訳（苧阪直行編『意識の認知科学』共立出版、二〇〇〇年）を参照。

（8）Vgl. M. Spitzer, *Geist im Netz: Modelle für Lernen, Denken und Handeln*, Spektrum, Heidelberg・Berlin, 2000（村井俊哉・山岸洋訳『回路網のなかの精神』新曜社、二〇〇一年）. シュピッツァーはこの本の中で、ポールの色彩知覚のベクトルコード化モデルを高く評価している（S. 75. 邦訳の七七ページ）。

（9）Cf. A. Clark, *Being There: Putting Brain, Body and World Together Again*, MIT Press, 2001

（10）P. M. Churchland, *ES*, p. 128（邦訳、一六三ページ）

（11）P. M. Churchland, *ES*, p. 131（邦訳、一六七ページ）

（12）P. M. Churchland, *ES*, pp. 123f.（邦訳、一五六ページ）

（13）Cf. P. M. Churchland, *A Neurocomputational Perspective: The Nature of Mind and the Structure of Science*, MIT Press, 1992, pp. 129-135

（14）P. M. Churchland, *ES*, pp. 144ff.（邦訳、一八六ページ以下）

(15) P. M. Churchland, *ES*, Ch. 7. ちなみに筆者も生物学的精神医学を重視しており、この点でポールに親近感をもっている。拙著『時間・空間・身体』醍醐書房、一九九九年、第8章、ならびに『脳と精神の哲学』第3章を参照。
(16) P. M. Churchland, *ES*, p. 167（邦訳、二三〇ページ）
(17) P. M. Churchland, *ES*, pp. 168ff.（邦訳、二三二ページ以下）
(18) P. M. Churchland, *ES*, pp. 171f.（邦訳、二三六ページ以下）
(19) 例えばC・D・フリス『分裂病の認知神経心理学』丹羽真一・菅野正浩訳、医学書院、一九九五年を参照。
(20) P. M. Churchland, *ES*, p. 312（邦訳、四一六ページ）
(21) P. M. Churchland, *ES*, p. 183（邦訳、二四二ページ）
(22) P. M. Churchland, *ES*, pp. 195-208（邦訳、二五六—二七三ページ）
(23) P. M. Churchland, *ES*, pp. 224ff.（邦訳、二九五ページ以下）
(24) P. M. Churchland, *ES*, p. 200（邦訳、二六三ページ）
(25) *Ibid.*
(26) P. M. Churchland, *ES*, p. 222（邦訳、二九二ページ）
(27) Cf. D. J. Chalmers, Facing up to the Problem of Consciousness, *Toward a Science of Consciousness*, ed. S. R. Hameroff, A. F. Kasaniak, A. C. Scott, MIT Press, 1996, pp. 5-28, Moving foward on the Problem of Consciousness, *Explaining Consciousness*, ed. J. Shear, MIT Press, 1998, pp. 379-422
(28) Cf. P. M. Churchland, *ES*, p. 197（邦訳、二五八ページ）

第3章　デネットの機能主義的意識論

はじめに

『ロボコップ』や『ターミネーター』というSF映画を観ると、サイボーグ（cybernetic organism）の視覚世界が人間並みのものとして描き出されていることに驚く。殺された人間の脳だけを残して、他はすべて人工機械で補ったサイボーグや完全なロボットが、外界をデジタル信号化して受像しているような視覚状態、それはちょうどテレビやパソコンの画面を思わせるが、それと同時にサイボーグやロボットが我々と同じような視覚機能を獲得しているかのような錯覚を観る者に引き起こす。しかし、よく考えてみよう。「見る」という単純な知覚—認知作用でさえ「心がこもっている」ではないか。そして、心はやはりサイボーグやロボットの中にではなく、映画を観ている我々の中にあるのだ。つまり、サイボーグに帰せられるように思われる視覚像は、実は我々観客がサイボーグの視覚像のコマの流れを観ているときに、我々自身がいつの間にかサイボーグに身を乗り移してしまうがゆえに生じる「錯覚」なのである。

「見る」という能作には、見る主体の脳と身体の来歴（biography）が深く関与している。そして「見ている」

という実感は、自己意識とクオリアに満ちた感性によって強く裏打ちされている。しかし、これらは日常自覚されないことが多い。それゆえ前述のような錯覚が容易に生じるのである。

ところでデネットの主著『解明される意識』[1]は、現代の認知哲学を代表する逸品であり、主題に関連する哲学と科学の知見を総動員して構成された大著であるが、随所にユーモアに満ちた挿話が織り込まれている。その中にはSFやアニメの話題も含まれる。筆者がデネットを論じる章のまえがきをあえてSF映画の話題から切り出したのは、彼の論調に考察の調律を合わせようと思ったからである。筆者は、機能主義を基本的には好まないが、意識と心脳問題を考究する際には無視できない重要な観点を提供するものなので、デネットの主著に焦点を当てて、その意義を考察することにしたのである。

先述のようにデネットは、心を消去する哲学的行動主義の代表者ライルの直弟子であり、ポスト行動主義の彼の機能主義的心脳論にも、この師の影は強く残響している。[2]行動主義において行動（ないし行動への性向）へと還元され、消去された内面的心は、機能主義においては情報処理という観点から再び実在性を帯びたものとして復活する。しかし行動主義から機能主義への流れにおいて一貫しているのは、心の中核的現象としての自己ないし自我を消去したがる傾向であり、心の統覚的—自覚的側面としての意識の機能的平板化という趣向である。また認知システムの物理的プロセスに還元できないクオリアの存在を否定したがるのも機能主義の特徴であるが、デネットは特にその傾向が強いように思われる。

哲学史的に見ると、デネットの立場は明らかにデカルトに対するヒュームの批判を継承しているが、デネット自身は、「デカルトの『省察録』を読んで、心身問題のとりこになった」[3]ことを告白している。この点を顧慮すると、彼の自我問題の解決法には、一筋縄ではいかない、意外な深みがあるのかもしれない。クオリアの問題に関してもまた然りである。それゆえ本章では、デネットの立場に可能な限り身を乗り移して、「デネットであるとはどのようなことか」の理解に努め、自我嫌悪症とクオリア不感症への感情移入から、意識と心脳問題の意味を逆照射しようと思う。

テキストは『解明される意識』一冊に絞ることにした。そして考察は次の順序で進行する。(1)意識の神秘への機能主義的対処、(2)脳のソフトウェアとしての意識、(3)多元草稿説と自己の問題、(4)クオリアのディスクオリファイ。

1　意識の神秘への機能主義的対処

一般にデネットは、意識（主観的心性）の存在自体を否定する、機械論的唯物論の代表者であるかのように思われているふしがある。しかしそれは皮相な臆見である。ある対象の存在自体を否定するということは、その対象に全く愛着を感じていないということである。もしデネットが意識という現象に愛着を感じていなかったら、五〇〇ページも費やして意識について熟考することなどしたであろうか。彼は、若き日にデカルトによって植えつけられた心身問題への飽くなき探究心を大著『解明される意識』に結実させたのである。心身問題（あるいは今日の用語では心脳問題）は、心（精神）と身体（物質）の関係の謎への興味、ならびに意識の神秘性への関心に深く裏打ちされており、これらの謎と神秘性に対して鈍感な者は、そもそもデネットのような問題設定の仕方はとらないものである。事実、彼は意識の神秘（mystery）を率直に認め、それを直視することから出発する。つまり、「物理的世界のただ中の生命をもった物理的肉体に、そもそも意識という現象を生み出すことができるのは、いったいなぜなのか」[4]という問いをシリアスに受け止めるのである。そしてクオリアによって装飾された一人称的意識体験に十分な注意を払っていることを明示し、この主観的意識現象が、たとえ脳の出来事によって引き起こされたものであるとしても、「あくまで脳とは別の素材でできた、脳とは別の空間に位置するものであるにちがいないようにも思われる[5]」と述べている。

しかし、この発言は思わせぶりのものであって、デネットは決して現象論者やミステリアンのように、主観的心性の現象的性質に深い愛着を示しているわけではない。この発言の背後に隠されているのは、意識的経験の現象的性質をヘテロ（異型）現象学的方法を介して機能的なものに解体するという、彼独特の機能主義的戦略である。この方法によって、物理的還元主義と主観主義的現象論のどちらにも偏らない中道の観点が得られ、難解な心脳問題に対する機能主義的解決策が成熟する、と彼は考えたのである。しかし彼は同時に、二元論を断固として拒否し、唯物論者たらんとする。とはいえデネットの唯物論（マテリアリズム）は、前章で取り上げたポールの物理的還元主義（消去的唯物論）あるいは伝統的心脳同一説とは明確に区別される、機能主義的唯物論である。この立場は、前述のように非還元的物理主義として、心的なものと物的なものをトークンとしては同一視しても、タイプとしては区別することを基調とする。そこで前掲の引用文の思わせぶりの発言も実は、実体二元論をあくまで拒否する機能主義の意向を背後に潜ませているのである。

例えばデネットは、ワインの味覚クオリアを題材として、人間の利き酒の専門家の認知システムの機能的構造がそっくり再生されれば、人工の利き酒機械でも人間と同じ味覚クオリアを経験し、識別できるようになる、と主張する。なぜなら機能主義によれば「人工心臓が有機的組織でできている必要がないのと同じように、原理的には、人工頭脳も有機的組織でできている必要はなく、ワインの利き酒をする人間の脳の制御機能をすべてシリコンチップで再生することができれば、楽しみもまた結果的には同じように再生できることになる[6]」からである。

デネットは他の箇所でも、ビールの味とか、バッハの音楽とか、自らが体験した春の日の優美な情景などの、いわゆる「言い表しがたいクオリア」を、これでもかこれでもかと取り上げて、しかもそれらを丁寧に描写しつつ、それらが結局は脳の情報処理における反応性向の複合体にすぎない、という落ちをつけている。この点が、還元主義者には見られないヘテロ現象学的機能主義者の特徴なのだが、同時にデネットは還元主義者以上に機械論的傾向が強い。つまり、彼は脳を一種の「機械」とみなすのだが、この見解には機能主義的含蓄がある。それは、脳を「考えるもの（res cogitans）」とか「思考する物体」とか「意識の主体」という意味で、実体化的（物象化的）観点から「物質の塊としての機械」として捉えるのではなく、意識体験の生じる「場」として、そのメカニズムを担う「機能的場所」として、いわば「こと的機械」とみなすのである。[7]したがって彼は、心と脳を実体論的に分離する二元論と同様に、脳の特定の部分に意識の座を求める「デカルト主義の唯物論」を排撃するのである。「意識をともなった心というのは、ただの脳のことでも、脳のいかなる特定の一部のことでもありえないように思われる[8]」、と彼は言う。つまり彼によれば、最新の神経生物学で武装した意識哲学者といえども、近視眼的に、脳の内部に「カルテジアン劇場」という意識の発生源（中心点）を想定してしまうのである。そして、それはまさに機能主義を理解しない唯物論（還元主義）の過失ということになるのであろう。

それでは、こうした誤りから脱する方途はどこに見出されるのか。それは、機能主義の常道に沿って、意識を脳というハードウェアの上を走るソフト（プログラム）とみなすことである。しかしデネットの観点は、脳の可塑性や進化生物学やドーキンスの提唱した文化的遺伝子・ミームを視野に収めた、周到なものであり、従来の機能主義の枠を超え出ている。しかも意識の神秘から決して目をそらさない。そうした彼の観点を次に考察してみよう。

2　脳のソフトウェアとしての意識

脳と心の関係を考える際のポピュラーな方策の一つは、脳をコンピュータのハードウェア、心をそのソフトウェアとして類比的に捉えることである。そして、この方策は機能主義の根本的考え方に根ざしたものであり、認知科学と人工知能研究において偏愛されてきた。前章で確認しておいたように、脳は一〇〇〇億個のニューロンが形成する複雑なネットワークを中心とする有機物質であるが、その物質組成だけをいくら調べても、認知や知覚や情動や意識という「心的なもの」そのものの特性を見出すことはできない。例えば、「1＋4＝5」とか「心は脳の機能である」などの計算式や命題の形で表される判断は、PETや機能MRIでスキャンすれば、その判断がなされるときに活性が高まっている脳部位を特定できるし、さらに生化学的ならびに神経計算論的観点から、その脳部位で起こっていることを精密に捉えることもできる。しかし、これらの物理科学的方法をいくら駆使しても、数字や単語の組み合わせが形成する判断の意味論的内容そのものと、特定の神経ネットワークの物理―化学的プロセスを同定することはできない。その方法によってできるのは、意味論的内容と物理―化学的プロセスの対応の確認のみである。

もちろんポールが提唱するような洗練された神経計算論の方法を用いれば、そしてその方法がさらに練磨されれば、意味論的内容やクオリアといった心的特性が物理的プロセスと同一であることの説明がより説得的なものになるであろう。しかし還元主義が見落としている重要な点は、脳が開放系の、生きた、社会的認知システムだということであり、我々が営む判断や思考や知覚は、外部世界の意味連関に強く影響されているという事実である。そして外部世界の意味連関は、様々な媒体によって記録され、保存される。また人間の脳内の思考内容も外部に表出されると、それらの媒体に同様に記録され、保存される。そうした媒体の代表は、言うまでもなく書物であるが、現代のコンピュータ化社会においては、CD-ROMやパソコンのハードディスクといった電子記憶媒体も利用頻度が高くなってきている。そして、これらの記憶媒体に様々な仕方で保存されている情報は、記憶媒体の素材ないし物質組成に還元されない記号体系として解釈されうる。これが、コンピュータのハードとソフトの関係とパラレルに理解される傾向にあるのは、周知のことであろう。

機能主義の基本的戦略は、認知を中心とした「心的なもの」と脳の物理的特性の同一視の困難性を、機能と素材の分離的把握に向けて解消しようとするものであり、そのためにコンピュータのハードとソフトの関係が重要な参照ポイントとなる。機能と素材（ないし構造）、ハードとソフトの区別の重視は、ある意味で二元論への退行のように思われるが[9]、それは当たっていない。物理的認知システム（脳やコンピュータ）が実行する機能や記号的情報体系としてのソフトは、物体の運動が物理的なものであるのと同様に、あくまで「物理的なもの」なのである。このように機能主義者は考える。こうした機能主義の主張は、物理的なものの情報的側面を顧慮するという点で、心的なものと物的なものの関係、そして脳と心の関係を考えるための貴重な補助線を提供してくれるように思われる。それではデネットの機能主義は、どのような補助線を提案しているのであろうか。

デネットはポールと同様に脳の可塑性に注目するが、着眼点と解釈の仕方が著しく異なっている。デネットは次のように主張する。「我々の脳には、誕生の時点では、一万年昔の我々の先祖の脳に欠けていたものはほとんど何も備わっていない。だからこの一万年の間の〈ホモ・サピエンス〉の驚くべき進展は、全くと言っていいほど、その脳の可塑性を根本的に新たな仕方で利用することから、言い換えるなら、ある種の〈ソフトウェア〉を生み出すことで脳の潜在的パワーを高めることから、生じたに違いない[10]」。

ここで、「脳の可塑性を新しい仕方で利用すること」と言われていることに注意しなければならない。つまり、コネクショニズム的還元主義が脳の可塑性をそのまま心の多様な表現（表象）と同定するのに対して、デネットは言語の機能に着目して、可塑性を脳のハードに帰属させ、言語を伴う人間の心を、そのハードと区別されるべきソフトとみなすのである。デネットが一万年前と指定しているのは、霊長類進化学的に言うと、ホモ・サピエンスが言語機能を明確に発揮し始めた時期に相当する。言語という記号の操作が、ニューラルネットワークの可塑性の意味を最大限に引き出したとき、初めて自意識をもった心が霊長類に授かったという考え方は、明らかにコンピュータとの類比を信頼しすぎていることに由来する。つまり、ハードとしての脳とソフトとしての心の機能主義的分離を信頼しすぎているのである。これは例えばデネットの次の言明によく表れている。「我々はすでに発明ずみの大幅にデバックされた習慣システムを、まだ一部形の定まっていない脳の中に〈インストール〉しているのである」(11)。

しかし、コンピュータとの類比を信頼しすぎているとはいえ、言語をもった生物の行動―生態学的特徴に着目し、それを人間の意識の文化的進化に結び付けて考察するデネットの姿勢は、やはり注目に値する。その際彼が依拠するのは、動物学者ドーキンスの提唱した文化的遺伝子・ミームの概念である。ドーキンスによれば、ミームというのは文化の伝播単位であって、例えば、メロディー、アイデア、キャッチ・フレーズ、流行の服装、アーチの架け方などがそれに当たる。そして生物学的遺伝子DNAが精子や卵子を通じて体から体へと渡り歩いては自己を増殖させていくように、ミームもまた模倣(ミメーム)のプロセスを通じて脳から脳へと渡り歩いては自己を増殖させていくのである(12)。

アイデアといったものがミームの例として挙げられると、何か非物理的なものに思えるが、そのようなことはない。ミームは物理的情報伝達媒体を通じて物理的脳へと伝播されるのであり、物理的媒体から独立自存しないという意味では、物理的世界の一構成要素である。この点ではミームはDNAと同等の身分にある。しかし、DNAは脳と身体の細胞の中に閉じ込められているが、ミームは脳の外部の文化的環境の中でも存続することができる。それゆえ、人間の脳というハードに外部からインストールされうるソフトとして、複数の脳の共有物となりうるのであり、意識の進化の基盤となるのである。とはいえ、ミームにはDNAのような生物学的実在性はない。それは、一種の情報理論的構成概念として解釈されるべきものである。それゆえ還元主義的には否定されるべきものだが、機能主義者のデネットには重宝がられるのである。彼によれば、ミームの進化が人間(ホモ・サピエンス)の機能を、DNA(生物学的遺伝子)よりもはるかに速いペースで高めることを可能にしたのである。しかもDNAの進化ならびに表現型の可塑性と連係しつつ[13]。

それでは、このミームと意識の関係は、コンピュータとの類比においてどのように捉えられるのであろうか。デネットは次のように言う。「人間の意識は、それ自身が一つの巨大なミーム複合体（より正確に言えば、脳の中のミーム効果）であって、これはもともとそういう活動のためにデザインされたわけではない脳の並列構造に実装される〈フォン・ノイマン型の〉ヴァーチャル・マシンの働きのことだとみなしたときに、最もよく理解することができる[14]」。

前章でも説明したように、人間の脳は並列分散処理（ＰＤＰ）という形で情報処理を行っており、それはフォン・ノイマン型の直列―逐次的処理のデジタルコンピュータの情報処理様式と著しく異なったものである。そこでポールは、人工ニューラルネットワーク（ＰＤＰコンピュータ）によって、人間の脳の機能をシミュレーションするという方策を打ち出し、それによって心脳問題を解決しようとするのだが、デネットは、意識の説明のためには、むしろ直列処理のフォン・ノイマン機械の方を重視する。しかも、この機械はヴァーチャルな（仮想の）もの、つまり「配線ではなく規則でできたもの」である。彼が、この直列処理的なヴァーチャル・マシンにこだわるのは、ハードウェアとソフトウェアというコンピュータ科学の概念を基に心脳問題を考えようとするからである。そしてこの二分法に基づかないと、脳と心の関係を説明する手がかりが得られないと確信しているからである。

デネットは、心脳問題を考える際、基本的に神経生物学を重視しない。これは、構造と機能を分離して、後者を独自に考察したがる機能主義者の特徴を表しているが、デネットは特に機械論的で、その点では唯物論仲間の還元主義者をはるかに上回っている。事実、彼の主たる関心は、人間という有機体における心身問題の解決よりも、意識をもったヒューマノイド・ロボットを自らの機能主義哲学に基づいて造り上げることできるか、にある。ＭＩＴの人工知能研究所では、デネットの『解明される意識』で主張された原理に基づいて、ヒューマノイド・ロボットの研究・製作が進められている。そして、その試作品はCogと名づけられた(15)。

筆者の予想を述べよう。このプロジェクトは、まず二〇〇〜三〇〇年では達成されないであろう。またデネットの原理では、どこまでいっても、「意識をもったロボット」ではなく、「意識をもっているように見えるロボット」しか造れないであろう。その「ように見える」様が、いくら精緻を極めて、限りなく現実の意識的有機体に近づいたかの「ように見えて」も、そのロボットには自我意識はないであろう。この質的差は大きく、単なる技術力では補えない。筆者は意識をもった人工知能の可能性を全く否定しているのではなく、神経生物学の軽視と自我問題に対する安直な態度が、意識の本性の解明から大きく逸脱することを危惧しているのである。そこで次に自我問題に対するデネットの対処法を考察することにしよう。

3　多元草稿説と自己の問題

自己（自我）をめぐる問題は、古来哲学の中心問題であったが、近年の認知神経哲学において、この問題はもっぱら心脳問題の観点から焦点が当てられる。自己意識とクオリアは心と認知の最も主観的で私秘的な側面なので、客観科学的アプローチを容易には許さない。それゆえ多くの還元主義者と機能主義者は、心と認知の統率原理としての自己（私）を消去するか、機能連関の中へ吸収させて平板化するかのどちらかを選ぶ。デネットがこの傾向を代表しているのは言うまでもない。しかし彼が心の統制者としての自己の概念を拒絶するのは、現代脳科学の成果に照らしてというよりも、ヒュームとライルという彼の哲学上の先輩の思想に負うところが大きい。この二人は、デカルト的な実体としての自己を解体し、消去したことで有名だが、果たしてそれによって心の哲学は有益な指針を得たと言えるだろうか。むしろ、意識の問題を直視し、かつ自己意識の現象的側面を脳科学の提供するデータと照合する、という重要な課題に立ち向かう気力を心の哲学者たちから奪ってしまったとは言えないだろうか。この点では、「心は実体ではなくプロセスである」と主張しつつも、「自己」の概念を重視したジェームズの方が、心の哲学（認知神経哲学）と心脳問題にとってはるかに有益である。

現代において、自己が実体であると考える者は、オカルト主義者以外ほとんど見当たらない（神経科学者のエックルズは特記すべき例外だが）。さりとてヒュームやライルのようにかたくなに自己の存在を否定する者も稀である。システム論的思考が広く行き渡っている今日では、モノ的実在のみならず、コト的なプロセスも、それが一定の機能を担うシステムとして存立しているなら、それは「存在する」と考えるのが慣わしである。しかし、やはりデネットは自己を消去して、機能主義的な意識理論を構築しようとする。[16] その中核的論点を以下、検討してみよう。

人間の脳は並列分散型の情報処理を行っている。その際、多数の認知モジュールによって情報処理が個別に遂行されるのだが、それらが統合されて、一つの「経験」となるのである。しかし、この統合がそこに向けてなされる脳の中心点、ならびに統合的経験の主体たる自己を明確に指定することはできない。そこでデネットが提案したのが「多元草稿説（Multiple Drafts Theory）」である。この理論によれば、脳内の個々の認知モジュールが生み出した、様々な草稿が、全体としての神経システムによって「編集・改竄」され、多くの草稿の中から、いわば神経ダーウィニズム的に、あるものは生き残り、他の無用なものは消え去るのである。それでは、この説は自己意識の問題とどのように連係するのだろうか。デネットは次のように主張する。

単一で決定的な「意識の流れ」などどこにも存在しないが、それは、意識の流れがその一点に集まって「中心の意味主体」となるような「中心の参謀本部」や「カルテジアン劇場」が、どこにも存在しないからである。存在するのは、そのような単一の流れではなく、むしろ多元的チャンネルなのであって、そこでは様々な専門回路が百鬼夜行状態を呈しながら様々な仕事を並列的に試みるうちに、「多元草稿」が生み出されていく。「物語」のこうした断片的草稿のほとんどは、当座の活動の調整に束の間の役割を果たして消えていくが、中には、脳に潜んだヴァーチャル・マシンの活動によって、目まぐるしいバトンタッチを通してさらなる機能的役割を果たすよう促されるものもある。このマシンの直列的性格は、「ハードウェアに組み込まれた」デザイン特性ではなく、むしろそうした専門家たちの連係プレーの帰結なのである(17)。

一般に、物体としての身体は空間の一点を占める確固とした実在であるが、心は時間的に経過するプロセスであると考えられている。そして心の中核的現象たる自己意識(自我)は、その時間的経過の中で自己同一性を保つものと信じられている。しかし経時的自己同一性を保つからといって、自己という「もの」が空間内の一点を占める存在物であるかのようには考えられていない。これが一般的見方なのだが、懐疑論者たちは自我の経時的自己同一性すら認めないのである。

デネットの多元草稿説による自己の把握は、こうした懐疑主義の現代的刷新版であるが、その把握は、言うまでもなく機能主義に支えられている。つまり、並列分散処理を本性とする脳というハードウェアの上を走る直列的処理機能ソフトとして「自己」というものを捉えるのである。しかし、この自己ソフトは、脳内の並列的処理が生み出す多元草稿を「統合」するのではなく、単に「編集」するだけなのである。したがって自己は、脳内情報処理の機能的因果連鎖の中の「実体なき重心」のようなものとして捉えられる。つまり、物理学において、ある対象の重心を措定することで、それとの関係で重さをもったすべての力を計算できるような単純化が得られるのと同様に、人間の自己もまた、そのような単純化を可能ならしめるものとして措定された、一つの抽象の産物だというわけである(18)。それはまた生きた体の来歴(the biography of the living body)の「物語的重力の中心」であるがゆえに、生きた体の認知経済の中で重要な役割を果たしているのである。[19]

こうした考え方は、機能主義的「唯物論」の原則内のものであり、それゆえ二元論に屈するものではない。つまり、物理学における重心もコンピュータのソフトウェアも物理的なものであるように、物語的重力の中心としての自己も、やはり物理的なものなのである。しかし、それは果たして「生きた体」すなわち有機体の自然的「自己意識」を捉えていると言えるだろうか。デネットは、もし自己というものが「物語的重力の中心」でしかなく、ヴァーチャル・マシンの活動にすぎないとしたら、シリコン・ベースのコンピュータを脳としてもったロボットに正しいプログラムを入れてやれば、そのロボットは意識と自己を獲得するはずだ、と主張している。[20] しかし、「かけがえのない私」という質感を伴わない機能的（機械的）自己が、真の自己意識を体現できるであろうか。「かけがえのない私」とは、単なる文学的表現ではなく、「血肉の通ったもの」、つまり有機分子を必要不可欠とする生命システムの生物学的認知機能の核を指している。神経生物学を軽視する、デネットのトップダウン的―機能主義的アプローチは、ヒュームとライルの悪影響の下に自我の自然的本性を捉えそこなっているとしか言いようがない。そして、それはクオリアの軽視という姿勢と深く関係しているように思われる。そこで次に彼のクオリア論を見てみよう。

4　クオリアのディスクオリファイ

クオリア（qualia）は、我々の感覚経験の主観的質感、あるいは感覚対象の現象的質感、ひいては我々認識主観と対象との相互作用（共鳴）が生み出す生き生きとした質感を意味する、神経哲学（心脳問題）上のジャーゴン（jargon：特殊用語）である。クオリアは、それに入れ込む者にとっては、心の本質相と心身関係を考える際に必須な宝石のようなものだが、それに鈍感な者にとっては、泥をお湯で割って作ったコーヒーのようなものである。

あるいは、jargon の悪い方の意味をとって言えば、「わけのわからない言葉」ないし「たわごと」である。機能主義的唯物論者たるデネットがクオリア不感症なのは、これまでの叙述からも自ずと分かるであろうが、物理主義者の多くに見られるクオリア消去の仕方と違って、彼はヘテロ現象学の立場から、いったんクオリア体験に身を投じ、あたかもクオリアを生き生きと感じているようなふりをして、それから種明かし的に実はそれが幻想だったのだ、本当はクオリアなど存在しないのだ、という結論に導くという戦略をとっている。このいやらしい戦略の基盤は、言うまでもなく行動主義経由の機械論的機能主義である。

要するにデネットは、鬱陶しいだけのクオリア（qualia）を脳内情報処理の機能的因果連鎖へと吸収させ、クオリアの主観的―特権的役割の資格剥奪（disqualify）を狙っているのである。この disqualify は、文字通り qualia の脱クオリア化（つまり、それをクオリア以外のものに置き換えて説明すること）を意味する。

ところで行動主義者を揶揄するたとえ話に、行動主義者がセックスの後で相手に対して、「君にはすごくよかったようだけど、僕はどうなのだろうか。自分では分からないので」と訊ねた、というものがある。この話は、内観法を否定して、心を外部に表出された行動に還元する行動主義の姿勢が、いかに滑稽なものかを示唆している。果たしてデネットはクオリアに関して、これと同じ誤りを犯しているのだろうか。それを以下、検討してみよう。

クオリアに関する議論で取り上げられるのは、美しい色彩を中心とした、我々の美感や快感に訴えるものが多いが、不気味な対象に対する恐怖感もまた立派なクオリアである。デネットは、ヘビを見たときの我々の感覚を取り上げて、次のようにクオリアの二つの解釈法を対置している[21]。

(1) ヘビは、我々が見ると、我々のうちに潜むある特殊な内在的「ヘビ―ぞっとする」クオリアを喚起する。だから我々の感じる気味の悪さは、このクオリアに対する反応である。

(2) 我々があまりヘビを見たがらないのは、我々の神経システムに組み込まれた生具的偏向が、アドレナリンの放出を促し、闘争か逃走かというお決まりの手順を稼働させ、様々な連想の環を活性化させることによって、危険、暴力、損傷などを含んだ多数のシナリオを上演させるからである。霊長類の最初の嫌悪は、これを搾取し、徴用し、型にはめてきた諸々のミームを通じて、我々のうちで百通りもの形に変形され、改竄され、歪曲されている。

最も簡略化して言うと、(1)はクオリアに関する横断的見方であって、(2)は縦断的見方である。換言すれば、(1)がクオリア体験を即時的に、その体験主体に即して見たものであるのに対して、(2)はクオリア体験の生起の因果的時間系列に注目して、それを観察者の観点から説明したものなのである。また(1)が現象論的見方であり、(2)が機能主義的見方であることは、本書におけるこれまでの考察に付き合ってきた読者には明白であろう。つまり(1)は、「ヘビ―ぞっとする」という、その不気味な質感そのものを現れるがままに記述しようとしているのに対して、(2)は、この現象的な即時(現下)の質感を心理―生理的な反応性向の複合体へと還元して、その質感そのものは無視するのである。(2)の行動主義的―機能主義的説明は、要するに主観的パースペクティヴというものを、自らの記述システムに取り入れる術を知らないのである。だから、例えばある人が次のように力説しようとも、聞く耳をもたない。

まさに今、この瞬間に、私のどんな傾向とも、過去の連想とも、未来の活動とも、等しく無縁な形で、ピンク色のリングが私に見えているまさにその仕方について考えてください。この瞬間に、色彩をめぐって〈それが私とともにある〉〈あの〉、混じりけなく、比類のない〈仕方〉こそが、まさに私自身のピンクがそれであるところの〈クオリア〉なのです。(22)

これはデネットが、仮想の人物オットーに託して語っているものである。とすれば、デネットは現象的クオリアを全く感じたことがないわけではなかろう。それは、彼が春浅い日の優美な情景から喚起される鮮烈なクオリアを入念に記述し、それが「脳の中で起こっているただの物理的現象でしかないなどと、どうして言えるのだろうか」と、同じ本の中で二度も語っていることからも容易に分かる。[23]そこで問題なのは、クオリアが物理的な機能因果連鎖の中に納まるものか否か、換言すれば端的にクオリアが物理的なものか否か、ということである。そしてこのことは、クオリアが随伴現象（epiphenomenon）にすぎないのか否か、ということと密接に関係する。

随伴現象というのは、自動車の走行中に出る排気音とか、機械が作動しているときに発する騒音とか、必死にものを考えている人が唇を噛んだり、地団駄を踏んだりすることといった、何らかの物理的動作や行為そのものの中心的プロセスにただ随伴するだけで、その中心的プロセスの本質には関係のないもののことである。それは、いわば我々がいつも経験する自分の影のようなもので、確かに現象しており、気にかければ気になるけれども、本来ほとんど意味のないものである。もしクオリアが随伴現象にすぎないとすれば、それは物理的な機能因果連関に影響を与えることのない付帯物（副産物）、あるいは脳内情報処理プロセスにとって何ら本質的関与をもたないものだということになる。

さらに「随伴現象」にも弱い意味と強い意味があって、強い意味での随伴現象は、「物理的世界ではそれ自体、全くいかなる作用ももたないもの」となる。そしてこの解釈は、哲学者が物理主義（唯物論）の誤りを指摘する論拠となる。つまり、クオリアが強い意味での随伴現象だとすれば、クオリアに満ちた我々の主観的意識には非物理的側面、ないしは物理主義によっては説明しきれない特質がある、ということになるのである。フランク・ジャクソンの有名な、色盲の神経科学者メアリーの色覚に関する思考実験は、このことを強く示唆するためになされたものである。[24]

しかしデネットは、この随伴現象論的な物理主義批判を一蹴する。彼にとってクオリアはあくまで脳内情報処理における反応性向の複合体にすぎないのである。「我々はみなゾンビなのだ[25]」と、彼ははっきり言っている。とすれば結局彼は、行動主義者が内面的心を無視したように、クオリアに満ちた主観的意識の存在を否定したのである。ただしそれは、ソフィスティケイトされたヘテロ現象学的機能主義によって巧妙になされているので、一見説得力があるように思われるが、その実態はやはり行動主義的なクオリア不感症である。そして彼はそれを晦渋に表現したのである。

ところで筆者は、一部の神経哲学者が熱烈に主張するほど、クオリアが心脳問題にとって最重要だとは思わない。それは、ある意味で中毒症状を引き起こして、問題の広がり（つまり心脳問題から心身関係論全般への広がり）を見失わせる恐れがある。また意識のもつ機能的性格は、情報物理学的プロセスを示唆するものとして熟考に値する。その意味では、デネットの機能主義的解釈を評価するのに吝かではないのである。このことについては、また後で論じることにしよう。

注

（1）D. C. Dennett, *Consciousness Explained*, Little Brown & Company, Boston, 1991（以下 *CE* と略記する）山口泰司訳『解明される意識』青土社、一九九八年を参照。

（2）Cf. D. C. Dennett, Re-Introducing : The Concept of Mind, G. Ryle, *The Concept of Mind*, Penguin Books, London, 2000, pp. ix-xix

（3）D. C. Dennett, *CE*, p. xi（邦訳、一一ページ）

（4）D. C. Dennett, *CE*, p. 25（邦訳、四二ページ）

（5）D. C. Dennett, *CE*, p. 27（邦訳、四三ページ）

（6）D. C. Dennett, *CE*, p. 31（邦訳、四七ページ以下）

（7） ただし彼は、意識ないし自己の「存在」に関しては、「こと」的でシステム論的な視点をもっていない。つまり、存在は機能を超えるのだが、彼はそれを理解できないのである。

（8） D. C. Dennett, *CE*, p. 33（邦訳、五〇ページ）

（9） Cf. P. S. Churchland, *Brain-Wise : Studies in Neurophilosophy*, MIT Press, 2002, pp. 25ff.

（10） D. C. Dennett, *CE*, p. 190（邦訳、二二九ページ）

（11） D. C. Dennett, *CE*, p. 193（邦訳、二三二ページ）

（12） R. Dawkins, *The Selfish Gene*, Oxford University Press, 1976

（13） D. C. Dennett, *CE*, p. 208（邦訳、二四七ページ以下）

（14） D. C. Dennett, *CE*, p. 210（邦訳、二五〇ページ）

（15） Cf. http : //www. ai. mit. edu/projects/humanoid-robotics-group/（ＭＩＴ人工知能研究所・ヒューマノイド研究グループのＨＰ）, http : //ase. tufts. edu/cogstud/（デネットが所長を務めるタフツ大学・認知研究センターのＨＰ）, http : //www-caes. mit. edu/mvp/html/cog. html（Cog のデモンストレーション・ビデオ）. なお『最新脳科学――心と意識のハード・プロブレム』五二―七〇ページを参照。

（16） サールによれば、デネットは意識的経験（自己）の存在を否定するという姿勢において、他のあらゆる唯物論的思想家（科学者ならびに哲学者）を凌いでいる。Cf. J. R. Searle, *The Mystery of Consciousness*, New York Review of Books, 1997, pp. 97-131

（17） D. C. Dennett, *CE*, pp. 253f.（邦訳、三〇二ページ以下）

（18） D. C. Dennett, *CE*, p. 418（邦訳、四九五ページ）

（19） D. C. Dennett, *CE*, p. 427（邦訳、五〇五ページ）

（20） D. C. Dennett, *CE*, p. 431（邦訳、五一二ページ）

（21） D. C. Dennett, *CE*, pp. 385f.（邦訳、四五六ページ）

（22） D. C. Dennett, *CE*, p. 386（邦訳、四五七ページ）

（23） D. C. Dennett, *CE*, pp. 26, 406f.（邦訳、四二ページ以下、四八一ページ）

（24） D. C. Dennett, *CE*, pp. 398-405（邦訳、四七一―四八〇ページ）

（25） D. C. Dennett, *CE*, p. 406（邦訳、四八〇ページ）

第4章　チャルマーズと現象的意識

はじめに

心の中核に位置する意識という現象に関して、それが生理学的―物質的過程（これは簡略化して物理的過程と呼ばれることが多い）に単純に還元できると考えるか（a）、それともそのような還元は原理的に不可能だと判断するか（b）、あるいは還元の可能性を部分的には認めても、意識と物理的過程の間に存するギャップに留意して、第三の中間的―媒介的要因の重要性を主張するか（c）によって探究の様相と方法は大きく異なったものとなる。このうちaが還元主義、bが現象論とミステリアニズム、そしてcが機能主義の基本的観点を形成していることは、これまでの叙述から自ずと分かるであろう。もちろん、これら三つの観点の間には折衷・妥協の余地があり、それゆえそれぞれの観点の間の推移は頻繁になされるというのが実情である。しかし、それはほとんどa↔c、b↔cの推移であって、a↔bの推移はまずありえない。ちなみに本章で取り上げるチャルマーズは、b↔cという相互推移の上に自らの意識哲学を構築している。

一九九六年に『意識する心』(1)という大著をひっさげて、彗星のごとく心脳問題の世界に登場したチャルマーズは、一般に主観的心性の還元不能性（非物質性）をひたすら主張する論客として受け取られがちだが、それは皮相な見方にすぎない。彼にとって、還元不能性のテーゼは、人間における心脳問題から宇宙の根本法則（世界の究極原理）に至るための一つの道具であり、登りきったら捨て去られるべき梯子なのである。彼は、心脳問題ないし心身問題という領域的問題の柵を越えて、精神と物質の究極的統合原理を宇宙論的視野の広大さにおいて探求する、形而上学的志向を有している。そして、それを彼は万物の究極理論の精神物理的原理の探求と称している。

心と脳、ないし心と身体の関係の探究は、一般に神経生物学の提供する実証データに強く制約される傾向にあるが、機能主義を信奉する認知科学者はこの制約に囚われないことが多い。心脳問題の経験的―事実的側面ですら見られる神経生物学への反目は、この問題の先験的―論理的側面においては還元主義全般への否定的態度として現れる。そしてその際注目されるのがクオリアという現象である。また、心的経験と認知活動の先験的統治者としての「自我」も、三人称的な客観的実証科学の説明システムに包摂されえない現象として特別の地位があてがわれる。つまりクオリアと自我は、一人称の現象論的記述を第一の選択肢とすべきものとされるのである。これが心脳論上の一つの立場たる現象論の基本的観点である。

チャルマーズは、この観点に沿って「意識のハード・プロブレム」を提唱し、楽観的な還元主義に歯止めをかけようとするが、同時に機能主義的な認知研究を常に視野に収めている。ちなみに一人称の主観的意識が脳の物理的プロセスに還元されえない、と主張することは、強い人工知能（つまりロボットが人間的心を獲得すること）の可能性の承認とは相容れないように思われるだろうが、チャルマーズは両方を認めている。そして意識のハード・プロブレムの提唱の背後にも、実はこの姿勢が存しているのである。また、心身二元論克服の傾向が圧倒的な今日、あえて性質二元論を主張して譲らない彼の態度も、現象論と機能主義を折衷しようとする意図に裏打ちされている。しかも彼はこの態度を一貫して自然主義的なものだと主張している。しかしサールが指摘するように(2)、現象論的二元論と機能主義は本来相容れないものであろう。

チャルマーズは、なぜこの相容れないものを一つの容器の中に収めようとしたのか。それは彼のような思想傾向をもつ者が本来有していそうな生物学への関心を、彼がほとんど示さないこと、ならびに人間的自我をクオリアほどには重視しないことと関係があるのか。このことを顧慮して、以下次のような順序で彼の思想を解釈・考察することにする。(1)心理学的心と現象的意識、(2)意識のハード・プロブレムの提起、(3)自然主義的二元論、(4)意識と気づきの相即、(5)情報の二重側面理論。中心となるテキストは『意識する心』と「意識の問題を直視すること」[3]である。

1 心理学的心と現象的意識

心理学は一般に「心とは何か」という問いに真っ向から取り組むことはない。心理学が常に関心を寄せているのは、心はどのように機能するかということ、換言すれば一つの心的状態は他の心的状態や行動とどのような因果関係をもつか、ということである。つまり心理学は、心理的活動のメカニズムを行動と相関させつつ探究することを趣旨とするのである。例えば、群集心理はなぜ集団暴動を引き起こすのか、無意識の心理的葛藤はどのように他人への中傷に転換するのか、といった事柄の基底に存する心的法則（心の理（ことわり））を解明すること、これが心理学の主要な仕事なのである。そこでは「では心とはそもそも何なのか」という本質への問いは、研究の途上でたまに浮かび上がってくることはあっても、それは束の間の出来事であって、またすぐに消え去ってしまう。

心的なものの本質への問いは、心的なものの特質が物質的なもの（物質ならびに物理的プロセス全般）の性質とはどこか違う、という素朴な直観から生じ、心的なものと物的なものの相違と関係を精確に把握しようと欲するとき初めて明確に提起される。つまり哲学の領域に属する心身問題の重要性を自覚したときに、心の本質への問いが切実なものとなるのである。そしてこの問いが極まると、「物理的脳がなぜ心を生み出すのか」という心脳問題を経て、さらに「この宇宙になぜ意識をもった生命体が生まれたのか」という形而上学的問いを喚起することになる。

こうした問いかけが、自己の崩壊（つまり死）に直面したとき最も切実な実存的意味を帯びることは、エックルズがパスカルに言及しつつ心脳問題の深淵を示唆する姿勢によく表れている。しかし実存的関心を抜きにしても、心の本質への問いは提起されうる。つまり心的活動や心的状態の「現象的質感」にあくまでこだわり、それを凝視するとき心の本質への問いは先鋭化されるのである。そしてその際、「意識」のもつ独特な質感がクローズアップされる。チャルマーズは次のように言っている。「心的状態が意識的であるのは、それが質的な感じ――経験に結び付いた質――をもつ場合である。そうした質的な感じは現象的な質、略してクオリアとも呼ばれている。この現象的な質を説明するという問題が、まさしく意識を説明するという問題であり、実にここが心身問題の難しい部分である[4]」。

我々は様々な感覚、知覚、認知、思考といった心的状態を経験するが、このバラエティに富んだ経験（experience）には「主観的な質（感）」が多かれ少なかれ伴う。しかし、こうした「経験に伴う主観的質（感）」に対しては、評価が分かれる。客観的観察を重視するタイプの心理学者や還元主義と機能主義の哲学者はそれを無視したがるが、現象論的傾向の強い者は、哲学者であろうと科学者であろうと、それを直視しようとする。チャルマーズはもちろん後者に属すわけだが、現象的意識と心理学的心の区別を方法論的なものにとどめ、両概念の相互依存（共生起）関係にも着目している点に特徴がある。つまり、彼は現象的意識を直視することを推奨しつつも、その提案を認知心理学的研究から遊離した、空虚な思弁に堕落させたくないのである。実際、認知科学者兼哲学者である彼は、現象的意識に対応する認知心理学的特性としての「気づき（awareness）」を重視している。気づきは、一人称の主観的な現象的意識に比べると、実験的客観化になじみやすいので、認知心理学や認知神経科学における意識研究で重宝がられる現象である。チャルマーズによれば気づきというのは、我々が何らかの情報にアクセスできて、その情報を行動のコントロールに利用できる状態であり、明らかに機能的な概念に属す。そしてこの気づきは、現象的意識に必ず付随するものである。例えば、「私の傍らにある黄色い本に関する私の現象的な経験には、私のその本に対する機能的な気づきが伴っており、実は黄という色に対する私の気づきも伴っている。私がする苦痛の経験には、何か不快なものが現前していることに対する気づきが伴っている」(5)。

気づき(アウェアネス)というものは、我々が通常意識と呼んでいるものとほとんど同じである。例えば自動車を運転中に、信号に注意したり、目的地までの距離と現在の運転速度の関係に気を遣いつつ、助手席の人と言葉を交わしたりする際、我々は気づきとしての意識を作動させている。また、心理的問診に応答する際にも、我々は気づきを作動させている。そうしたとき我々は、外部世界と内的心理状態の両方から発する情報にアクセスし、それを的確に処理(整理)しつつ言語で報告することができる状態にある。しかしこれでは、意識と気づきの間に差異はないように思われる。そこで、現象的「意識」と認知的「気づき」をあえて区別する理由と指標は何なのか、という疑問が多くの人から発せられるであろう。

チャルマーズに即して言うと、現象的意識と認知的気づきを区別する指標はクオリアである。現象的意識は認知的気づきと違ってクオリアに満ちている。というよりはクオリアそのものである、と言ってよい。また、現象的意識は一人称的記述以外の説明を全く受け付けないのに対して、認知的気づきは三人称の客観的説明に適合しやすい。

クオリアに満ちた現象的意識はまた、「意識的有機体であると言えるような何か(something it is like to be a conscious organism)」(6)に関するものであり、この「何か」に敏感な者をして、「なぜ物理的システムである脳が意識を生み出すことができるのか」「なぜ脳の情報処理には主観的側面である〈経験〉が伴うのか」という心脳問題の難しい局面に目を開かせるものである。その際、主観的心性と物理的なものの間に存する深いギャップがクローズアップされることになるが、同時にこのギャップを埋める「格別の要素」を切望する心が人間に授けられる。チャルマーズは以上のことを顧慮して、意識のハード・プロブレムというものを立てている。そこで次にそれについて考察することにしよう。

2　意識のハード・プロブレムの提起

あらゆる問題には難しい側面（h）とやさしい側面（e）がある。その際hとeの比率h/eは0.1から0.9の間を往来するであろう。やさしい側面というのは、解答の手順とそれに相関する探究方法が確立しやすく、技術的課題は山積みされているけれども、時間をかけて丹念に対処していけば、いつか解答されうるし、またその見通しも得やすいということである。それに対して難しい側面は、そうした手順や方法や見通しを獲得しにくく、その問題の根本的見直し（発想の転換）を要求する。しかし、この側面はネガティヴな性格だけでなく、何か全く新しい発見につながるのではないのか、という予感を、それに取り組む者に与える。さらに注意すべきなのは、問題の難しい側面とやさしい側面が密接に関係している場合がある、ということである。その際、両側面への対処が協力し合って問題の真の解決に貢献するということを銘記すべきである。しかし多くの場合、科学や技術の進歩によって難しい側面がやさしい側面に吸収され、解消するというのが実情である。例えば生命と物質の関係の問題がそうである。分子生物学（DNA学）によって生気論の誤りは簡単に証明された。そこでこの先例に倣って、多くの還元主義者は、意識の問題もまた同じ運命にある、と考える。つまり脳（身体）の物理的プロセスと認知機能の相関が解明されれば、意識の謎は解消するのだ、と。

しかし、ここで注意しなければならないことがある。それは生気論の説明システムは崩壊したけれども、それが言及しようとした自然と精神の奥深い関係の謎はまだ残っている、ということである。この謎は、英語のlife（あるいはドイツ語のLeben）が生命（これは分子生物学的ないし生物物理学的に解明されやすい）と同時に、生活とか人生とか生（生の哲学で主張されるような）、あるいは生態（これは生物学においても扱われる）を意味することと深く関係している。またバイオエシックスは常に唯物論的生命観を批判することを基調としている。このように生命（life）の問題のh/eは、まだゼロになっていない（クローン羊・ドリーの死を想起されたい）。

しかしチャルマーズによれば、意識の問題の難しい側面は、生命の難問をはるかに凌ぐものであり、難しさの質が違うのである。彼によれば、生気論は生命の「機能」を生気（vital spirit）という非物理的原理によって説明しようとして失敗したのだが、現象的意識の有する「経験」は心的機能の遂行に関する説明を超えた次元に属す問題である。彼は次のように言っている。

もし誰かが、「あなたはDNAがどのように一つの世代から次の世代へと遺伝情報を貯蔵し伝達するかを明確に説明してくれた。しかしあなたは、それがどうして遺伝子なのかを説明しなかった」と言うなら、彼は概念的間違いを犯している。遺伝子であるということの意味は、それが貯蔵と伝達の機能を遂行する当の物だということに尽きる。しかし、もしある人が、「あなたは情報がどのように弁別され、統合され、報告されるかを明確に説明してくれた。しかしあなたは、それがどのようにして経験されるのかを説明しなかった」と言うなら、彼は概念的間違いなど犯していないのである。[7]

遺伝子DNAが生命システム（有機体）のあらゆる機能をコントロールする物質的基盤であることが分子生物学

によって明らかにされた。それゆえ、生命の機能を非物質的な生気に基づけようとすること、あるいは生命の機能は物理科学では解明できない側面がある、と主張することは、引用文中の概念的間違いに固執することに他ならない。しかし現象的意識の場合にはこれが当てはまらない。脳というシステムが遂行する情報処理としての認知機能は、広い意味での物理科学に属する神経科学と認知科学の標準的な方法で解明できる。けれども、この情報処理という機能に随伴する「経験」は、そうした方法では捉えられない。つまり、意識的有機体であると言えるような何かが実行している「経験」は、機能に先行するものなので、そうした手法しかとれない客観的な認知神経科学の視野には入ってこないのである。このように考えるチャルマーズは、経験の可能性の先験的条件へと遡行する超越論的哲学の伝統を現代の意識科学の論場にもち込もうとしているかのように見えるが、それは当たってない。経験への彼の眼差しは、意識に関する現象論的説明と物理主義的説明の間に存するギャップを、第三の要素たる「情報」ならびに「精神物理的原理」によって架橋しようとする姿勢に裏打ちされている。それに対してカントからフッサールに至る超越論的哲学は、物理的自然全般を超越論的主観性の視座から構成しようとする。それゆえチャルマーズの精神物理主義は、超越論的哲学の伝統とは相容れないのである(8)。彼の直接の先行者は、「もし物理主義が擁護されるべきであるならば、経験の現象論的特性そのものが物理的に説明されなければならない(9)」と語るネーゲルである。ちなみにネーゲルは、そのようなことは原理的に不可能であると考えるが、チャルマーズは情報と精神物理的原理をもち出して現象的意識（経験）と物理的プロセスの間のギャップを埋めようとする。そしてそれは、具体的には現象的意識と認知的気づきの相即（コヒーレンス）を解明することとして遂行される。しかもその際、機能主義が援用される。したがって、還元に逆らう「経験」の謎へと食い入る「意識のハード・プロブレム」というものは、認知機能を扱うイージー・プロブレムから全く遊離したものではないのである。チャルマーズはカントの言葉をもじって、「イージー・プロブレムを欠いたハード・プロブレムは空虚であり、ハード・プロブレムを欠いたイージー・プロブレムは盲目である」[10]と言っている。つまりイージー・プロブレムに関する研鑽の積み重ねによってハード・プロブレムの解決が可能なのであるが、こうした探究全体を導くものは、やはり意識の問題を直視し、経験の問題をシリアスに受け取る「ハード・プロブレムへの眼差し」である。

次に進む前に、チャルマーズが立てた意識のハード・プロブレムとイージー・プロブレムの区別を確認しておこう。[11]

イージー・プロブレムとは次のような現象の説明に関わるものである。

- 環境からの刺激を識別し、範疇化し、反応する能力
- 認知システムによる情報の統合
- 心的状態の報告可能性
- システムがそれ自身の内的状態にアクセスする能力
- 注意の焦点
- 行動の随意的コントロール
- 覚醒と睡眠の差異

それに対してハード・プロブレムとは、これら七つの現象が機能的に説明されてもなお残る「意識的有機体と言えるような何か」に関するものであり、それに伴う「内的感じ（inner feel）」ならびに「現象的クオリア」を顧慮した「経験」への執拗な問いかけである。チャルマーズによれば、この「経験」は右の七つの認知現象すべてに随伴し、それらを生き生きとしたものにする。つまりそれは、我々を単に刺激に対して反応するだけのゾンビから区別するものとして、[12]心的生活の中核的局面なのであり、それゆえ心の科学における鍵となる説明対象なのである。[13]

3　自然主義的二元論

還元主義、物理主義、機能主義といった心身論上の立場は唯物論（materialism）という上位概念に包摂されるが、この唯物論と自然主義はまた異なったカテゴリーに属する。確かに多くの唯物論者は自然主義者でもあるが、自然主義者であるためには必ずしも唯物論の立場をとる必要はない。むしろ理論優位の機械論的な唯物論は、極めて不自然ですらある。[14]

ところで現代においてデカルト的な実体二元論を信奉する者はゼロに近いし、二元論全般がそもそも廃れてしまっている。そして周知のように二元論と還元的唯物論は非常に仲が悪い。一人の思想家がこの二つの立場を同時にとることは、まずありえない。というより、それは矛盾である。しかし我々の脳の生みの親である大自然は、人間の小さな脳では捉えきれない側面を多々蔵している。それをいくつかの人為的カテゴリーで、きれいさっぱり分けて把握するのは無理（不自然）である。唯物論（というよりは物質主義）と二元論は必ずしも相容れないものではない。例えば、機能主義は非還元的物理主義なので、弱められた形態の二元論（つまり性質二元論）を内に秘めている。

チャルマーズは『意識する心』の序で、「気質的には、私は唯物論者の還元による説明に強く引かれており、私には強い心霊的あるいは宗教的傾向はない。何年もの間、私は唯物論的理論を希望していた[15]」と述べている。しかし意識のハード・プロブレムに突き当たり、それを直視し、経験の主観的相をシリアスに受け取るに及んで、その楽観的希望は自然主義的な性質二元論の希求へと転換した。この自然主義的二元論は、物理主義的還元を断固として拒否すると同時に、デカルト的な実体二元論も認めない。それはまた、現代科学の成果と矛盾しないものと想定されているし、大自然の一部たる意識についての真の科学を創設するために便宜的にとられた立場である。それゆえチャルマーズは二元論自体に執着しているわけではない。しかし彼は、意識が物理主義的還元によって決して説明できないと考えるがゆえに、性質二元論を要請するのである。彼のそうした主張を根本から支えているのは次の四つのテーゼである。(16)

(1) 意識経験は存在する。

(2) 意識経験は物理的なものに論理的に付随しない。

(3) 物理的事実に論理的に付随しない現象があれば、唯物論は偽となる。

(4) 物理的領域は因果的に閉じている。

この四つのテーゼすべてを肯定することによって彼の自然主義的二元論は成り立っている。このうちまず(2)に注意しよう。意識経験が物理的なものに論理的に付随しないということは、簡単に言うと、脳の物理的組成が意識的経験の生成のために絶対に必要不可欠だというわけではない、ということである。論理的な付随性(supervenience)というのは、性質Aと性質Bがあらゆる可能的世界において必当然的に結び付いており、それゆえ性質Bが生起するためには性質Aが不可欠であることを意味する。例えば物理主義(還元主義)は、意識が脳の物理的組成に論理的に付随する、と考える。それでは、この論理的付随性を否定するチャルマーズは、意識経験が脳から離れて存在すると考えるのか、というとそうではない。彼は、意識経験は脳という物理システムに自然的に付随すると主張する。これは簡単に言うと、意識経験は脳の生理活動から生じるけれども、前者の性質は後者に全面的に依拠していないのであり、前者は後者に還元されえない、ということを意味する。つまり両者の間に絶対的な因果的つながりはないのである。そしてこのことは、自然界には両者の間のギャップを埋める第三の要素が存在する、という想定に結び付く。これが「情報」であることは、後で説明することにしよう。

次に注目すべきなのは(4)である。物理的領域は本当に因果的に閉じているのだろうか。二〇世紀の物理学の展開を顧慮すれば、閉じていると断言することはできないように思われる。むしろチャルマーズは、自らの精神物理的原理をあくまで二元論に基づけるために、このテーゼにこだわっているのではないのか。そしてこのことは、彼が神経生物学や生物学一般にあまり興味を示さないことに関係しているように思われる。またこのことは、彼の言う「物理的なもの（物理的領域）」の内包と外延がはっきり定義されていないことと関係している。脳の生理学や生化学で扱われる対象も、確かに広い意味での「物理的なもの」であるが、そうした対象は一般に物性物理学が扱う対象とは区別される。しかしチャルマーズにはこの区別への留意が見られないし、前述のような生気論の簡単な廃棄態度も、生物学と物理学を安易に「物理科学」のカテゴリーで括ってしまう姿勢を示しているように思われる。

このこととの連関で注意すべきなのは、「創発性」に対する彼の考え方である。創発性の概念はもともと進化生物学に由来するものだが、心身問題においては還元主義と二元論の双方を否定する概念装置として使われる。脳という生物システムの複雑な組成が環境と相互作用しつつ心的現象を創発せしめるのだが、心的現象は脳を構成する個々の物理的要素、ならびにその全集合の性質には還元できない新しい性質をもつ、と創発主義者は主張する。これはある意味で二元論すれすれなのだが、多くの創発主義者は生物学的マテリアリズムという立場をとり、二元論に対しては冷淡である。(17)

チャルマーズは、複雑系の科学に見られるような創発の概念を一種のマジックとみなし、(18)意識経験がもし脳という物理システムに対して創発的だというのなら、その創発特性が創発するための新たな根本法則が必要であると主張し、意識と物理的なものの間のギャップにあくまでこだわる。(19)こだわるのはけっこうである。しかしその際、生命や身体性や社会的次元が全く顧慮されないのは、どうしたわけか。主観と客観の統合的次元はありえないのか。この疑問には、また後で立ち戻ることにしよう。

4　意識と気づきの相即

チャルマーズがその重要性を強調する経験の主観的相、略して「経験」は、物理的プロセスから遊離しないための媒体を必要とする。そしてその媒体の役目を果たすのは、脳という物理的システムの認知機能の中核に位置する「気づき」である。つまり、経験の主観的相を頂点とする現象的意識は、気づきと構造的に相即することによって物理的プロセスに根づかされうるのである。

気づき（awareness）というのは、認知心理学的概念であり、その働きは感覚や知覚の「覚」に近く、それゆえ「自覚」と呼ばれる（訳される）こともある。実験心理学者で日本における意識科学のリーダー格にあたる苧阪直行は、意識が覚醒（arousal）、アウェアネス（awareness）、自己意識（self-consciousness）という三つの階層から成ることを探究の基盤に据えている。このうち自己意識は、自らを意識する意識として「リカーシヴ（再帰的）な意識」とも呼ばれる[20]。チャルマーズの強調する経験ないし現象的意識は、一見このリカーシヴな意識と同じように思えるが、実はそうではない。経験はリカーシヴな自己意識を超えた次元を示唆しているのである。

チャルマーズは意識経験に関する現象判断を、赤の感覚を例にして次の三つに分けている[21]。

- 一次判断＝それは赤い！
- 二次判断＝私は今、赤いという感じがしている。
- 三次判断＝感じというのはミステリアスだ。

このうち一次判断は意識経験に随伴する認知状態であり、経験そのものではなく経験の対象に関する判断である。そして、この一次判断が気づき（アウェアネス）に当たる。また二次判断がリカーシヴな意識に対応することはす

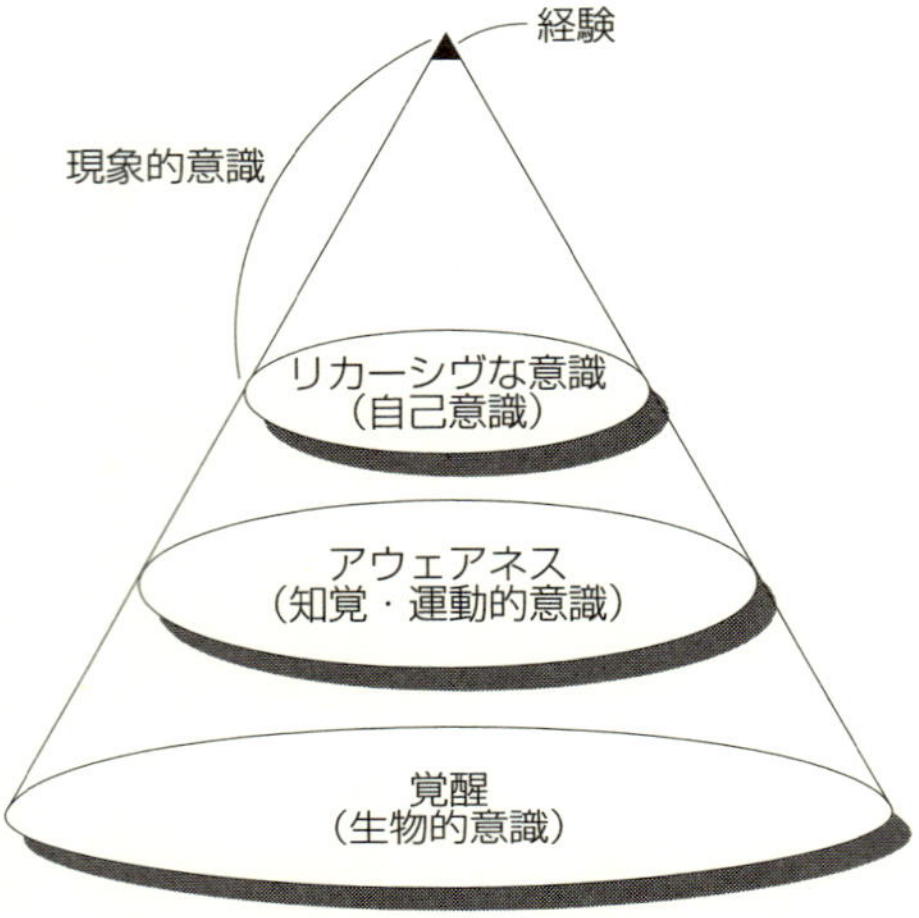

図4－1　意識の三階層と経験[22]

ぐ分かると思う。それに対して三次判断は、リカーシヴな自己意識の現象的質に関わるもの、換言すれば経験それ自体の存在に関与するものである。そしてそれは必然的に「意識的有機体と言えるような何か」の次元を示唆する。つまり**図4－1**の円錐の頂点にチャルマーズの言う経験は位置づけられるのである。その際、自己意識を底面とし、経験を頂点とする小円錐が現象的意識となる。ただしチャルマーズには自己意識に関する詳細な分析が全く欠けている。おそらく彼は、自己意識が経験の主観的相に自ずと含まれると考えているのであろう。認知機能を三人称の客観的な科学的説明に順応するもの、現象的意識を一人称の現象論的記述に適合するものとして対置する彼の姿勢にも、それはよく表れている。しかし自己意識は、身体性（体性感覚、身体図式の発達）や社会的次元（他者問題、間主観性）に連関しつつ人間的自我の問題系の中核に位置する。ところが彼は、この中核概念にほとんど関心を示さず、その代わりに彼独特の非還元的機能主義の方法を用いて、現象的意識と認知機能的気づきの構造的相即を解明しようとする。そしてこの姿勢は、構成不変（organizational invariance）の原理の提唱、ならびに強い人工知能の肯定に結び付く。

構成不変の原理とは、同じ肌理の細かさの機能的構成をもった二つのシステムは質的に同じ経験をもつ、ということを主張するものである。例えば、脳内ニューロン・ネットワークの構成の因果的パターンが、各々のニューロンをシリコンチップで置き換えられ、同じパターンの相互作用を与えられて複製されるなら、同じ経験が生じる。

「この原理に従えば、経験の創発にとって問題なのは、システムの特定の物理的組成ではなく、システムの構成要素間の因果的相互作用の抽象的パターンなのである[23]」とチャルマーズは言う。つまり経験（ないし現象的意識）の創発にとって肝要なのは、認知システムの機能的構成なのであるが、経験はこの機能的構成に還元されえない。したがってチャルマーズの立場は非還元的機能主義なのであり、それは機能主義と性質二元論を融合する一つの方策となっている[24]。

こうした原理の提唱は当然のごとく強い人工知能の肯定につながる[25]。つまり生物である人間と全く異なった素材でできたコンピュータやロボットも、機能的構成の因果的パターンの複雑度が人間の脳と同様なものになれば、それは意識的経験をもつであろう、というわけである。この点でチャルマーズはデネットと接する。しかしデネットは、意識のハード・プロブレムなど認めないし[26]、先述のように「我々はみなゾンビなのだ」と言って憚らない。それに対してチャルマーズは、「我々は刺激に対して反応するだけのゾンビではない」というスローガンを掲げて、意識の主観的特質（経験の現象的質）にあくまでこだわる。しかし、そうした主張は構成不変の原理や強い人工知能の擁護とは相容れないように思われるし、「意識的有機体（conscious organism）と言えるような何か」の「有機体」の部分がいつの間にか抜け落ちてしまっている。この辺にチャルマーズの方法論的矛盾が現れているのだが、そうした欠陥をいつまでもつついていてもしょうがない。むしろ彼のもつ思想のポジティヴな面に目を向けた方が得策であろう。

一人称的説明しか受け付けない主観的意識とその極たる「経験のミステリー」は、実験心理学や認知神経科学における客観的説明に適合する「気づき」と全く接点をもたないわけではないが、すんなりと構造的相即関係をもっていると認めることはできない。少なくとも主観的意識の三人称的（客観的）説明というものは、木製の鉄のように思われるであろう。例えばヴァレラは、チャルマーズの精神物理的方法を否定して、一人称の意識経験は、あくまで現象学的分析の手にゆだねるべきで、物理的プロセスや認知機能に関する客観的データとの安易な融合は慎むべきだ、と主張している。[27] しかし意識科学は、やはりアクロバチックな方法を必要としているように思われる。つまり、一人称的説明と三人称的説明、あるいは心と物の間のギャップを埋める根本原理が要請されるのである。それが思弁すれすれのものであったとしても、我々は観念の冒険をあえてした方がよい。そして、それが「情報」のもつ深い意味に定位することは、何もチャルマーズに限ったことではない。今や情報は、物質とエネルギーに次ぐ、この宇宙の第三の根本要素であることが科学者の間で認められ始めている。そして、それはまさに物と心の間を架橋する媒体となる。そこで次にチャルマーズの情報理論を考察することにしよう。

5 情報の二重側面理論

意識的経験を頂点とする人間の心は、脳の情報処理の機能に他ならない、ということが今日広く認められている。ちなみに情報には意味をもったものとそうでないものがある。一般に、情報通信技術の基礎となる、情報の物理的（ないし工学的）理論においては、情報の意味論的側面は無視される。コンピュータ科学における情報の取り扱いも、認知の奥深さに関心をもたない限り、意味論的側面を顧慮しない。しかし人間の心は明らかに意味論的性質を有している。したがって、心は脳の情報処理の機能であると主張する場合、情報は意味論的性質をもつものとして理解されているのである。とはいえ、その際同時に非意味論的側面、つまり神経システムや内分泌システムにおける情報伝達という生理学的機能も顧慮されている。

コンピュータ科学と生体情報理論は、目下のところ情報の物理的側面と意味論的側面の関係の研究にほとんど手をつけていない。しかし認知科学者や生理学者が心身問題に興味をもち始めると、事態は一変する。成熟した人工知能の実現のためには、認知と情報処理の意味論的側面は無視できないはずだし、人間のような高度の有機的組成をもつ生体システムにおける情報処理には、外界の生物—社会的事象連関を介して意味論的側面が深く関与している。例えば、「お前はクビだ」と年下の上司に宣告された中年男性が、うつ状態に陥った場合、その男性の脳内神経伝達物質（ノルアドレナリン、セロトニン）の伝達の変容（減衰）には、クビの宣告とそれに関連する生活状況的意味連関が深く反映されている。これが、「心は体に表れる」と一般に言われる事態の背後に存する情報生理学的メカニズムなのであり、言うまでもなくそれは意味論的内容を含んでいる。心身問題や心脳問題はまさに情報のこうした物理的次元と意味論的側面の関係を取り上げる。その際情報は、物と心の間に存する溝を架橋する媒体として理解される。チャルマーズの提唱する「情報の二重側面理論」は、性質二元論に基づく非還元的機能主義によって心脳問題を解決しようとする意図の達成のために要請された一つの試案である。

物と心、換言すれば物理的プロセスと意味の関係を直接考察の対象にしようとすると必ず挫折する。また情報を物と心の媒介項として設置しても、情報の物理的側面と意味論的側面の関係を解明することは極めて難しい。このことに気づいているチャルマーズは、情報状態（information state）ならびに情報空間（information space）という概念を介して、情報の物理的側面と現象的側面（これは意味とクオリアに満ちている）の関係を捉えようとする。彼によれば、物理的なものと現象的なもの（心的なもの）は、それぞれの情報空間内の情報状態の構造的相即によって結び付けられる。彼は言っている。「我々が現象的に実現されている情報空間を見出すときには、必ず物理的に実現されている同じ情報空間が見つかる。そして、ある経験がある情報状態を実現するときには、同じ情報状態が経験の物理的基質に実現されているのである。三次元の情報空間内で、ある情報状態を実現している単純な色彩経験を取り上げてみよう。我々は、これと同じ空間が経験の根底をなす脳のプロセスに実現されているのを見出せる。これは脳の視覚野に神経によってコード化されて現前している三次元の空間である。この三次元空間の要素は、そのまま現象的な情報空間の要素に対応している」[28]。

例えば、初冬の夕焼け空の印象深い赤系の色彩に見とれている際の現象的な情報状態は、視覚野を中心とする脳内のニューラルネットワークのベクトルコード化的情報処理が実現する物理的情報状態と構造的に相即している。つまり印象深い赤の質感(クオリア)は、ニューラルネットワークのベクトルコード化的情報処理と同一ではないが、情報状態の抽象的な機能的構造を共有しているのである。第2章で取り上げたポールのような還元主義者ならば、脳の情報状態とクオリアは同一であり、後者は前者に還元されると主張するであろう。しかしそうした考え方は、情報の現象的側面を無視する姿勢から生じる。つまり、経験の物理的基質がそのまま経験であるかのように、還元主義者は受け取るのである。それに対してチャルマーズは、情報を物質(物理的なもの)と精神(心的なもの)の対立の彼岸に置き、情報の外的側面として物理的プロセスがあり、その内的側面として経験(現象的意識)があると考える。そしてこのことは、気づきと意識の構造的相即として認知科学的に具体化して説明することもできる。

かつてラッセルは、真の実在は物的でも心的でもない中性的なものである、とする中性的一元論を主張したが、チャルマーズはその未知の中性的実在を情報と考え、物質と精神の対立を乗り越えようとしているように思われる[29]。しかし彼は、還元主義を完全に否定すると同時に、創発主義も認めない。確かに創発主義は、還元主義を克服する姿勢においてチャルマーズと軌を一にするが、やはり物質的基盤を重視し、あくまでその基盤からの意識の創発を論ずるがゆえに、彼にとっては気に入らないのであろう。彼にとって物質ないし物理的プロセスは、実在界の基底をなすものではない。彼にとって森羅万象の元は、形而上学的に理解され、前述の二側面をとりうるものとしての「情報」なのである[30]。こうした考え方は、宇宙全体が一つの巨大なコンピュータ(認知システム)であるとする、一種の汎心論的立場に近づきやすい。彼は、情報処理があるところには、どこでも意識的経験が存在する可能性があると考え、例えばサーモスタット(自動温度調節器)にすら意識的経験の原‐現象的特性(proto-phenomenal property）が垣間見られるのではないか、と主張する。つまり「サーモスタットであるとはどんな感じか（サーモスタットの気持ちが分かりますか）」という問いかけの可能性をシリアスに受け取るのである。そして、その問いかけが「クレイジー」だとみなす人には、その理由を明確に説明する義務がある、と言う[31]。

チャルマーズのこうした挑発的発言は、全く不合理なものではないにしても、思弁的傾向が強いのもまた事実である。彼もそのことは自ら認めている。彼の提唱する「情報の二重側面理論」は、実験的検証がなされていないのはもちろん、理論的基礎づけも不十分である。しかし筆者は、彼の情報哲学は大枠において正しいと思う。それどころか、今後の科学と哲学が進むべき方向を見事に示唆しているようにも思う。それは心脳問題を超えて、宇宙論的次元に切り込み、科学革命すら引き起こしかねない可能性を秘めている、と言える。そして、こうした傾向は何もチャルマーズに限ったことではないのである[32]。今世紀は脳と心の科学の時代であるとともに、情報の哲学の時代でもある。心身問題と情報理論の関係については後で詳しく論じることにしよう。

注

（1）D.J. Chalmers, *The Conscious Mind : In Search of a Fundamental Theory*, Oxford University Press, 1996（以下 *CM* と略記する）. 林一訳『意識する心』白揚社、二〇〇一年を参照。

（2）Cf. J.R. Searle, *The Mystery of Consciousness*, pp. 135-176

（3）D.J. Chalmers, Facing up to the Problem of Consciousness, *Toward a Science of Consciousness*, ed. S.R. Hameroff, A.F. Kasazniak, A.C. Scott, MIT Press, 1996, pp. 5-28（以下 *FP* と略記する）

（4）D.J. Chalmers, *CM*, p. 4（邦訳、二四ページ以下）

（5）D.J. Chalmers, *CM*, p. 28（邦訳、五二ページ）

（6）D.J. Chalmers, *FP*, Cf. T. Nagel, What is it like to be a bat?

（7）D.J. Chalmers, *FP*

(8) Cf. F.J. Varela, Neurophenomenology : A Methodological Remedy for the Hard Problem
(9) T. Nagel, *op. cit.*
(10) D.J. Chalmers, Moving foward on the Problem of Consciousness
(11) Cf. D.J. Chalmers, *FP*
(12) 経験とかクオリアといった概念がピンとこない人は、ゾンビのことをイメージすれば比較的分かりやすいであろう。チャルマーズのHPを参照（http : //www. u. arizona. edu/~chalmers/）。
(13) D.J. Chalmers, *FP*
(14) ここで「不自然」と言っているのは、自然主義と自然科学主義の区別を前提としてのことである。例えば、文学作品に表現された人間の心情（これはクオリアに満ちている）を、自然科学に依拠して物理主義的に解釈するのは極めて不自然であろう。
(15) D.J. Chalmers, *CM*, p. xiv（邦訳、一五ページ）
(16) D.J. Chalmers, *CM*, p. 161（邦訳、二〇七ページ）
(17) 創発主義の意義ならびに、それとの関連におけるチャルマーズの思想の評価については、拙著『脳と精神の哲学』を参照されたい。
(18) 『最新脳科学――心と意識のハード・プロブレム』一一〇ページ
(19) Cf. D.J. Chalmers, *CM*, pp. 129f.（邦訳、一七〇ページ）
(20) 苧阪直行「脳と意識：最近の研究動向」、苧阪直行編『脳と意識』朝倉書店、一九九七年を参照。
(21) D.J. Chalmers, *CM*, p. 176（邦訳、二二六ページ）
(22) これは苧阪の前掲論文における図を改訂したものである。
(23) D.J. Chalmers, *FP*
(24) Cf. D.J. Chalmers, *CM*, pp. 247ff.（邦訳、三〇七ページ以下）
(25) Cf. D.J. Chalmers, *CM*, pp. 320ff.（邦訳、三九二ページ以下）
(26) Cf. D.C. Dennett, Facing backwards on the Problem of Consciousness, *Explaining Consciousness*, pp. 33-36
(27) Cf. F.J. Varela, *op. cit.*
(28) D.J. Chalmers, *CM*, pp. 284f.（邦訳、三五〇ページ以下）
(29) Cf. D.J. Chalmers, *CM*, pp. 305ff.（邦訳、三七三ページ以下）

（30） Cf. D. J. Chalmers, *FP*

（31） D. J. Chalmers, *CM*, pp. 293ff.（邦訳、三六〇ページ以下）

（32） 以下の諸論考を参照。T. Stonier, *Information and the Internal Structure of the Universe*, Springer-Verlag, London, 1990（立木教夫訳『情報物理学の探求』シュプリンガー・フェアラーク東京、一九九二年）, *Information and Meaning : A Evolutionary Perspective*, Springer-Verlag, London, 1997, S. Goldberg, *Consciousness, Information and Meaning : The Origin of the Mind*, MedMaster, Maiami, 1998. 品川嘉也『意識と脳』紀伊國屋書店、一九九〇年、西垣通『こころの情報学』ちくま新書、一九九九年。なおストウニア（1997）はチャルマーズのハード・プロブレムに難色を示しているが、ゴールドバーグは大いに共感している。

第5章　マッギンの奇妙な不可知説

はじめに

かつて、人間が酸素のない宇宙空間を突っ切って、他の天体に行くことは絶対に不可能だと思われていた。それどころか、巨大な鉄の塊がジェットエンジンを搭載して、超音速で大空を駆けめぐることすら想像できなかった。また、肺結核や進行麻痺（末期梅毒）といった難治の感染疾患を劇的に治癒せしめる薬物（魔法の弾丸）の発見も、それまでの悲観主義を根底から覆すものであった。こうした例は枚挙に暇がなく、そのすべてが従来の不可能説や不可知説の不毛さを証明してくれた。

しかし不可知説が妥当だとされる領域がいくつかある。例えば神の存在や死後の世界がその代表である。そして、これらのいかがわしい問題に関しては、不可知であるとするよりも、問題自体の消滅を願う人が多い。

ところで、科学や技術の進歩によって従来の不可知説を覆し、その不毛さを証明した事例と、問いかけ自体が無意味な疑似問題の中間の領域に属すものもある。本書で扱っている心身問題はまさにそれに当たる。心身問題の事実上の創始者であるソクラテスは、周知のように「無知の知」という原理を尊重したが、それは決して、究極的真理が不可知であるとする懐疑主義を表明するものではなかった。しかし二五〇〇年以上に及ぶ、西洋の心身問題の歴史を顧みると、形而上学的ないし論理的（概念的）解決法と経験科学的処置法とのはざまで、この問題が原理的に解答不能であるとする不可知説は根強く生き残ってきた。本書で取り上げるコリン・マッギンの思想は、その洗練された前衛的形態である。前世紀の後半以降、急速に進歩してきた脳科学の実証データによる心身問題の解決への期待に背を向けるようにして、彼はこの問題の原理的な解答不能性を主張し続けている。

　それでは彼は、相互作用すら否定する完全な実体二元論に固執しているのかというと、そんなことはない。前述のように彼にとって、意識が脳から創発するのは自明なのだが、この創発のプロセスを解明することが、脳の物理特性の奥深い謎と相まって困難を極め、不可知説（ミステリアニズム）へと誘うのである。そして彼においては、脳の物理特性の奥深い謎が、心の非物体的（非延長的）空間性という、さらに奥深い謎と結び付き、心身問題の解決不能性と意識の本性の不可知性の主張の強力な裏づけとなっている。

　心の非延長的空間性。これはまさにデカルトの規定を根底から覆すものであるが、その内実はいかなるものなのか。また、こうした概念までもち出して、不可知説を主張して譲らない彼の姿勢は何に由来するのか。しかも彼は、自然科学主義とすら言えるような自然主義の態度を基調としており、超越的思弁や宗教的神秘主義には目もくれない。そうした彼の不可知説は、自然主義的ではあれ、やはり奇妙なミステリアニズムと言わざるをえない。その主張の妥当性を、以下検討してみよう。考察は次の順序でなされる。(1)唯物論と二元論の彼岸にある不可知説、(2)非延長的空間の謎、(3)心身問題は果たして解決不能か。中心となるテキストは『神秘の炎――物質界の中での意識的心』[1]である。

1　唯物論と二元論の彼岸にある不可知説

一般的概観から始めよう。唯物論者は楽観的で単純で歯切れがよく細部にこだわらない。彼らは、技術的精密さや概念的整合性は重視するけれども、曖昧さと不可知性の臭いを漂わす細部に関しては驚くほど無頓着である。パスカルの言葉を借用すれば、彼らは「繊細の精神」を欠いている。それに対して二元論者（彼らのほとんどが物質よりも精神を重視する）は、単純な割り切りを嫌い、本質的に異なる領域に属す二物を安易に融合することを、あらゆる手を尽くして避けようとする。彼らは、パスカルの言う「幾何学の精神」を欠いている。というよりは、その認定試験をボイコットしているかのようである。では彼らは悲観主義的かというと、そうでもない。実体二元論を頂点とする、不合理な二元論を信奉する脳天気さにおいて、彼らは唯物論者以上に楽天的である。ところで第三の論客たる不可知論者は、心身問題に対して基本的に悲観的スタンスをもって臨み、知的禁欲の過剰さにおいて際立ち、それはあたかも繊細の精神と幾何学の精神の調和という究極目標の達成を最初から断念しているかのようである(2)。

前章で扱ったチャルマーズは、性質二元論に基づいて意識のハード・プロブレムを提起しているが、その問題が絶対に解答不能だとは考えていない。ただし還元的唯物論のパラダイムでは決して解決できない、と主張する。しかし、それは不可知説などではない。チャルマーズは確かにネーゲルとマッギンのミステリアニズムからインスピレーションを得ているが、不可知説とミステリアニズムに屈することはない。それは、ある意味で二元論にいくぶん偏ることのできたチャルマーズの幸運であったのかもしれない。しかし、それ以上に「情報」という第三の要素への着眼が有益だったのであろう。とはいえ、チャルマーズの方向に邁進する前に、彼の思想の誕生に寄与したマッギンの不可知説へと思考のゼンマイを巻き戻すことは、あながち無益だとは言えまい。

マッギンは言っている。「私の説は、不可知の自然特性が脳にあり、それに立脚して意識が存在するというものである。唯物論者がそれで何とかやってゆこうと望む、ニューロンのありふれた既知特性へと意識を還元しようというのではない。かといって意識を、脳とは別の何か、さらなる分析や説明が不可能な何かだと考えようというのでもない。意識は、ある種の脳組織の自然特性を通じて脳に根源をもつが、それはなじみの電気化学的過程では説明できない。私は、この特性が不可知であることがあらゆる難問を生み出している、と主張したい(3)」。

不可知説が、急速に進歩する脳科学とそれに依拠する唯物論に対抗し、かつ頑固な二元論のたわごとをかわすためには、洗練された観点が必要となる。マッギンの戦略は、意識の創発のためには生命体の脳が不可欠であるとする唯物論の主張を、最新の実証データを顧慮しつつ、とりあえず承認し、それと同時に意識の主観的特質が客観的脳科学の説明システムに組み込まれえない、という厳然たる事実を細心の注意を払って確認することである。その際、彼は物理科学的「客観化」と「内観」という心的作用を対置している。しかも、客観化と内観の双方がそれぞれ超えがたい限界を有している、というオマケつきで。さらに、物理科学的客観化と心的内観の接点に関しては、その解明の手かがりすら得られないであろう、という極端に高いハードルを設けている。しかし彼は、心身問題の解答のためには、この接点の解明が不可欠であると信じていることからすれば、ある意味でいくぶん二元論寄りであるように思われる。それは例えば、彼の次のような発言から覗われる。「心身の結び付きの背後には、何らかの統一体があるに違いない。しかしそこには、我々が心や脳について知る能力では一つに還元できない、二元性がある(4)」。

この二元性は、西洋哲学において古くから論じられてきた主観と客観の対立のことを指している。つまりマッギンは、この素朴な対立関係を現代脳科学と心の現象論双方の成果を顧慮しつつ、なお解消不能な深い溝として把握する観点から、不可知説の洗練を図っているのである。それゆえ例えば、「脳を内観的に精査する」とか「意識を知覚的に観察する」といった、安易な逆転的発想を厳しく戒める。[5] しかし彼は、主観と客観の間のギャップの把握を洗練させるにとどまらず、心ではなく脳の本性こそ物理科学の標準的な方法では決して解明されないであろう、という爆弾発言をする。脳の本性とは、意識の主観的特質を創発せしめるような奥深い特性のことであり、それが現状の客観化的な神経生理学を中心とする脳科学の手法では原理的に捉えられないであろう、と言うのである。では、将来の進歩した脳科学によってそれは可能かというと、それもほとんど見込みがない、と彼は断言する。

最近の脳科学は、特に理論的な基礎部門において、神経哲学や情報理論や複雑系の科学と対話しつつ、従来の主観―客観対置図式を乗り越えようとしている。マッギンは、そうした動向に直接言及していないが、それをほとんど評価していないことは自ずと分かることである。彼の設けた高いハードルは、そうやすやすと飛び越えられない。つまり彼の不可知説は、技術の進歩やパラダイムの変革などでは乗り越えられない深みを示唆しているのである。まず物質（ないし物理的世界）の本性ですら、ここまで進歩した西洋の物質科学（ないし物理科学）によっても、まだその片鱗しか解明されていない。また、哲学と心理学における心の現象論も意識の真の本性には到達できないでいる。ましてや物質と意識の接点を論じる心身問題が解けるわけはなかろう。マッギンのこうした主張の論拠は、人間における認知的閉鎖（cognitive closure）に求められる。つまり、ナマコに天文学が理解できないように、我々人間の脳は心身問題を解くことができないのである。ナマコが天文学を理解するためには、生物学的に見ておそろしく隔たりのあるヒトまで進化（変化）しなければならない。それと同じように、心身問題を解くためには、ヒトもまた驚異的進化（変化）を遂げなければならない。しかしそれは不可能（というより不必要）だ、とマッギンは考える。技術の進歩やパラダイムの変革では手も足も出ないというわけだ。

ただし彼は、ネガティヴな主張に終始しているように見えて、あるポジティヴな観点もすかさず示唆している。

それは、デカルト的二元論を根底から覆す「心の非延長的空間性」への視点の変更であり、この変更こそ脳の知られざる自然特性をも暗示するのである。そこで次に、その主張の意味を検討することにしよう。

2　非延長的空間の謎

周知のようにデカルトは、物体の本性を延長（existensio）とし、心の本性を思惟（cogitatio）とみなした。そして、これら二つの有限実体は、それぞれ延長するもの（res cogitans）と思惟するもの（res extensa）と定義された。つまり、物体としての身体は空間的存在であるのに対して、心は非空間的存在である、というわけだ。それでは、空間的存在である身体が非空間的心といかにして相互作用しうるのか。デカルトはこの難問に対して、最初答えに窮したが、その後相互作用の場（座）を、脳の中心に位置する松果体に定めて、取り繕った。しかし、ここに矛盾が現れる。松果体は延長をもつ空間的実体であるが、延長するものと思惟するものの相互作用の場は、純粋な空間的実体ではありえないはずである。少なくとも物心二元論を基点とするなら、その想定は矛盾している。さらに、デカルトは松果体の生理学的機能を見誤っている。松果体（上生体）は光の受容と関係し、睡眠と覚醒のリズム（サーカディアンリズム）の中枢なのである。しかし、これはずっと後になって解明されたことであり、デカルトの時代の生理学では知りえなかったことなので、事実誤認は仕方ないとしても、論理的矛盾は隠しようがない。しかし、この論理的矛盾こそ心身問題の奥深さを示唆するものだったのである。つまり、心身問題は極めてハードだということを。

マッギンは、まさにこの論理的矛盾に目をつけた。(6) 彼の観点は、デカルト的物心二元論、つまり空間的実体と非空間的実体の二元分割を、あるとんでもない方向に転回させて、心身問題の解決の唯一の可能性を示唆しようとすることにある。彼によれば、心身問題の解決を困難なものにする源は、通常の空間概念を物質と脳に帰属させ、心ないし意識からそうした空間性を剥奪する、常識的な現象論的視点である。それに対して彼は、脳それ自体は単純な空間的実体（エンティティ）ではないので、一般に考えられているような脳の空間性を疑問視すべきだ、と提案する。しかしこの提案は、脳が全く空間的性質をもたないという、不合理な観念に導くものではない。彼は言っている。「脳は独自の空間属性をもっているのだ。脳は明らかに他の物体と空間的な関係をもっているので、通常の感知可能な空間を離れて独自の空間に存在しているわけではない。むしろ、すべての物体は一つの空間、つまりすべての事物を含むと定義される空間に存在するが、脳は、他の物体が無視している空間の側面を積極的に利用しているのだ。他の物体は、〈意識〉と呼ばれる空間的な変則現象を生成することに責任を負っていないのだから、空間の深遠なる側面に身を置く必要がないだけである(7)」。

つまり脳は、一方で神経形態学が詳細に示すような独自の物体的空間性をもつが、同時に、意識を創発せしめるという点において非空間性に半身を浸しているのである。しかるに、マッギンによれば非物体的空間性というものは、延長実体として表象される以前の「根源的空間性」に属す。そこで、非物体的空間性という未知の特性において、脳と意識は統合されうるのである。この空間性は「心と物質の両方を自然な形で包含する構造をもっているのに、その包含の仕方が今日の空間理解に含まれていないのだ(8)」、と彼は言っている。それゆえ、この非物体的（非延長的）空間性は心身問題を解くための鍵となる。あるいは、この空間性を理解することが、心身問題解決のための唯一の有効な方策なのである。しかし彼によれば、我々人間はこの空間性の本質に対して認知的に閉ざされている。しかも永遠に。

ところで彼は、非延長的空間性がビッグバン以前の宇宙の特性を暗示する、と思弁的に憶測している。周知のように、ビッグバンによって物質と時空が創造され、今あるような物理的世界が出来上がったのだが、この物理的世界において特異な位置を占める、というよりはその中に位置づけがたい「意識」の非物理的空間性こそ、ビッグバン以前の超物理的空間特性が現在の物理的世界にまで尾を引き、影響をあたえ続けていることを示唆する、というわけだ。そして、半ば物質的で半ば非物質的な「脳」こそ、非延長的空間性という特質をもつ「意識」の座となりうるのである。(9)

以上のようなマッギンの主張は、彼自身も認めているように、思弁的な演繹に基づいており、憶測の域を出るものではない。(10)通常、不可知説を唱える者は、思弁や憶測を避ける傾向が強いが、彼はあえて非延長的空間の起源に関する思弁を開陳した。なぜ彼は危険を犯してまで、そうしたのか。それは、心と身体あるいは意識と脳が、不可分の統合体のはずであり、通常結び付かないと思われる両者の結合原理がどこかにあるはずだ、という直観(ないし確信)のゆえである、と筆者は思う。つまりマッギンは、心身問題が解答不能だと断じているけれども、心身問題自体には深い愛着を感じているのである。そうでなければ、彼はそもそもこのような問題提起はしないであろう。そして、周知のように心身問題は彼の思索の大部分を占拠している。

しかし彼の思索の欠点は、不可知説に執着することであるように思われる。唯物論と二元論の対立を超克しようとし、非延長的空間性の重要性を主張したのは彼だけではない。この傾向は現象学派の哲学者たちに共通のものであり、とりわけハイデガーとメルロ＝ポンティにおいて顕著である。例えば、ハイデガーは次のように主張している。「現存在は〈精神的〉であるがゆえに、しかもそれゆえにのみ、延長せる物体事物には本質上不可能にとどまる仕方で、空間的でありうる」。(11)

現象学派の主張には、ビッグバン以前の宇宙の痕跡についての思弁など微塵もないが、そのかわりに身体の世界内属性(つまり身体と世界の相互作用)の視点からする意識のダイナミックな把握がある。それはまさに「生きられる空間」の視座からの心身問題への対処となっている。(12)マッギンと現象学派の違いは何か。それは、主観と客観の関係の把握の仕方である。現象学派は主観―客観図式を乗り越えようとするが、マッギンは英米系の心の哲学の伝統[13]に沿って、あくまで主観と客観の対置図式から心身問題を考えようとしている。そしてこの姿勢がアポリアに導くのである。とはいえ、ビッグバン以前の宇宙の状態までもち出して、物質の未知の側面に目を向けさせようとする点は、思弁的とはいえなかなか魅力的である。この点が今後、他の学説との交流において洗練されていくことを期待するが、そのためには大きな障壁がある。それは、心身問題がほぼ絶対に解答不能だとするマッギンの強硬な信条である。そこで次にそれについて検討することにしよう。

3　心身問題は果たして解決不能か

周知のようにカントによれば、人間の経験は感性と悟性の先天的形式に深く制約されており、その及ぶ範囲は現象（phenomenon）に限定され、本体（noumenon）は経験の対象になりえない。しかし、本体ないし英知界は確かに存在しており、それを疑うことはできない。カントのこの主張は、理論理性の思弁的使用による独断的形而上学の構築に歯止めをかけるためになされたのだが、果たしてそれは人間の知的営みすべてに適用できるものであろうか。人間の経験は、失敗や挫折を通して身を膨らませ、成長していく。そして経験と経験を超えたものの境界は、そのつど揺らぎ、変更され、その結果経験の範囲は拡大されていくのである。

ところでカントの時代には、哲学的認識論はもっぱら権利問題に関わるものであったが、現代の認知哲学は認知科学と神経科学の知見を積極的に取り入れて、事実問題の方を重視する。とりわけ還元主義の神経哲学においてこの傾向は顕著であるが、機能主義の認知哲学もそれに負けない勢いをもっている。そうした中でマッギンの心の哲学が、旧来の権利問題重視の姿勢を引きずっている観は否めない。

彼は、DNAの先天的分子構造に制約された人間の知力では、心身関係の謎は永遠に解けないであろうと考える。しかし彼がそう主張するとき、心身問題のあらゆる側面を顧慮している、と言えるだろうか。心身問題には、最も基本的な概念分析に関わる哲学的（論理的）側面（a）の他に、心理学や生理学の実証データを使用する経験科学的側面（b）や臨床の知に関わる実践的側面（c）がある。このうちaが、心身問題自体の妥当性を問う、メタ心身問題的傾向をもつのに対して、bとcは心身関係の解明を具体性と実用性の観点からなそうとし、メタ心身問題的視点はあまりない。とりわけcはその傾向が強い。例えば心身症の治療にとって、「心身問題は解決可能か」といった悠長な問いは無用である。そのようなことにうつつをぬかしている暇はないのである。もちろん基礎医学的考察が要求されるときには、事態は一変するけれども。

筆者の見るところ、どうやらマッギンはbとcのような事実問題に関わる側面をあまり顧慮していないようである。心身問題は、確かに難問だけれども、一義的な解答を求めずに実用的効果を期待するなら（つまり心身関係論として敷居を下げるなら）、少なくとも解答不能だという印象はやわらぐ。何よりも、心身関係の事実的次元での解明は、それがささやかなものであれ、人々の健康と幸福、ならびに生活の質の向上（簡便化）をもたらすのである[14]。しかし、心身問題の哲学的基礎次元ばかり考察していると、一義的な明答ばかり期待するようになり、それが不可能ないし極端に難しいと分かると、解答不能の烙印が捺されてしまうのである。

マッギンは、心身問題を哲学の領域に限りなく引き寄せる。そして哲学と科学の違いを強調する[15]。さらに、哲学的難問を解けるような脳の形成のために、自然淘汰に期待をかけることはできないので、もし心身問題を解こうとするなら、遺伝子工学による人工淘汰が必要となる、と考える。しかし、「心身問題の解決に必要な脳構造における変化はかなり劇的で、その個人を人間たらしめているものを失わせるかもしれない」という危惧を示し、「心身問題を解決できるような心は、もたない方がよい心かもしれない」とまで言う[16]。

筆者が思うに、実はこうした悲観的警告も広い意味での心身関係論に属すのだが、マッギンは狭量なのだ。彼に欠けているのは、失敗や挫折から学びつつ徐々に進歩しようとする姿勢である。確かに、「赤みの感覚が神経機構のうちに基礎づけられるためには、その感覚には、直接的な現象を超える特性が、つまり神経と現象とを〈媒介〉する特性が伴わなければならない[17]」ことを認めつつ、この媒介特性を解明することは困難を極める。というより現状ではほとんど不可能である。しかし既述のように、その手がかりは出始めている。我々はあらゆる科学のバックアップを受け、かつ哲学的基礎考察を充実させ、失敗や挫折を恐れることなく、この難問に立ち向かわなければならない[18]。たとえ留保つきであれ[19]、心身問題が解答不能であり、解決の必要もないと主張することは、実際に水の中に飛び込むことなしに水泳の練習を繰り返すようなものであり、さしあたって不毛である。心身問題の解決は必ずや人間（ならびに動物）の幸福と世界の合理的把握、そして宇宙の根本原理の解明に寄与するであろう。今世紀が脳と心の科学の時代となったのは、偶然ではないのだ。

注

（1）C. McGinn, *The Mysterious Flame : Conscious Mind in a Material World*, Basic Books, New York, 1999（以下 *MF* と略記する）. 石川幹人・五十嵐靖博訳『意識の〈神秘〉は解明できるか』青土社、二〇〇一年を参照。

（2）唯物論と二元論と不可知説の関係について分かりやすく説明したものとして、以下を参照。J. Gennaro, *Mind and Brain : A Dialogue on the Mind-Body Problem*, Hackett, Indianapolis/Cambridge, 1996

（3）C. McGinn, *MF*, pp. 28f.（邦訳、三九ページ）

（4）C. McGinn, *MF*, p. 47（邦訳、五八ページ）

（5）C. McGinn, *MF*, p. 47（邦訳、五九ページ）

（6）Cf. C. McGinn, Consciousness and Space, *Explaining Consciousness*, pp. 97-108

（7）C. McGinn, *MF*, p. 129（邦訳、一四〇ページ）

(8) C. McGinn, *MF*, p. 124（邦訳、一三六ページ）

(9) Cf. C. McGinn, *MF*, pp. 119ff.（邦訳、一三一ページ以下）

(10) しかしこの思弁も超自然的次元に言及することのない、自然主義的なものであることは銘記すべきである。

(11) M. Heidegger, *Sein und Zeit*, M. Niemeyer, Tübingen, 1979, S. 368. なおハイデガーの空間概念と心身問題への対処については、拙著『時間・空間・身体』の第3章と第4章を参照されたい。

(12) Cf. M. Merleau-Ponty, *Phénoménologie de la perception*

(13) アンディ・クラークは特記すべき例外である。彼はハイデガーとメルロ＝ポンティの意向を認知哲学に積極的に取り入れようとしている。Cf. A. Clark, *Being There: Putting Brain, Body and World Together Again*

(14) こうした事柄については第Ⅱ部（第7章）で再び考察される。

(15) C. McGinn, *MF*, pp. 205ff.（邦訳、二二六ページ）

(16) C. McGinn, *MF*, pp. 221f.（邦訳、二三二ページ以下）

(17) C. McGinn, *MF*, p. 155（邦訳、一六四ページ）

(18) Cf. M. Bunge, *The Mind-Body Problem: A Psychobiological Approach*

(19) マッギンは一九八九年に、「心身問題は解けるか」という問いに対して「イエスかつノー」であるとの所信を述べ、自分の立場が「悲観主義的であり、同時に楽観主義的である」と言っている。そしてそれは、心身問題が経験科学的ないし概念構成的には解答不能だが、哲学的な概念のもつれは解決できる、ということを意味する。C. McGinn, Can We Solve the Mind-Body Problem?, *The Mind-Body Problem: A Guide to the Current Debate*, ed. R. Waner & T. Szubka, B. Blackwell, Oxford, 1996, pp. 99-120. しかし心身問題は最終的には事実問題として解答されるべきものなので、このような曖昧な姿勢は問題の紛糾を助長するか、問題の消去に導くだけだと思う。むしろ、未知の空間特性と媒介特性の解明の可能性を探った方が得策であろう。我々がマッギンから学ぶのは、その可能性の示唆のみである。

第6章　統一的見地の獲得は可能か

はじめに

これまで意識哲学（心脳問題）上の四つの立場の代表者の思想を考察してきた。それぞれの思想間には、いくばくかの共通点とともに大きな懸隔がある。また四人の哲学者の主張には、それぞれ長所と欠点がある。同一の問題に対して、なぜかくも異なった見解が成立し、立場間の競合が起こるのか。また、なぜ各哲学者は、自らの欠点を補うために他の思想の長所に耳を傾けようとしないのか。問題の解決のためには、進むべき方向、ならびに探究の方法に対するコンセンサスが必要である。そこで本章では、心脳問題に関する統一的見地の獲得の可能性を、第Ⅱ部以降の展開を考慮しつつ、検討することにした。

もちろん、各人がどういう哲学（思想）を選ぶか、はその人の資質によるところが大きいし、その人がどういう教育を受け、どのような研究歴をもつかにも左右される。しかも意識科学は始まったばかりであり、その基礎を考察する神経哲学に探究上のコンセンサスが得られがたいのは当然のことである。しかし我々はあえて統一的見地の獲得の可能性を検討し、探究上のコンセンサスの地盤を固めようと思う。

1　それぞれの立場の長所と欠点

まず各立場（というよりは各立場の代表者の思想）の長所と欠点を指摘し、その意味を考察することから始めよう。

ポールの神経物理主義は、還元主義の原則に従って、意識を脳内ニューラルネットワーク活性化の時間空間パターンに還元しようとするが、その際重視されるのは神経回路の生物学的実質よりも情報処理の物理的様式である。そこで彼はＰＤＰコンピュータによる意識のシミュレーションを積極的に評価するのだが、機能主義に傾くことはない。それは、彼が消去的唯物論の原則に沿って、あらゆる二元論を拒絶するからである（機能主義は弱められた二元論の一形態である）。しかし脳の活動は、その物理的実質には含まれない、意味をもった記号系によっても起動され、賦活される。例えば、「右手を上げなさい」という音声信号は、運動回路を賦活させ、実際に右手を上げさせる。ところが、この音声信号のもつ意味論的内容は神経回路の物理的実質には含まれていない。そして意味の情報処理がなされなければ、的確な反応、すなわち的確な神経活動は起こらない。それゆえ神経回路の物理的実質だけでは意味の情報処理、ならびにそれに基づく意識的な身体運動はなされえないのである。これに対してポールは反論するであろう。ニューラルネットワークの自己言及的（回帰的）活性化パターンこそ意味論的内容そのものである、と。そして、自己言及的であるがゆえに物理的ニューラルネットワークは「主観的（自覚的）」でありうる、とも言うであろう。

還元主義者は、なぜ一切を物質的ないし物理的基質に還元しようとするのだろうか。ニューラルネットワークの自己言及的活性化には、様々な外的要因が変数として加わり、ネットワークが認知システムとして機能するときには、予期せぬ新たな性質が創発するはずである。意識の主観的質感（クオリア）はその代表である。しかし、こうした創発特性は、ボトムアップ的には説明しがたい。そこで還元主義者は「消去」という方策を選ぶのである。ところが意識という現象は、質感を抜きにすると、情報処理の客観的相しか残らない。ポールに代表される還元主義者の欠点は、この客観的相の物理的実現様式の解明によって認知と意識の説明が完遂されうる、とする独断的態度である。とはいえ、還元による一種の引き算がないと、意識の謎は思弁的解釈の罠にはまりやすくなる。意識の謎はまた物質の神秘とも深く関係している。還元主義は、実は物質の神秘を解き明かすという形で、この関係の解明に寄与しているのである。

デネットの機能主義は、意識を脳というハードウェアの上を走るソフトウェアとみなすことによって、還元主義の強硬さを諌めている。また進化生物学や生態学的観点も取り入れることによって、認知のダイナミズムの把握にある程度成功している。しかし基本的に行動主義的な客観主義に根ざしているので、一人称の主観的経験に関しては懐疑的である。また自我に関しては拒絶感が極めて強い。

ところでハードウェアとソフトウェアというのは、コンピュータ科学の概念であり、それを生物学的脳と意識の関係にそのまま当てはめることができるであろうか、という疑問は消しがたい。コンピュータと違って、生物学的脳はニューロンの核の中に先天的プログラムを備えている。そしてこの先天的プログラムが、外部世界からの情報刺激に触発されて、豊かな経験を生み出すのである。その際、脳の神経可塑性が重要な基盤となるのは言うまでもない。つまり生物学的脳は、ソフトウェアを先天的に組み込まれたハードウェア、略してソフト的ハードなのである。というよりは、そもそもハードとソフトの二元論をすんなりと適用できないのが、生物の脳と心の関係なのであり、それは最も高度の可塑性を有する人間の脳と心の関係において際立っている。しかしデネットの可塑性理解は、言語偏重主義と相まって脱神経生物学的になり、脳におけるハードとソフトの融合性を無視したものとなっている。そこで現れるのが、還元主義以上に強硬な、自我とクオリアの機械論的理解である。素朴に言えば、還元主義の心の理解の方が、機能主義のそれよりもまだ血肉が通っている感がある。

しかし意識のもつ機能的性格は、物質と意識のギャップを埋める可能性を示唆する。極端な現象論では、一人称的主観性の非物理的性質ばかりが着目されて、件のギャップを架橋する視点はいつまで得られない。また極端な還元主義では、三人称的神経過程の物理的性質の重要性にばかり目を奪われて、件のギャップを架橋する意欲すらわかなくなる。その意味で、機能主義、とりわけデネットのヘテロ現象学的機能主義は、心脳問題に重要な寄与をなしうると思われる。

チャルマーズの立場は現象論と機能主義の折衷からなっているが、思索を先導しているのは現象論的志向である。それゆえ還元主義への反発は強い。特に、脳をもち出せばすべてが解決すると考える、生物学的還元主義を嫌っている。(1) しかし強い人工知能を擁護するのは、どうしたことであろうか。おそらく、生物学的還元主義を否定するための方便なのであろう。この意味で、意識は物理的なものに論理的に付随することはない、という彼の主張は、その証明のために払われた努力にもかかわらず、有意義なものになっていない。彼は、唯物論を否定することが意識の主観的特質の確保につながる、と考えているようだが、後者を確保するためには必ずしも前者を否定する必要はない。脳の神経実質を研究することは、意識の研究には必須のものである。そして神経実質と意識の間に「創発」の関係を認めれば、無理に論理的付随性を否定する必要はなくなる。クオリアに代表される意識の主観的特質の探究と神経生物学的基礎研究は、さしあたって並行論的に進められるべきであって、二元論的に分離されるべきではないのである。しかしチャルマーズは、クオリアという現象の吸引力に圧倒されて性質二元論になだれ込み、同時に意識と物理的なもののギャップを機能主義的に埋める、という性急な判断に身をやつすはめになってしまった。これが彼の思想の欠点である。

とはいえ彼の問題提起の意義は、この欠点を補って余りある。還元主義の脅威とミステリアニズムの誘惑双方をいなしつつ、意識の主観的特質への問いを物質と精神の接点に向けて提示する先鋭的試みは、真に賛嘆に値する。そして「情報」を、そのための根本原理に据えること。このことは還元主義者のクリックとコッホでさえ高く評価しているのである。彼らは言っている。「情報はチャルマーズが気づいているように、実際に基本的な概念であるかもしれない。これをもっと確固としたものにするには、神経回路網のような複雑なネットワークで連結された、高度に並列的な情報の流れについて考慮しなければならない。神経回路網（あるいは計算機の中に表現された回路網）のどのような特徴が意味を創り出すのかを、決定しようと努力することが大切である。そのような試みによって、意味の神経的側面を示唆することが可能になるであろう。そうすると、意識の〈難しい問題〉は全く新しい光の中に浮かび上がってくるかもしれない[2]」。

チャルマーズは「意味の神経的側面」を重視していない。しかし彼の問題提起は、還元主義者にも意識の問題の奥深さを認識させるものとなっている。いつの時代でも、優れた思想は、対立する学派の人々をも触発するのである。

マッギンのミステリアニズムは、自然主義的不可知説として超自然的次元には一切タッチしないが、意識の本性に関する積極的立論を避けるがゆえに、意識科学の発展に寄与することはできない。還元主義者や機能主義者は、なぜミステリアンたちは意識という対象の前に極端に高いハードルを設置するのか、と訝る。意識が捉えがたい現象なのは、誰もが知っている。しかし「捉えがたい」ということと「不可知である」ということは区別されるべきである。マッギンは、哲学的心脳論の陥りやすい、不毛な議論の泥沼の中でもがいているにすぎない。それに対してチャルマーズは、泥沼が思いのほか浅く、実は立って抜け出せることを知っていたのだ。

なおミステリアニズムの長所としては、主観的経験の奥深さの指摘が挙げられるが、これに関してはネーゲルの所説の方が優れている。前述のように彼は、「コウモリであるとはどのようなことか」という問いを提出して、一躍有名になった。しかし、もし彼が還元主義者から「ミステリアンであるとはどのようなことか」と問われたら、何と答えるであろうか。おそらく彼は、自分の立場の心身論上の位置を示し、必死になって自らの思想の正当性を説明するであろう。そしてそのとき反省するかもしれない。主観的経験ないし意識の主観的特質は、必ずしも伝達不能ではなく、間主観的コンセンサスを得る可能性をもち、それゆえ客観的科学の研究対象になる可能性は否定できない、と。あるいは、主観的経験の奥深さを他の立場の人々が深く理解するように働きかけることこそ、アジテーターとしてのミステリアンに課せられた使命である、と再自覚するかもしれない。しかしそのためには、やはり経験の現象論的特性を物理主義的用語に翻訳するための媒体が必要になるのである。

2 統一的見地ないし探究上のコンセンサス

哲学や思想の分野においては、同一の問題に対して意見の一致が見られることはあまりない。したがって、心脳問題に関して統一的見解を求めることは、ある意味でナンセンスかもしれない。しかし科学基礎論的色彩の濃い神経哲学は、他の哲学分野と違って、統一的見解に至る可能性が高いように思われる。例えば、人工知能は主観的意識をもちうるか、精神病の原因は脳病理学によって解明可能か、といった問題は広い意味での心身問題に属し、神経哲学者だけでなく認知科学者や精神医学者も興味をもつものである。つまり、これらの問題は科学と哲学の接点ないし共通領域に位置し、世界観や人生観に定位する哲学思想とは違って、統一的解答を期待できる種類のものなのである。それゆえ我々は、この点を堅持して、心脳問題解決のための統一的見地とそれに至るための探究上のコンセンサスを求めなければならない。たとえそれが暫定的なものにとどまろうとも。

まず心脳問題の最も基本的な論争点は、「一人称で語られる主観的意識が脳の客観的な神経生理学的過程に還元できるか」というものである。還元主義と機能主義は還元可能性を強調するが、特に前者にその傾向が強い。それに対して現象論とミステリアニズムは還元不能性を主張し、主観的意識の現象的質感にこだわる。還元は果たして否定されるべきものなのであろうか。そうではなかろう。還元は意識の物理的相関項を確認する際に必須の手続きなのであり、思弁的な意識解釈に待ったをかける力をもっている。なお「物理的相関項」とは、基本的に脳の神経生理学的過程を指すが、生理学と生物学の区別にこだわって言えば、神経伝達の電気―化学的メカニズムと神経回路網の物理的構成、ならびに情報の物理的流れに関する生理学的データによって、生命をもった認知システムとしての脳の生物学的活動を捉え尽くすことはできないように思われる。生命システムは、物理的事象にはないダイナミズムをもっている。このダイナミズムを構成する要素は、身体運動との連関、環境との相互作用、他者（他の生命）との共存、発達などである。生命システムとしての人間の脳は、社会的ならびに自然的環境の中で他者と交流しつつ発達し、神経回路網を可塑的に構築してゆき、思春期から青年期にかけて、この生命ある認知システムは自己言及の機能を最高度に働かせ、「私である」という質感を獲得する。いわゆる自我の目覚めである。この独特の質感（クオリア）は、相互作用と発達のダイナミズムに根ざしているので、生体の物理システムを静観する機械論的生理学によっては捉えられないのである。また、周知のように自我の目覚めには、第二次性徴の熟成という性の発達プロセスが深く関わっている。つまり自我意識の形成には、心と身体の両側面が関与しているのである。そしてこの形成プロセスを捉えうるのは、生態学や行動心理学を含む「生物学」なのである。還元主義者は、こうした点に関する配慮が浅い。あるいは、こうした点を顧慮しようとすると、還元主義の原則を逸脱せざるをえなくなる。いずれにせよ還元主義による意識の物理的相関項（神経生理学的相関項）の研究は、意識の本性の探究に関しては限界をもつことを自覚すべきである。そして開放的態度を獲得すべきなのだが、この態度を可能にするのは「創発」概念の理解である。少なくとも現時点では、それが最有力候補である。

また「創発」は二元論の陥穽を回避するための重要な概念装置でもある。現象論やミステリアニズムに潜む二元論への傾向、ならびに還元主義への強烈な反感は、創発の概念を受け入れないことに由来している場合が多い。各立場の長所を生かし、欠点を補いつつ探究上のコンセンサスを得るためには、創発概念を還元概念と対比考察した上で、シリアスに受け取ることが肝要だと思われる(3)。

次に着目されるべきなのは、主観―客観関係の理解の相違である。還元主義は主観的なものを客観的な物理的基質に吸収させ、消去したがるが、機能主義は物理的基質への還元を部分的なものにとどめ、物理的なものの機能的側面を顧慮して、主観的なものを機能的メカニズムの観点から捉える。いずれにせよ両立場は、主観的意識の現象的質を軽視し、極端な場合無視する。それに対して現象論とミステリアニズムは主観的なものと客観的なものの区別にこだわり、主観的なものを物理的基質や機能に還元することを断固として拒否する。ちなみに現象論の方が、主観と物理的過程のギャップに対して寛容であり、主観と客観の融合を主観優位の形で模索する傾向がある。

主観と客観の関係は、西洋の哲学と科学の長い歴史の中で、様々な形で繰り返し問われてきた。また東洋思想においても、別の仕方で問われ続けた。とりわけ認識論と心身問題において、それは議論の中核となる。近年の意識科学と神経哲学は、この関係を根本から考え直すことが要求されているのだが、現実には伝統的な概念と理解に呪縛されており、それが問題の紛糾と方法論の確立しがたさにつながっている。探究上のコンセンサスを得るためには、主観と客観の関係を直接問う前に、両者を媒介する次元に目を向けることが肝要である。例えば間主観性、身体性、生命、社会的相互作用が、そうした媒介の役割を果たす。こうした概念群は、主に現象学派の人々が扱ってきたが、現代の心脳問題に応用する際には、少し改変が必要だと思われる。つまり最近の心脳問題は、生きられる身体の概念に根ざした現象学的心身論の主客融合主義では割り切れない、主観と客観の深いギャップをあらためて問題としているからである。これは特にチャルマーズのハード・プロブレムの提起によく表れている。そこで我々は、現象学が示唆した媒介概念に加えて、前述の創発概念、ならびに情報概念を基にして主観と客観の関係を再把握しなければならないことになる。また、それとともに心身二元論克服という課題の意味が捉え直され、その姿勢が洗練されたものとなるのである。

さらに、自我とクオリアという神経哲学の二大問題の意味も問い直されなければならない。還元主義者と機能主義者は、この二つが嫌いである。それに対して現象論者とミステリアンは、それらを偏愛する。この分裂は、統一的見地と探究上のコンセンサスの獲得にとって大きな障壁となる。この障壁を取り除くためには、現在流行している心脳問題と伝統的心身問題の関係を問い直す必要がある。伝統的心身問題とは、精神と物質の関係、ならびに自由意志の可能性を問う。言うまでもなく、その主たる舞台は哲学であった。しかし医学や心理学や生物学でも、心身関係は問題となる。また哲学や科学に疎い一般人にとっても「こころとからだ」の関係は常日頃問題となっているはずである。このように裾野の広い「心身関係論」の中で心脳問題はどういう意味をもつのか、ということを考えなければならない。それを考えることによって、クオリア好きとクオリア不感症の対立の源泉が分かり、自我問題への対処の相違の原因が判明するかもしれないのである。なお自我問題に関しては、社会的次元や発達の問題が無視できないが、これに身体性の問題を加味し、さらにポールの言う「神経社会的問題」まで視野に入れる必要がある。それらを一手に引き受けるものとして、ジンガーの「脳の社会的相互作用説」は貴重である。我々はその意味を深く考察するであろう。

科学においても、同一の問題や事象に関して統一的見解が得られないものはたくさんある。例えば精神医学において、統合失調症に代表される内因性精神病の成因の把握は、それこそ「統合失調」状態である。だからといって、統一的見地の獲得がむなしいものだ、と考える者はほとんどいない。肝心なのは、統一的見地の獲得という理想を堅持しつつ、探究上のコンセンサスが何とか得られるように努力することなのである。そうすれば、たとえそれが実現しなくても、付随効果は得られ、問題の解決に大きく寄与するはずだからである。

注

（1）サールとの議論において彼はこのことを吐露している。Cf. J. R. Searle, *The Mystery of Consciousness*, pp. 163-167

（2）F・クリック／C・コッホ「意識は神経科学で説明できる」松本修文訳、『別冊日経サイエンス123・心のミステリー』日経サイエンス社、一九九八年

（3）意識の問題における還元と創発の関係を整理したものとして以下を参照。R. V. Gulick, Reduction, Emergence and Other Recent Options on the Mind/Body Problem : A Philosophic Overview, *The Emergence of Consciousness*, ed. A. Freeman, Imprint Academic, Thorverton, 2001, pp. 1-34

第Ⅱ部　心身問題と心脳問題

第7章　心身関係論と心脳問題の循環的関係

はじめに

脊椎動物である人間の身体は、頭部と胴部と四肢からなっている。これはいわば、体の幹に頭という花が咲き、二本の枝と二本の根が生えているようなものである。頭部は脳という高等な器官を含むから、まさしく華々しい身体部位に思われるが、体の幹も心臓という重要な器官を中心として、肺、胃、腸、膵臓、肝臓、腎臓などの精巧な臓器を一括りに収納している。もちろん二本の脚がなければ歩けないし、二本の腕がなければ生活に大きな支障をきたす。しかし人間の生存にとってなくてならないのは、頭部と胴部である。それでは、この二つのうちどちらが重要なのであろうか。この問いは一見愚問に思われるが、実は心身問題を考える際の一つのヒントを提供してくれる。

一般に脳と感覚器官からなる頭部が心の座であり、胴部と四肢に心的性質はないとみなされている。しかし、この一般的見解はかなり粗雑なものと言わざるをえない。脳は脊髄と連結した中枢神経系であるが、脊髄の大部分は胴部にある。生物学的には、心の有機物質的基盤は神経系であることが認められている。つまり、神経系のあるところに心ないし心の原型（可能態）あり、なのである。そして神経系の機能は情報の伝達と処理である。そこで神経系＝情報処理系＝心の基盤という図式が成り立つ。神経システムは組織的複雑性の度合いに応じて様々な心的性質を創発せしめる。神経システムが極めて単純な生物では、刺激に対する反応のような、程度の低い心的性質しか示さないが、神経システムが複雑度を高め、情報の集約点と貯蔵所を形成し始めると、段々程度の高い心的性質を示すようになる。神経節の形成から中枢神経への凝集・発達において、この機能は亢進し、言うまでもなくヒトの脳においてその機能は最高度に達している。また神経系の情報処理には記憶という要素が重要な役割を果たす。つまり記憶という機能が情報処理の再帰的―自己言及的活動を可能にし、心の自覚的側面である自我意識という最高度の性質を生み出すのである。

我々は通常、この自我意識をもつものに「心」というものを帰属させがちである。それゆえ下等生物の反射行動や機械による情報処理、そして人間にも見られる原始的反射活動や機械的動作には心的要素がない、と考えがちである。しかし、明確な自我意識とその証となる言語をもつものにのみ心を帰属させるのは浅はかである。確かにヒトデやミミズが心をもっているようには見えないが、イヌやネコとなるとそうとも言えない。問題は「心」というものの定義の曖昧さにある。「生命」と同様に「心」は多義的であり、DNAや脳のような明確な指示対象をもたない。そして心と生命は深く関係している。

最近の心脳問題は、心を意識と認知に限定し、かつ身体を脳に還元して、心身問題を解こうとあがいているように思われてならない。しかし、それは巨大な氷山の、水上に現れた一角のみを見、水中の巨大な部分一切に目をつぶっているようなものである。心身問題は思いのほか裾野が広いのである。心脳問題は確かに心身問題の進化・洗練された最新形態であるが、それに専念すると視野が狭くなりかねない。意識と脳の関係という重要な問題に適切に対処するためにも、我々は広い意味での心身関係論としての心身問題と、その先鋭形態である心脳問題の関係を考え直さなければならないのである。

1 心身問題の隠れた本質

心身問題は、本来一つであるはずの心と身体を恣意的に分離した上で、両者の関係を問う不毛な疑似問題だと言われることがある。しかし、そうした疑念を発する人は、「本来一つである」とか「恣意的に分離する」ということの意味を十分理解して言っているであろうか。もしそうであると言うなら、我々は次のように問い返すことができる。「あなたは日常、心的な事柄と物的（身体的）な事柄の表現を使い分けていませんか。そしてその使い分けがないと、生活が成り立たないと思いませんか」、と。例えば、「私は今大事な会議に出席するために先を急いでいるけれども、道端で苦しんでいる人を無視してまでそうしようかどうか迷っている」という自然な発言を「私の脳の中隔―海馬の報酬システムが系統発生的により古い脳室周辺の回避システムと、網膜から受容された物体の惨状に関する視覚的情報の意味をめぐって現在闘争中である」という物理主義的表現に置き換えたら、かえって意味が通じなくなる。これは極端な喩えであるが、日常感じる自分の心理状態は、生理学的用語で表現するよりも心的用語で表現した方がはるかに分かりやすいものである。物理主義者といえども、彼の日常生活は心的用語に満ちている。例えば、ポールとパトリシアが心脳問題を論じるときは、神経生物学やコンピュータ認知科学の用語が頻出するであろうが、激論の後でワインを飲みながら次の休暇をどう過ごそうかと談話しているときには、彼らが嫌うフォークサイコロジー的表現が頻出せざるをえないのである。

筆者は、なぜこのような虚を衝く喩え話をするのか。それは、「心」という概念が一筋縄ではいかない多義的なものなのに、それに無頓着なまま心と身体の関係を考えようとするので、心身問題がアポリア化したり、不毛な疑似問題として廃棄されたりする、ということに注意を促したいからである。ちなみに哲学的心身問題の隠れた成立根拠は、心という概念が一筋縄ではいかないことにある。

まず自己の心と他者の心は、同じ心という文字を使っているけれども意味が違う。もちろん重なる部分が多いけれども、主観的に自覚される心の側面と外部から客観的に観察される心の側面は、やはり区別されるべきなのである。なお重なる部分というのは、間主観性（相互主観性）の観点から捉えられるもので、自己と他者の心的相互反映から生じる。実験心理学や認知神経科学は基本的に、心の個別性を捨象した客観的性質を生理学的相関項と関連させて研究する。それに対して哲学では、個別性と主体性という心の側面が顧慮され、客観化や法則化では捉えきれない心的事実が問題となる。これは、独仏の現象学的哲学における他者論と英米の心の哲学における他者の心の問題双方に見られる傾向である。しかし個別性と主体性（ないし主観的パースペクティヴ）という心の側面は、身体の客観的生理過程と関係づけにくい。そこで心身相関の事実を無視した心身問題が生じ、それが意識の神秘化や純粋現象論を引き起こすことになるのである。

さて、ここで「心身相関の事実」ということに着目してみよう。これは周知のようにエリザベト王女がデカルト先生に呈した疑念であり、デカルトはその疑念を斟酌して、自らのかたくなな二元論の考え方を若干改めたのである。エリザベト王女の疑念は、女性的な情感から来るものと言えるが、極めて自然主義的な（というより自然な）ものでもある。つまりその疑念は、心と身体は分離された独立の実体ではなく、心には物質性があるし、身体にも精神性があり、両者は相互浸透しているのではないのか、という日常的実感から発したものなのである。ところで、この「実感」という何気ない表現にも注意が必要である。実感は体感と強く結び付いており、それゆえ純粋な心理的概念ではなく、心身にまたがる両義性をもっている。心身合一の実感は「生命感情」とも呼ばれる。生命感情とは、有機体の生命リズムないしサーカディアンリズムによって調律された、体調として感じられる気分のことである。例えば、よく晴れた秋の日の朝目覚めたときの、みずみずしく、躍動感に満ちた、あの感じ。あるいは桜が咲く頃の夕暮れから夜にかけての、朧気(おぼろげ)な、妙に落ち着いた鎮静的気分。これらは自然界の時間周期と生命体の時間周期の合奏が引き起こす、心身合一的な気分である。この生命感情においては、心的なもの（精神的なもの）は内的自然として実感されており、物質的生理過程から分離されて感得されていない。また、身体も物質機械にように客観化されて感得されておらず、心的生命に満ちたものとして実感されている。こうした事態は、主客合一性とともに、自己の内面と外的自然環境が相互浸透的であることを言い表している。またこの場合、自己の内面とは、心的側面と物的（生理的）側面の両方を含んでいる。この心身合一的な内的自然が、外的自然と相互浸透的に共鳴することによって生命感情が生起するのである。ちなみに、この相互浸透は決して理論的抽象の産物ではなく、それゆえ具体的に指し示すことができる。例えば、秋の日の朝のみずみずしい気分は、呼吸器と皮膚と網膜から流入する外界の空気や太陽光線や情景によって引き起こされる。そして有機体の内的環境は、それらを受容するためのシステム編成を生体リズムに従って行っている。こうして、秋の日の朝のみずみずしい気分（生命感情）は、外的自然環境の諸要素と内的自然環境のシステム編成の呼応であり、具体化して理解可能な相互浸透なのである。

しかし反省的思考は、すぐにこの自然な心身合一の体感的把握を打ち砕き、主観と客観あるいは心と身体の二元分割へと誘う。しかも、この二元分割は必ずしも間違ったものではなく、いわば必要悪の一種であるということが、心身問題成立の基盤となるから面白いのである。しかしこうした事情を見誤ると、心身問題が不毛だとか疑似問題だとかいう浅はかな見識が生じる。つまり、この節の冒頭で指摘した、「心身問題は本来一つであるはずの心と身体を恣意的に分離する」という表層的批判がしゃしゃり出てくるのである。心身問題を的確に設定し、実り豊かな結論に至るためには、心身合一の自然的事実と理論構成の際の便宜的二元分割との間の緊張関係を十分顧慮し、融通の利く柔軟な姿勢をもたなければならない。しかし、最近の心脳問題は心を頭部に限定する傾向が強いので、再び主観と客観ないし意識と物質的脳の間のギャップがクローズアップされる破目になった。我々はそれをどう解釈し、それにどう対処すべきなのか。

2　心脳問題の先鋭化

心脳問題は、もともと心身問題の一部をなしていたものだが、最近最も重要な部門として先鋭化された。この先鋭化には、脳科学とコンピュータ認知科学の急速な進歩が強く関与している。また英米の分析哲学系の心の哲学が、前世紀の中頃から「思考は脳の過程に他ならないのか」という議論を中核に据えたことも、それを助長した。

脳は長い間、ブラックボックスのように取り扱われ、神経生理学者たちは脳を意識と認知の機能面から研究することを避け、もっぱらその解剖学的構造や生理・生化学的活動の面から研究してきた。つまり脳の客観的性質のみが探究されてきたのである。ところがＰＥＴや機能ＭＲＩやＭＥＧ（脳磁図計測装置）などの、リアルタイムの機能画像化技術が登場し、脳の主体的活動の研究の途が開かれ始めた。これにコンピュータ認知科学の研究成果が加わり、ついに意識科学が台頭することになった。そして、この流れにあわせるように、英米の心の哲学は認知神経哲学となったのである。これによって「思考は脳の過程に他ならないのか」という議論は、いよいよ実証性を帯びたものとなったが、意見の分裂は第Ｉ部で確認したように相変わらずである。心の哲学から神経哲学に至る心脳問題の系譜は、心を頭部に限定し、身体全体と環境の相互作用や体感と密接に関係した情感をほとんど無視してきた。ライルに代表される、パズルめいた言語分析の手法もこの傾向を助長した。またこの系譜においては、精神分析は蔑視され、発達心理学も軽視される。そもそも臨床的視点に乏しいのである。実存的自己の問題などもってのほかである。確かにウィトゲンシュタインはそれを重視したが、理論的研究の埒外に置いた。

つまり心脳問題は基本的に、前述の自然的心身合一から理解される「心と身体のなだらかな連続性」に疎いのである。この連続性理解によれば、心は身体化（身体に有機統合）され、物質性を帯びたものとしても理解される。そして脳に局在化されない。本来脳に局在化されえないものを、あたかも局在化されたかのように前提して議論するから、主観的パースペクティヴと客観的な物理特性の間のギャップの問題がクローズアップされ、還元主義と現象論の対立が激化したりする。心脳問題で重視される意識や認知は、心の全容をカバーするためには役不足である。

それでは、最近の心脳問題は、従来の心身関係論の成果を無視した、頭デッカチの空論に終始しているのかというと、そうでもない。そもそも「頭デッカチ」という揶揄的表現は、ルサンチマン的で、真摯なものではない。まさか、時代の最先端にあるものが、過去の遺産に及ばない、などということはないのである。むしろ現象学的身体論やアフォーダンス理論によって、主観と客観の統一ならびに心身の統合が完遂され、それゆえ心身問題は解決ずみである、と嘯く者たちの方に用心しなければならない。心身問題は解決ずみであるどころか、心脳問題によって深化され、新たな局面に立たされているのである。そして主観と客観の対立も決して解決されておらず、新たな観点から再考されるよう促されている。心脳問題の中核をなす自我とクオリアは、まさにこの新たな観点を鮮烈に示唆する現象である。そこで次にその意味を考察することにしよう。

3　自我とクオリア

自我とクオリアの関係は、ニワトリとタマゴのそれに似ている。どちらが先かという議論は尽きないが、関係項同士の相補性は極めて強く、片方が欠けると意味を成さない。つまり自我あってのクオリアであり、クオリアあっての自我なのである。ただし、ニワトリとタマゴが具象的な有機物質であるのに対して、自我とクオリアは抽象的な概念である。それゆえ両者の関係を考えることは難しい。しかし、この関係を考察することは、主観と客観の関係を新しい角度から照明し、心脳問題の解決に少なからず寄与するであろう。とはいえ両者の関係を直接、考察の対象にするのは困難なのだから、とりあえず個別的考察から始める方が得策であろう。

まず自我について。自我とは私（I, ich）のことである。それはまた自己（self, Selbst）とも呼ばれる。一般に私としての自我は、個別的主観のパースペクティヴから捉えられるものとみなされている。しかし、それは客観的ないし準客観的観点からも捉えられる。心理学に慣れ親しんだことのある人なら、誰でもこのことを認めるであろう。発達心理学や社会心理学や精神分析学、あるいは哲学的現象学における間主観性（相互主観性）の観点は、一人称的自我と三人称的他我の相互反映的成立の過程を示唆している。つまり、「私は私である」というセルフ・アイデンティティの自覚は、「あの人も私と同じような自分をもっているのだ」という共鳴的認識、ならびに「彼はやはり、私とは違う彼自身なのだ」という離反的認識、あるいは両認識の交錯から生まれる。したがって私としての自我は、間主観性を経て準客観的に捉えられるのである。また私自身が自己の内部で、自分自身を客観化することもできる。いわゆる主我（I）と客我（me）の分裂である。例えば、中秋の夜にビルの屋上で月光を浴び、そよ風にさらされながら、最近の自分の不甲斐なさをしみじみと反省しているとき、その人の主我は客我を分析し評価しているのである。これは脳の神経システムが、自己参照しながら、生存（survival）のために履歴の更新とシステムの再編成をしようとしている、というふうに神経物理主義的に表現することもできる事態である。つまり主我による客我の監視は物理的事実でもあるのだ。ちなみに最近、脳内にミラーニューロンというものが発見され、他者認知の神経相関項として注目されている。そのニューロン群は、大脳の腹側運動前野に存在し、他者認知とともに自己の身体像の認知に関与するものと推測されている。(1) 発達心理学において自己意識の芽生えが、他者との交流から反照する自己の身体像ないし身体図式の形成と深く関与することが、ずっと前から指摘されてきたことを顧慮すると、その発見はいよいよ興味深い。しかし、それはサルを使った実験を中心に得られたデータに基づくものであり、ヒトにおける神経心理学的確認は十分なされていないし、ましてや現象論的次元にリンクさせるには程遠い。とはいえ、他者認知の神経相関項の発見は、脳と自我の関係を探究する際の貴重な補助線となるはずである。

ところで脳と自我の関係を考える際に必ず障壁となるのは、いわゆるホムンクルスのアポリアである。心理学や現象学における現象論的説明のレベルでは、自我や自己が机や木のような空間内の一定の場所を占める物塊であるかどうかは、ほとんど問題にならない。しかし自我を脳の神経システムの中に位置づけようとすると、たちまち自我の物質的理解が要求され始め、脳内の自我の位置の特定や神経システム全体の統制者としての自我の把握が問題となる。ところが自我は、パソコンのCPU（中央演算処理装置）のような特定の装置ではないし、ましてや脳内で演ぜられる映画を鑑賞する小人（ホムンクルス）に喩えられるものではない。例えば、前頭連合野や海馬は自我機能に最も関係の深い脳部位とされているが、それらが自我であると断言されることはない。なぜなら自我は、心と同様にモノではなくてプロセス的なコトだからである。ホムンクルスのアポリアは、脳内情報処理の集約点を無限後退的に、あくまでモノとして考えようとしたから生じたのである。ポールのような還元主義者やデネットのような機能主義者は、脳内の鑑賞者としての自我の存在を否定したが、それは裏を返せば、ホムンクルス的観念と物在的存在了解に囚われ、システム論的な事在的存在了解に思いも及ばなかったがゆえである、と言える。(2) また哲学的基礎考察に疎い脳科学者が、前頭前野や海馬が自我の位置だとするのもナイーヴすぎる。我々は、やはりジェームズにならって自我をモノではなくプロセスと考えるべきなのである。そして、心は脳と身体と環境が一体となって作動する一大システムである、とする理解から出発すべきである。ただし、このことについては後で詳論することにしよう。

次にクオリアについて。クオリアは最近流行し始めた概念である。この概念ないし現象に特に興味をもつのは、心の哲学を専攻する者と心脳問題に関心のある一部の科学者である。しかしそれらの人々の間でも、クオリアについての評価は大きく分かれる。つまり、クオリアこそ心と意識の中核を担う現象だと考える者の意見と、それを瑣末で非本質的な随伴現象とみなし、消去しようとする者の意見が対立しているのである。このように、専門家筋では論争が絶えない。では、クオリアは専門家にのみ理解できる概念なのかというと、そのようなことはない。実は、クオリアは日常生活の中に満ち溢れている。ただ、それがそれとして認知されていないだけなのである。それゆえ、クオリアについての説明を初めて聞いた人は、「クオリアという言葉でこれほど色々な事を説明し、議論できるのか」と驚嘆する。ただしそれはクオリア論において、通常結び付けられて考えられていない主観的意識の現象的質感と物理的脳の関係があえて問題とされているからである。これは、高校の科目で言えば、現代国語や美術と物理の関係を問うようなものである。

ところで我々は日常生活において経験の主体と経験の対象の区別をすることなく感覚経験を営んでいる。つまり主観と客観の区別に無頓着なままに諸々の感覚質を享受しているのである。例えば紅葉を前景に、うっすらと冠雪した富士山を缶ビール片手に眺めている状態を思い浮かべて欲しい。我々の意識は、大自然の麗しい情景に溶け込んでしまっている。その際には、クオリアにドップリと身を浸してしまっており、主観の享受する感覚質とそれを引き起こす自然の情景の区別は消え去っている。ましてや経験の物理的基盤たる脳の機能は一瞥もされない。ところがクオリア論では、意識の主観的特質と感覚対象と脳の関係が問題となる。そして、この三者は「経験」という概念に収束される形で考察されるのが望ましい。このことに気づいていたのは、クオリア論の勇チャルマーズである。彼は次のように述べている。

意識の真に難しい問題は経験の問題である。我々が思考し知覚するときには一連の情報処理過程が伴うが、そこには主観的相もある。ネーゲルが表現したように、意識的有機体であると言えるような何かが存在するのである。この主観的相が経験である。例えば我々は、見る際には視覚的感覚を経験する。つまり、赤さの感受された質や明暗の経験や視野における深さの質を経験する。他の諸経験は異なった様相の知覚とともに進行する。例えばクラリネットの音や殺虫剤の臭い、あるいは痛みからオーガスムに至る身体感覚とか。また内的に想像して表象される心的イメージもあるし、感情の感得された質や意識的思考の流れの経験も存在する。これらの状態すべてを一つに結合するのは、それらの状態のうちにあると言えるような何ものかが存在する、ということである（What unites all of these states is that there is something it is like to be in them.）。それらすべてが経験の状態なのである。(3)

経験はその主体と対象からなっている。対象は様々な様相を呈し、現れては消え、消えては現れる。それゆえ同一にとどまることはない。それに対して、経験の主体は過去を把持し未来を予持しつつ現前する対象に関わるがゆえに、経時的自己同一性を保つ。この自己同一性を疑う者は、主体も対象化して、その所在を見出せなくなっているのである。換言すれば、主体のコト的能作存在態が理解できず、対象と同レベルの物象的存在態へとそれを平板化しているのである。また経験を機能と捉えても事態は改善しない。主観的意識の現象的質感と強く結び付いた経験への問いは、機能の遂行についての問いを超えているからである。かといって経験の主体は実体ではないし、それのもつ現象的意識はリカーシヴな自己意識を超えた次元を示唆している。それゆえチャルマーズは経験の主体を略して「経験」と呼ぶのである。そして、この経験はクオリアに彩られている。さらに彼は、このクオリアに満ちた経験が、脳やコンピュータのような物理的認知システムからどのように創発するかについての、厳格な精神物理的説明原理を求める。この点で、彼は超越論的哲学と袂を分かつ。超越論的哲学の側から見れば、彼は対象化できないものと対象化可能なものの接点を探求していることになる。しかし彼の言う経験は、対象化可能なものと対象化不能なものの区別に先立つ次元を示唆している。それは言うまでもなく「情報」である。しかも、物理的相と現象的相の両相を呈する、形而上学的に理解された情報である。

脳の中を流れる電気化学的情報は、外部世界の諸事物の織り成す情報構造（意味連関）を圧縮し、暗号化したもので、後者と抽象的な因果パターンを共有している。それゆえ形而上学的情報を基底に据えれば、対象化可能なものと対象化不能なものの対立はある程度乗り越えられる。また認知システムとしての脳が、様々な感覚経験を統合し、その現象的質を感得しうるのは、それが驚異的なメモリの容量をもとに自己参照の機能を最大限に働かせうるからである。しかし、こう言ってもまだ足りない感じがする。なぜなら、それは機能主義レベルの説明だからである。機能主義では、クオリアという鮮烈な質感は説明できない。統合の説明は自我の理解に導くが、機能主義や還元主義でなされる自我の説明は、クオリアを無視したものがほとんどで、客観化され骨抜きにされた自我概念を提示するのみの空虚なものである。そこで現象論のお出ましということになるのだが、せっかく得られた神経生物学と認知情報科学のデータを台無しにして、超越論化した自我とクオリアの説明を展開されてはかなわない。そこで、自然主義的な観点からする自我とクオリアの説明の洗練が求められることになる。そしてそれを可能とするのは、チャルマーズが重視していない生命や身体性や社会的次元についての熟考であるように思われる。この三要素を顧慮することによって自我とクオリアの関係がより鮮明になり、両概念のより深い理解が可能になるのではなかろうか。そして、その三要素を顧慮するということは、心脳問題と心身関係論（心身問題）の循環的関係を理解し、後者の光の下で前者の意味を再考することにつながるのである。

4　心身関係論と心脳問題の循環的関係

三月の下旬から四月の初めにかけて、東京では桜が満開となる。爛漫と咲き乱れる桜は確かに美しい。筆者の自宅近くの石神井川沿いに何キロも続く桜並木が一斉に開花する様は、心を浄化し、生命感情を高揚させる。満開の桜が喚起するクオリアは、心身両面に染み渡り、主観の生体リズムと自然界の時間周期の共鳴を引き起こす。「ああ、また春が来た。俺は生きている。いつまでもいつまでも、この気分を味わっていたい」と。しかし主観の心身的コンディションが悪いと、クオリアも変質する。例えば梶井基次郎は次のように書いている。

桜の樹の下には屍体が埋まっている！

これは信じていいことなんだよ。何故って、桜の花があんなにも見事に咲くなんて信じられないことじゃないか。俺はあの美しさが信じられないので、この二三日不安だった。しかしいま、やっとわかるときが来た。桜の樹の下には屍体が埋まっている。これは信じていいことだ。(4)

これは梶井が二七歳の冬に発表した短編の冒頭の文章である。彼は三一歳のとき肺結核で死んだが、この作品を発表した頃、既に病魔は彼の心身を蝕んでいたのである。その彼が感得したクオリアは「屍体から栄養を吸い取ることによって成り立つ桜の美しさ」であった。ちなみに彼は、死の一〇日ほど前の日記に「狂人ノヨウニ苦シム」と記しているが、二七歳のときの短編は病苦のクオリアを自然との合一感へと昇華させている。しかも漱石のように則天去私の理想などにへつらわないところが潔い。

梶井の例にも表れているように、クオリアは主観の心身的状態に深く影響される。そしてこの「心身的状態」は、「心と身体のなだらかな連続性」と関係している。それゆえクオリアをもっぱら脳の機能と関係づけて論じる心脳問題の設定者は、視野が狭いということになる。例えば梶井の「桜―屍体」クオリアには、肺の病巣と全身の衰弱という身体要因が深く食い込んでいる。それは脳だけによって生み出されたのではなく、脳と身体全体の相互作用の結果、初めて生じたのである。

また梶井のクオリアには、彼の生活歴（生の履歴）が深く関与している。そして生の履歴は自我と密接に関係している。したがってクオリアと自我は生の履歴を介して結び付けられるのである。さらに生の履歴は心と身体の両面からなっており、それを脳のメモリ機能に限定するのは狭量すぎる。しかるに心脳問題では、「なぜ物理的な脳に非物理的なクオリアが宿るのか」とか「クオリアこそ物質的脳と非物質的心の深いギャップを示唆するものだ」ということばかりが論じられる。この点では、身体性や生命の問題とリンクしやすい「自我」の方が、心脳問題の狭い視野を心身関係論（心身問題）に向けて広げる可能性をもつ、と言える。実際、クオリアが最近注目され始めた現象であるのに対して、自我は数千年間東洋と西洋で論じられてきた逸品である。心身関係論諸分野を見渡しても、クオリアより自我の方が、共通話題となりやすい普遍性を有していることが分かる。例えば、発達心理学や臨床心理学ではクオリアはほとんど問題とならない。また精神医学や心身医学においてもそうである。脳科学の分野でも、クオリアに注目する者は限られている。クオリアを疎んじている脳科学者は、「それはたいてい哲学者の誇大表現によって、あたかも最重要であるかのように宣伝されているにすぎない」と一蹴する。しかし自我はそうではない。自我は脳科学が解明すべき最高のテーマであり、高次脳機能の探究のための道標であることが広く認められている。しかしクオリアを欠いた自我は、機能的平板化に流れやすく、やはり空虚である。要は、クオリアを身体性や生命から切り離さずに、自我と脳の関係の議論に取り入れることであろう。それは同時に心脳問題を心身関係論に対して開放的なものにすることを意味する。また翻って、心身関係論は前衛的な心脳問題によって新たに生気づけられなければならない。旧態依然の心身問題では、それこそ不毛であるとの野次は絶えないであろう。
　要するに、心身関係論と心脳問題は循環の関係にあるのだ。しかも肝要なのは、この循環の外に避難することではなく、循環の中に正しく入っていくことである。そして部分の理解と全体の理解は相補的関係にある。この解釈学的循環の黄金律は、実は脳のシステム論的理解に大きく寄与する[5]と同時に、心を脳と身体と環境が一体となって作動する一大システムとして捉える際にも大変役立つのである。ただし、このことについては第Ⅲ部以降で詳しく論じることにして、とりあえず次章では、視覚の問題に焦点を当てて心脳問題の意味を考えることにしよう。

注

（1）村田哲「ミラーニューロンとボディイメージ」、茂木健一郎編『脳の謎に挑む―ブレイクスルーへの胎動』（臨時別冊・数理科学SGCライブラリ24）サイエンス社、二〇〇三年を参照。
（2）例えば、デネットは多重人格障害や分離脳やシャム双生児の例をもとに、一つの身体（脳）に一つの自己という信念を廃棄しようとしている（D. C. Dennett, *Consciousness Explained*, pp.419ff.）が、それも自己に関するコト的でシステム論的な理解に達していないことの証である。多重人格障害において、異なった自己がそれぞれの自伝をもつ個別的人格として、同一の有機体の内部に現れることは、決して自己ないし自我を「物語的重力の中心」に格下げすることにつながらない。それぞれの異なった自己は、同一にとどまる有機体の認知機能や身体運動をそれぞれの仕方で「統制」している、とみなされるからである。また分離脳の患者における左脳自己と右脳自己の分裂に関しても同様のことが言える。左脳自己は、ぎこちないながらも統制機能は果たしているし、右脳自己もそうである。問題は、自己の数が数えられるかどうか、換言すれば自己は実体であるかどうか、ではない。自己がコトとしてシステム論的統制機能を果たしているかどうか、なのである。したがって、もし機能主義を有益なものにしたいなら、システム論との対話は不可避だし、クオリアの問題も再考しなければならないであろう。ちなみに多重人格障害や神経学的症状の治療のためには、そうした要素への配慮が不可欠である。
（3）D. J. Chalmers, Facing up to the Problem of Consciousness

（4）梶井基次郎「桜の樹の下には」、『檸檬・ある心の風景』旺文社文庫、一九七七年

（5）清水博『生命と場所——意味を創出する関係科学』NTT出版、一九九二年を参照。

第8章　視覚の神経哲学

はじめに

視覚はあらゆる感覚・知覚現象の中で最も鮮烈で内容豊かなものであり、かつ客観的分析の対象となりやすい。それゆえ心理学と認知神経科学は、人間の感覚・知覚機能を探究する際に、何はさておいて視覚に目を向けるのである。また哲学においてもバークリやメルロ＝ポンティという先駆者から最近の神経哲学に至るまで、視覚は貴重な話題を提供するものとして偏愛されてきた。

視覚は、嗅覚や触覚や味覚や聴覚に比べると、具象化して客観的データに置換しやすい。他の感覚が言葉によるぎこちない再現によってしか表現できないのに対して、視覚は、言葉による表現の他に、描画したり、自分が見た光景の写真を援用したりして再現することが可能である。また視覚は意識と親密な関係をもっている。意識の最も低い層に位置する覚醒（arousal）は、睡眠状態に対置されるものであり、「目が覚めている状態」を意味する。つまり意識は、その低層において既に視覚と密着しているのである。また意識の中核に位置する注意と志向性は、より高い層に属す現象であるが、これらも視覚と密接な関係をもっている。このように視覚は、人間の意識の低層から高層に至るまで、それに寄り添い、中核的な機能の一翼を担っているのである。

先述のように意識は、認知心理学的には覚醒、気づき、自己意識という三層から成るが、神経哲学的には自己意識の上にさらに現象的意識が想定される。そして、この現象的意識はクオリアを感得するものである。クオリアは諸々の感覚の質であるが、神経哲学ではとりわけ視覚的感覚の質が注目される。それは色彩という奥深い現象が関与しているからである。クオリアに関する議論やクオリアの概念の説明は、必ずと言ってよいほど、鮮烈な色彩の感覚質の話から切り出される。例えば、新鮮なトマトのみずみずしい赤さ、深い紫色の質感、淡いピンクのイメージとか。こうした色彩の視覚的クオリアは、現象的意識とどのように関係するのか。そして現象的意識は自己意識とどのような関係をもつのか。神経哲学では、このようにして心脳問題を論じ始めることが多い。

ところで「視覚」とは、文字通り「視ていることの自覚（的感覚）」を意味する。つまり視覚はすぐれて主観的な現象である。換言すれば主観性の本質を示唆する現象である。またそうしたものとして、現象的意識の核となる現象でもある。それと同時に客観的な実験心理学や認知神経科学の対象にもなりやすい。それゆえ視覚は、主観性と客観性、あるいは現象論と還元主義のはざまを指し示しつつ、それらの対立の相克を示唆する可能性を秘めた、貴重な現象なのである。我々は以上の点を顧慮して、以下視覚の神経哲学の一試論を開陳しようと思う。

1　「見ること」と主観性

我々は覚醒している間のほとんどを「見る」ことに費やしている。また睡眠中も、しばしば夢を「見ている」。覚醒しているときの視覚と睡眠中に夢を見ている際の視覚。この二つはどのように区別されるべきなのか。

覚醒しているときの視覚は、おおむね自覚的で（a）、他の諸感覚と連動し（b）、身体の物理的な実際の運動から切り離されず（c）、環境世界と有機的関係をもち（d）、自己の生活来歴に裏打ちされた整合性を帯びている（e）。それに対して睡眠中の視覚は、aとbは希薄な形で保たれているが、cは全く欠如し、それに連結する形でdとeは大きく損なわれている。ところが夢を見ている際の視覚的クオリアは、覚醒時のそれよりも鮮烈なことがある。おそらく抑圧された意識ないし欲望がcdeの呪縛から解放され、炸裂したためであろう。

ヒトの睡眠は、生理学的に見るとレム睡眠とノンレム睡眠からなり、夢を見るのはレム睡眠のときである。レムというのは、急速眼球運動（Rapid Eye Movement の頭文字 REM）のことである。つまりレム睡眠中には、閉じた瞼の下で眼球がきょろきょろ動いており、体はぐったりしているにもかかわらず、脳は覚醒に近い状態にあるのだ。そこで厳密に言うと、夢を見ている際の視覚は、身体の運動を欠いた、半覚醒の状態のものだということになる。

周知のようにフロイトは、夢を抑圧された意識の変則的満足とみなし、夢の内容の象徴的意味を分析することによって無意識ないし深層心理を解明しようとした。つまり意識と無意識の間には、夢を介してなだらかな連続性が存在するのだ。また意識は覚醒と睡眠の間を往還する現象だと言うこともできる。しかし神経哲学的には、このような規定では甘すぎる。神経哲学は、我々各人が「見ている」という自覚の現象的質感に着目して、視覚的意識と主観性の関係を析出しなければならないのである。それは同時に、現象的意識の頂点に位置する「経験のミステリー」を顧慮して、視覚的クオリアの意味を解明することを意味する。しかし神経哲学は現象論に終始するものではなく、主観性の神経相関項の探求も重視する。そしてこの探求は、脳内の認知モジュールの連合と情報の束ねという「結合問題（binding problem）」の解明を中核とする。結合問題の解明は果たして、意識の主観的特質の説明に導くだろうか。クリックに代表される還元主義者はおおむね、それが成功するという楽観的な予感をもって研究を進めている。またデネットのような機能主義者は、主観性を機能的連関の中に解体しようとする。しかし我々は、チャルマーズにならって、あくまで主観性のハードルを高い位置に設定しようと思う。そこで視覚の心脳問題を論じる前に、「見ること」と主観性の関係を再確認しておくことにしよう。

ゾンビの目は死んでいる。視線に心がこもっていない。機械的に体を動かしているけれども、注意と志向性という意識の中核的機能の兆候が覗われない。彼らの動きから感じられるのは、殺戮への盲目的意志のみである。そこで「ゾンビであるとはどのようなことか」をいう問いは、「コウモリであるとはどのようなことか」という問い以上に難しいものとなる。あるいは難しさの質が違ってくる。コウモリは反響定位法によって対象を認知する。つまり視覚の機能を聴覚によって代替している。こうした認知特性の異質性が人間の想像に及ばないだけである。ところがゾンビは、人間のレプリカであり、同等の感覚と知覚と認知の機能を備えている。にもかかわらず彼らは「意識」を欠いている。厳密に言えば、現象的意識の主観的特質を欠いている。それゆえ意識なき認知とは何か、またそれはどういう質感をもっているのか、その状態になるとどういう感じなのか、こうしたことが見当もつかないのである。

ただし人間でもゾンビに似た状態になることはある。例えば放心状態のときの眼差しには、注意と志向性の兆候が現れていない。それゆえ放心状態の人は一見、意識を欠いているように見える。そして放心状態は、誰もが経験することである。ところで放心状態の人を外部から客観的に見ている際と、自分が放心状態になって、後でそのことに気づく場合では、その状態に対する印象は若干異なったものとなる。しかし日常我々はその両方を経験しているので、その状態の理解に関する客観的観点と主観的観点の間を容易に往還することができる。したがって、放心状態に対する異質感は生じない。ところがゾンビの主観的観点を経験することはできない。というよりは、そもそも「主観的視点」とクオリアを欠いていることがゾンビの特徴なので、我々は彼らの立場に身を移したり、感情移入したりすることができないのである。ゾンビが神経哲学上のアイドルとなったのは、こうした事情による。つまり人間と同じ神経生物学的組成と認知機能の抽象的因果パターンをもつものが、意識と主観性を欠き、クオリアを全く感得できないとしたら、意識の本質は神経生物学と認知科学の守備範囲を超えており、それゆえ心脳問題に対する神経哲学的熟考を必要とするはずである。このことをゾンビ問題は示唆しているのである。

しかし、そのように考えるのはほとんど現象論とミステリアニズムの人たちであって、還元主義や機能主義の人たちはゾンビ問題の虚構性を指摘し、意識の本質の解明には神経生物学と認知科学、ないしそれらの融合で十分間に合う、と主張する。そして、この主張は「見ること」と主観性の問題にも適用される。例えばデネットは、盲視（blindsight）の事例を取り上げて、主観的意識（自覚）を欠く視覚があることを強調し、「見ること」が機能的なものにすぎないことを証明しようとする。[1] またポールは、シリコン網膜とベクトルコード化的情報処理を行う回帰ネットワークによるシミュレーションをもって、視覚の神経物理主義的モデルとみなし、「見ること」の還元主義的説明の可能性を示唆している。[2] 彼らのアプローチはすべて客観主義の観点からなされており、主観性の観点を最初から排除してしまっている。これは彼らの思考上の癖なのであり、探究の積み重ねから得られた結論ではない。つまり主観性の排除という彼らの姿勢は、熟慮した上での結論というよりは、反省されざる前提なのである。そしてこの前提が探究の方向を固定化してしまう。

もちろん視覚の神経生物学的研究と認知科学的研究は極めて重要である。しかしクオリアに満ちた「見ること」の奥深さを顧慮しなければ、視覚と意識の関係を十分捉えることはできない。クリックは、意識の神経生物学的解明の手がかりを視覚的気づき（アウェアネス）の脳内機構に求めたが、その際彼は主観性やクオリアの問題をとりあえず無視する方が得策だと判断した。確かに主観性やクオリアの問題は抽象度が高く、神経基盤や機能的因果連関に基づけにくいから、還元主義的研究プログラムにとっては邪魔者となる。しかしブンゲが提唱するような創発主義的マテリアリズムの観点を採れば、視覚の神経生物学的研究と主観性やクオリアの問題を和解させることができる。視覚の神経生物学的研究と認知科学的研究は、脳の創発特性としての主観性やクオリアを顧慮することによって深められ、より精緻なものとなるのである。後者を無視した前者は空虚であり、奥行きを欠き、皮肉にも脳の最高次の機能に到達しないのである。とはいえ前者を無視した後者の現象論は駄弁に流れやすい。要は、創発主義的マテリアリズムの原則に沿って、物理的基盤と機能連関と心的創発特性の三者間の緊張関係に常に配慮することであろう。

かつて人工知能の研究には意識や主観性や身体性への配慮は要らないと言われていたが、近年それらを無視できないことが共通の了解事項となった。視覚の問題もまた然りである。視覚と意識の関係の認知神経科学的研究の基礎を考察する、視覚の神経哲学は、「見ること」と主観性の関係を熟考することによって前者に寄与するのである。

「見ること」は単なる受動的な過程ではない。それは注意と志向性によって制御された、能動的な活動である。人間の視覚機能の受動的側面を機械によって再現したのが、カメラである。しかしカメラは、視覚的クオリアに満ちた人間（とりわけプロのカメラマン）によって操作される、受動的な受像装置にすぎない。つまりカメラは、注意と志向性とクオリア感受性をもって対象を「見ている」わけではないのである。換言すれば、カメラの対象受像には、意識が伴わない。意識はカメラマンの側にある。そしてカメラマンは、身体をもった有機体であり、生活の来歴をもち、自然的ならびに社会的環境に対する鋭敏な感性をもっている。これらすべてが統合されて、カメラマンの視覚的クオリアと主観的意識の現象的質を形成しているのである。武骨な職人肌のカメラマンは、あまり抽象的な哲学議論を好まないであろうが、彼らは対象に対する研ぎ澄まされた感性をもっている。そしてそれは、机上の理論的考察から生まれたのではなく、失敗と成功の繰り返しであった撮影の履歴を通して、あるいはそうした訓練を通して得られた、撮影対象との相互作用的一体感なのである。換言すれば、カメラマンの視覚的クオリアと現象的意識は、彼の脳内に閉じ込められたものではなく、身体と環境世界へと浸透してしまっているのである。このように脳（の視覚システム）と身体と環境世界が一体となった、カメラマンの世界内存在こそが彼の意識の全容なのである。それゆえ彼の主観性は、通常考えられているように、彼の脳ないし内面に幽閉されているわけではない。「見ること」と主観性の関係はこのように捉え直されなければならない。

このように捉えられた主観性は、脳内のホムンクルスからは程遠い、開放的なものである。そして開放的であるがゆえに、自然的ならびに社会的環境との豊かな相互作用を営むことができる。しかし、それはあくまで「私である」という自覚クオリアを核としている。ただし、それも純粋に精神的なものではなく、内的自然と呼ぶべきものであり、それゆえに我々は自然との合一感を享受できるのである。また、このことは意識と無意識のなだらかな連続性ということに関わってくる。主観的意識の現象的質感は、一見無意識から全く切り離されたものに思われるが、内的自然の出来事として、両者の間にはなだらかな連続性がある。「私である」という自覚クオリアに裏打ちされた主観性は、常にこの無意識とのなだらかな連続性を顧慮して捉えられなければならない。さもないと主観性の現象論と客観主義の還元主義・機能主義の対立は、いつまでも調停されえないであろう。

我々は深い意味での自然主義的意識理解を模索している。そのためには不自然な意識解釈の陥穽を暴露しなければならない。そこで次にデネットの気になる発言を取り上げることにしよう。

2　デネットの気になる発言

デネットは『解明される意識』の第5章「多元草稿　対　カルテジアン劇場」の末尾で次のように述べている。少し長くなるが、全文引用しよう。

何マイルもドライブしたのに、話に夢中になったり（静かな孤独に浸ったり）していて、道路のことも、他の交通のことも、自分の運転のことも全く覚えていないという経験なら、あなたもきっとあるだろう。まるで誰か他人が運転していたのかと、思われるほどである。多くの理論家は、この現象を、「無意識的知覚と無意識的知性活動」の典型例だと考えてきた。しかし、あなたは、通り過ぎる車、交通信号、道路の曲がり角など一切を本当に意識していなかったのだろうか。他のことに気を取られていても、ドライブ中の色々な瞬間に、見たばかりのものに探りを入れていたら、何か報告できる細部を、少なくともスケッチ風になら、きっともっていたであろう。「無意識的ドライブ」現象というのは、速やかな記憶喪失を伴った変転する意識の一例だと考えると、分かりやすくなる。

あなたは、時計のカチカチという音を絶えず意識しているだろうか。急に音がしなくなると、あなたはそれに気づいて、今止まったのが何であるのかすぐ言うことができる。止まるまでは「気づいておらず」、止まらなかったら「気づきもしなかった」と思われる時計の音が、今ではっきり意識されているのである。もっと驚くべきケースがある。四、五回鳴った後でやっと気づいた時計のチャイムでも、体験記憶を振り返ることで、その数が数えられるという現象が、それである。それにしても、初め意識していなかったものを確かに聴いたのだと、一体どうしてそんなにはっきり思い出せるのだろう。この問題は、デカルト的モデルへの傾斜を無効なものにしてしまう。意識の流れには、個々の探りとは無縁な固定的事実など、何一つ存在しないからである。(3)

デネットはおそらくしたり顔で、こうした事例をデカルト的主観性の信者に突きつけたつもりなのであろう。ここに述べられていることは一見、筆者が直前に指摘した「意識と無意識のなだらかな連続性」と合致するように思われる。しかし筆者とデネットの考え方には大きな違いがある。そのことを以下説明しよう。

デネットが依拠しているのは、脳内の情報処理が多数の認知モジュールの並列分散的連合によってなされるがゆえに「中心の意味主体」を想定しえず、したがって人間の認知活動は基本的に無意識的だという事実である。しかし彼は「意識」の概念自体は廃棄しない。彼にとって意識とは、右の引用文にも表明されているように、無意識的認知活動（情報処理）の立てるさざなみとして、一種の随伴現象なのである。換言すれば、意識の流れには、その流れの内にありながら、流れ全体をモニターしている中枢点など存在しないのであり、流れが障害物に突き当たったり、カーブに差し掛かったりしたとき、流れの状態の変化を流れ自体が一瞬感得するような事態を、針小棒大に取り扱うのがデカルト的主観性の信者の常套手段なのだ、と彼は言いたいのである。しかしこうした主張は、意識と無意識のなだらかな自然的連続性を言い当てていない。むしろ意識と無意識が表裏一体であるという自然的事実を、意識の自覚的で情報集約的な側面を軽視して（というよりほとんど無視して）、両者の無差別へと歪曲してしまっている。この姿勢が、論理的行動主義経由の機能的客観主義とクオリア不感症に由来するのは言うまでもない。つまり、デネットの観点は、ドライブの例でも時計の場合でもそうであるように、常に事後的な客観性に取り憑かれているのである。そこには現在進行形のアクチュアリティを顧慮する姿勢がない。換言すれば、対象と一体となった主体の「意識生」というものへの配慮が欠けているのである。そして、この意識生はクオリアに満ちている。ちなみに、こうした説明が抽象的で説得力に欠けると思う人には、次のような事例考察が参考になると思う。

ある熟練のタクシー運転手が、自分では決して起こさないと自負していた接触事故を起こしてしまった。「俺はベテラン。それが事故の元」とはよく言ったものだが、彼の事故の原因は、実は初心を忘れた、無意識的運転技術の熟達だったのである。自動車教習所に通う免許未取得者や初心者マークを着けた新車に乗る未熟者は、細心の注意を払いつつ、ギクシャクした感じで運転する。運転中の彼らの意識は、注意過剰ないし過覚醒となっている。ところで、熟練のタクシー運転手（A）が、自分が原因で接触してしまった相手の車の運転手（B）は免許取得後一ケ月に満たなかった。この二人が、示談のために事故の状況を振り返っていたとき、話は意識と無意識の関係に及んだ。その際Bはおもむろに、「運転中に作動していた意識」（c）と「今こうして回顧している、そのときの意識」（c′）は果たして同じものであろうか、という問いを提出した。それに対してAは、「cとc′の区別にこだわる必要はない、両者はほぼ同一だ」と答えた。しかし、Bは言った。「僕は、運転中にはまだ気を遣いすぎるので、それ以外のときとの意識状態の差異に敏感なんです。だから僕の場合反省過剰で、c′は常に修正・加工されているような気がします」。それを聞いたAは呟いた。「俺にはその感じが分からないんだよなー」。ところが、示談の結果七〇万円支払ったAは、悔しい思いがいつまでも消えず、運転中に注意過剰になるようになり、Bの言葉の意味を、自分が初心者だった頃の感覚のフラッシュバックとともに、初めて理解したのであった。

我々は、意識的経験を重視することも軽視することもできる。チャルマーズが重視派の代表で、デネットが軽視派の代表なのは、言うまでもない。おそらくデネットが考えるように、我々の日常生活のほとんどは無意識的認知ないし非自覚的意識によって営まれているのであろう。したがって量的観点からすれば、チャルマーズの言うような現象的意識は、無意識的認知に到底及ばない。しかし質的見地からすると、現象的意識の面目は躍如となる。

ところで量という範疇が客観的なもので、質という範疇が主観性に属すことは、誰もが認めるであろう。それゆえ「量」と「質」は単純に比較できないし、どちらが重視されるべきか、も簡単には判定できない。ところがデネットは、一方的に量的客観性を重視する見地に身を置いてしまって、そのパースペクティヴですべてを括ってしまっているように思われる。時計のチャイムの認知の解釈にしても、そうである。その解釈は、やはり事後的―客観主義的であり、「鳴り始め」と「鳴っている最中」への視点を最初から排除してしまっている観を否めない。目覚まし時計の、けたたましい不快音の場合、これらの視点は無視できないし、それは我々の心的生活（ならびに生理活動）に根を張った、独特の質（クオリア）をもっている。こうしたものにも目を向け、主観性ないし現象的意識も重視しないと、意識の本質は理解できないはずである。とはいえ、デネット的観点も無視できない。それゆえ筆者は、彼の発言を「気になるもの」として、その解釈をあえてここに挿入したのである。要は、意識と無意識のなだらかな連続性のうちにある「主観性」の自然主義的理解を獲得することなのだ。そこで次に、再び視覚の問題に戻って、その可能性を模索することにしよう。

3　視覚的クオリアと脳内の出来事

今、筆者はパソコンのワードの画面に向かって、この文章を打ち込んでいる最中である。視野の左側（机の上）には、先ほど読み返した、チャルマーズの論文の訳稿、クリックの論文が載った雑誌、苧阪直行編『脳と意識』などがある。そして画面の右端ではアシスタントのイルカ君が、あくびをしている。今日は八月一三日。外は曇りで、この時期にしては涼しい。東京は一〇年ぶりの冷夏なのだ。イルカ君があくびをしているのは、筆が滞っているためである。『脳と意識』の黄色の表紙とイルカ君の青色は鮮やかなコントラストをなしているが、ワードの画面は白と黒とグレーを基調としており、無味乾燥である。筆者の視野は、現在ほとんどこの無味乾燥な画面によって占められているが、視野（注意）を左右にずらすと、黄色と青色が目に飛び込んでくる。それらの色彩クオリアは、含意情報を担っているがゆえに、思考を活性化し、筆を進めさせる。

パソコンのワードの画面を見ている際の「視覚クオリア」というのは、極めて貧相であるが、それでも以上のような意味内容によって構成されており、よく考えると侮れない。つまり、このように貧相な視覚クオリアでさえも、他の感覚や記憶や思考と連動し、さらに生活来歴や環境世界の状態との合奏の上に成り立っているのである。

ところで筆者は今、決して無意識状態でワードの画面を見ていない。そもそも無意識状態では、哲学のような高度の思考を要求する分野の文章を入力することなどできないのである。現に筆者は、キーボードをたたきつつ入力しているが、それには注意の集中と思考の集中の連動が要求される。したがってそれは、デネットの言う無意識的知覚や無意識的知性活動ではありえない。このような点に注目すると、貧相に思われた件の視覚クオリアも、実は奥行きの深い現象であることが分かる。それと同時に意識と視覚の関係に関心が向け換えられる。

ここで再び意識の三階層に注意を向けよう。それは覚醒、気づき、自己意識によって構成される。ただしこれは認知心理学的規定であって、神経哲学的には自己意識の上に現象的意識が置かれる。クリックに代表される、視覚的意識の神経科学的研究は、気づきのレベルにとどまるもので、自己意識と現象的意識はとりあえず脇に置かれる。我々の主観性を構成するのは自己意識と現象的意識なので、視覚的気づきの神経メカニズムの研究は、我々が日常体験する主観的な視覚経験を十分説明できない。もちろんデネットやポールのような観点に立てば、主観性は一種の幻なのだから、神経機能的説明で事足りるであろう。しかしクリックは必ずしも、そのように考えていない。彼は言っている。「私たちが、意識の秘密を明らかにできたとき、人が行動しているときに脳の中で生じていること、すなわち物理的な現象が私たちの主観的な感覚にいかに関係しているか（すなわち脳が心にいかに関わっているか）という、人間の神秘の完全な理解にさらに近づくことができると信じている」[4]。

ただしクリックは、チャルマーズのように物理的現象と主観的感覚の間に架橋不能な深いギャップが存するとは考えていない。あるいは、そのギャップの質に鈍感なのである。しかしクリックは、主観性を幻とは考えていない。彼は還元主義者であるが、消去主義の方策には従わないのである。消去主義を信奉しないのはけっこうなことであるが、人間の経験ないし体験は、感覚器官と身体運動を介して環境世界の諸対象と相互作用することの上に成り立っているので、意識や視覚の脳内神経機構をいくら探索しても説明しきれない。また視覚的気づきや視覚的クオリアは、より広い概念である視覚的「経験」によって包摂されている。意識の内容や質は、有機体が環境世界と相互作用すること、すなわち「経験」によって生じるのであって、脳内のニューロンの相互作用のみでは生じない。脳内に圧縮されて保存されている記憶、ならびにニューロンの核の中のDNAに先天的に組み込まれた情報を顧慮して、それらと認知モジュール連合活動との相互作用を解明しても、まだ足りない。それで事足りると考えるのは、星飛雄馬の消える魔球の正体が魔送球である、と自慢げに言う浅はかさに似ている。縦に変化する魔送球は、消える魔球の正体の八〇%にすぎないのだ。それと同じように、視覚的気づきの脳内神経機構は、主観的質感を伴う視覚的経験の全容を説明することはできない。視覚的経験には、環境世界の内にあらかじめ保存されている客観的ないし間主観的情報が変数として加わり、それは注意と短期記憶という個体（知覚者）の機能の射程に収まりきれないので、脳内の情報処理（神経活動）に非線形効果を引き起こす。そして、この非線形効果が意識の創発的特質を生み出すのである。還元主義のパラダイムでは、この創発的特質は解明できない。クリックはこのことに全く気づいていないわけではない。ただ、実証できるものから着実に歩を進めようとするのである。それでは、視覚的気づきの脳内神経機構とは、いかなるものなのか。その概略をまず示すことにしよう。

比較的単純な視覚情報を取り上げてみよう。例えば、目の前に若い女性がいる。知覚者の眼球は、注意と志向性の機能によってその女性に方向づけられている。女性の発する電磁波としての視覚情報は、知覚者の眼球の水晶体で転倒され、それから網膜の光受容細胞（錘状体と桿状体）によって感受され、さらに視神経と視床の外側膝状体（LGN）と視放射を経て、後頭葉の視覚皮質（線条皮質）に到達する。この間の情報伝達は、言うまでもなく電気パルスの形でなされる。なお左右の網膜から受容された視覚情報は、LGNを通る前に視神経交差において左右反対が反対になる。そして視覚皮質の第一次視覚野（V1）において全体像が、とりあえず把握される（**図8-1**を参照）。その後、第二次—第六次視覚野（V2—V6）において立体性、深さと距離、色、運動、物体の位置、形などが把握される。また各視覚野の連合の組み合わせが、様々な視覚要素を形成し、それらのさらに高次の連合が一つの視覚像となるのである（この間に視覚皮質はベクトルコード化的計算を行っている）。しかし、ここまでだとカメ

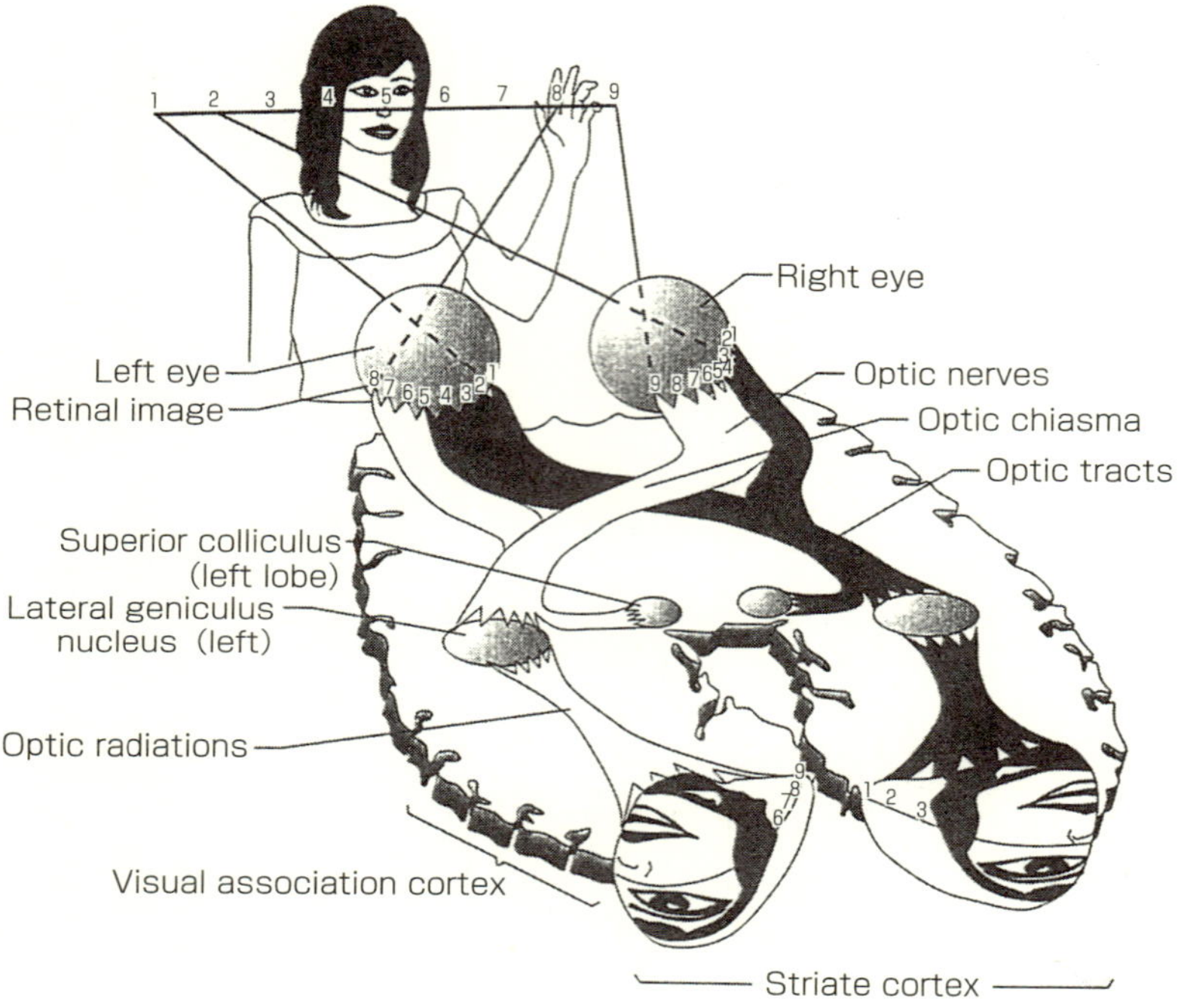

図8－1　網膜から線条皮質（V1）に至る視覚像の変換過程(5)

ラの受像機能と変わりない。問題は、この視覚像が、注意と志向性に合致するものとして「覚知」される（気づかれる）ための神経機構である。

視覚は他の感覚・知覚から切り離されて、独自に機能するものではないので、聴覚や嗅覚や触覚や体性感覚との関係の脳内表現を顧慮しなければならない。また、注意や記憶も視覚像をどう覚知し評価するかに関係するし、見ていることの自覚や主観的感覚、そして現象的質感も関わってくる。そうすると、脳内の様々な部位が関係してきて、視覚野だけではとうてい間に合わない。もちろん視覚情報は、単純なものから複雑なものまで多種多様である。例えば、テニス選手が試合中ほとんど無意識裡に捉えるボールの動きから、花瓶に挿された一本の赤いバラ、そして前出の若い女性の顔、さらには放火犯が犯行後に立ち戻って見る現場の光景（これには犯罪心理が関わってくる）まで、とか。色彩クオリアに関わる例を挙げれば、爛漫と咲き乱れる桜の情景、一面に咲いたラベンダーや菜の花が織り成す色の彩、初冬の夕焼け空の印象深さ、オーシャンブルーの海原の鮮やかさ、などがある。また悲惨な光景も、独特な視覚クオリアを引き起こし、記憶に刻印される。主観性や自覚に関係する例としては、自己の鏡像、写真写りを気にする人が対面する写りの悪い自分の写真、あるいは重要参考人の立場で見せられた、犯人のモンタージュ写真が、庇おうとしている友人のものであるのに知らぬふりをしているときの視覚意識などがある。

視覚情報が複雑になるのに比例して、それを処理する脳内認知モジュールの連合も複雑さを増す。クリックは、比較的単純な視覚情報の処理に焦点を当てて、その神経機構を解明することから始めようとしている。右に挙げた例のうちでは、一本の赤いバラの視覚像が一番取り扱いやすい。クリックの仮説に沿って言えば[6]、赤いバラの花は、視覚野において色、形、大きさ、距離といった要素が捉えられ、嗅覚システムでは香りが捉えられる。そしてそれらの知覚内容が記憶や気分と連合して、「美しいバラ」の視覚的気づきが成立するのである。このとき、脳内のそれぞれの認知モジュールを構成するニューロン群は同時発火するが、その同時発火の波は、モジュール間の連合性に即して、次々に関連するニューロン群に及んでいく。そして、この同時発火は一定のリズムをもっている。それはガンマ周波帯（約四〇ヘルツ）の神経的振動である。この振動にあわせて、関連するニューロン群は一斉に発火し、それが他の認知モジュール群に波及していくのである。こうして知覚要素の結合ないし情報の束ねが実現されるのだが、それは比較的単純な視覚的気づきの神経機構の解明にはなっても、主観性と現象的意識の説明には程遠い。この点をチャルマーズは「経験」の概念に言及しつつ批判している。

彼によれば、経験は知覚要素の結合ないし情報の束ねだけでは生じない。それに注意と記憶の機能を付加しても、まだ生じない。なぜなら、それらは無意識的に遂行されうる情報処理過程だからである。クリックは、相関するニューロン群の同時発火に基づく知覚要素の結合がワーキング・メモリと連動することによって視覚的気づきが生起する、と考えている。しかし、この視覚的気づきがなぜ主観的感覚を伴って経験されるのか、を全く説明していない。主観的感覚は内的感じと言い換えてもよいが、クオリアに満ちたものとして、まさしく経験の核をなしている。[7]この感じを、客観化して説明することは難しい。それは、おそらく脳の機能に基づいているのであろうが、その機能を標準的な神経科学の方法で捉えることはできない。それは、ポールの言う「脳状態の直接の内観[8]」によっては捉えられないものであり、サールの言う「脳の内奥的本性[9]」やマッギンの想定する「脳の不可知の自然特性[10]」に親近的なものである。クリックも、視覚的気づきを超えて意識の主観的特質を問うためには、標準的な神経科学の方法では不十分であることを認めている。チャルマーズは、前述のように、経験と形而上学的情報の関連を想定している。その想定は、彼自身は明言していないが、必然的に主観と客観の接点の解明、あるいは主観と客観が相互に反転し合う様式の究明に導くはずである。しかし、彼はあくまで主観と客観の間の深いギャップという伝統的パラダイムの中で意識のハード・プロブレムを立てている。この点に彼の方法論的矛盾が現れているのだが、逆にそれが難問の明確化と先鋭化に寄与していると見ることもできる。それゆえクリックとチャルマーズの言い分は五分五分である。今後、一見全く相容れないように思われる両者の考え方の接点を解明する方向が求められるが、それは別の意味でのハード・プロブレム、つまり神経哲学（意識科学基礎論）上の難問となる。それについては次章以下で論じることにして、ここではいわゆる「内部の目」と経験の関係について触れておくことにしよう。

4　経験と「内部の目」

視覚的経験は自覚と現象的質感を伴う。それに対して、視覚的気づきの認知神経科学的説明は主観的感覚とクオリアを排除している。とりわけ前述の、神経同期振動による情報統合説は、「見ている」という感覚と見られている対象の質感に無頓着である。我々が比喩的に「内部の目」と言うのは、知覚主体たる統合的自我の内的質感のことである。この質感に対しては、敏感な人と鈍感な人がいる。例えばチャルマーズは極めて敏感であり、デネットはひどく鈍感である。哲学史的に見ると、デカルトやフィヒテが敏感であったのに対して、ホッブズやマルクスは鈍感であったように思われる。もちろん最近の神経哲学における「内部の目」の告発者であるネーゲルが、敏感派の代表であることを忘れてはならない。この「内部の目」が抽象的で分かりにくいと思う人は、部屋を出て、外の風景を見渡して欲しい。そして風景を見ながら、「この風景を見ている自分とは、一体何なのだろう」と、少し自意識過剰気味に黙考してみて欲しい。そのとき、筆者のこれまでの論考、とりわけ本章における論考を念頭に置いてもらいたい。きっとあなたは、視覚的経験に従事している内的知覚主体を感得できるはずである。そして、もしあなたが敏感派なら、チャルマーズの言いたいことが分かるはずだし、鈍感派なら、「アー、この感じね。単なる随伴現象だよ」と一蹴するかもしれない。随伴現象とは一種の幻である。幻であるにせよ、とにかくその感じは分かるはずである。鈍感派の人にも。

ところで統合的自我の内的質感は、なぜ「内部の目」と表現されるのだろうか。このことは、意識と視覚が深く関係していることを象徴しているように思われる。クリックに代表される、意識の神経科学的研究や実験心理学的研究が、視覚の問題に焦点を当てているのは偶然ではない。しかし「内部の目」を脳内のショーを観賞する小人（ホムンクルス）のように考える者は、もはやいない。またそれをパソコンのOSのように捉える者も、あまりいない。有力で穏当な見方は、自己組織化的な脳の神経システムが、創発特性として統合的自我の質感を生み出す、というものである。そしてこの創発特性が、トップダウン的に脳の神経機能を制御するようになる。また創発的であるがゆえに、脳内の特定の部位や回路に、その在り処を探る必要がない（もちろん関連部位や回路を探求することは有益であるが)。「風よ、吹かないときにはどこにいるのか」と問うのは愚かである。吹いているから「風」なのだ。統合的自我は風のようなものである。そして言うまでもなく、風は実在している。しつこいようだが、デネットはこの点が分かっていないのだ。

ところで「内部の目」の所有者である知覚主体は、閉鎖系ではなく、開放系の認知システムである。我々が風景を見ているときに、「この風景を見ている自分とは何か」ということに注意を向けると、統合的自我の内的質感が感受されるが、反省してみると、この感受には自分に関する記憶とそのときの思考内容が修飾因子として加担していることが分かる。そして、この記憶と思考は、風景と同じように外部世界の諸要素によって彩られている。統合的自我の内的質感は、決して純粋に内発的なものではない。それは外部を取り込むことによって成り立つ内面性なのである。換言すれば、その質感は外部世界と内面的心の入れ子構造を示唆し、それゆえ主観と客観の接点を逆説的に暗示している。この点に深く食い入らないと、クリック的観点とチャルマーズ的観点の接点を見出すことができない。つまり、主観性とクオリアの神経情報科学は始まらないのである。幸いなことに、既にこのことに気づいて、脳の社会的相互作用というものを探究している科学者がいる。我々は次に、この科学者の思想に敬意を払いつつ、脳と自我と社会の関係を考察することにしよう。

注

(1) D. C. Dennett, *Consciousness Explained*, pp. 322ff.(邦訳、三八五ページ以下)
(2) P. M. Churchland, *The Engine of Reason, the Seat of the Soul: A Philosophical Journey into the Brain*, pp. 236ff.(邦訳、三〇九ページ以下)
(3) D. C. Dennett, *op. cit.*, pp. 137f.(邦訳、一六九ページ以下)
(4) F・クリック/C・コッホ「意識とは何か」松本修文訳、『別冊日経サイエンス123・心のミステリー』日経サイエンス社、一

九九八年
（5）この図はデネットが以下の論文で借用している、J・P・フリスビー作成のものである。D. C. Dennett, The Myth of Double Transduction, *Toward a Science of Consiousness*, Bd. II, MIT Press, 1998, pp. 97-107. ちなみにデネットの言う「二重の変換」とは、視覚対象が網膜から線条皮質（V1）に伝達されて、図のように逆転して歪んだ像に変換され、次に視覚連合皮質を中心とする脳内知覚システムによって、その歪んだ像が正常な統合的像に変換されることを意味する。そして彼によれば、この統合的像を統覚的に意識する中心司令部（つまり自我）は脳内に存在しない。なお図の線条皮質の部分に示されている変換像は一種のメタファーであって、脳内に実際こうした像が現れているわけではない。線条皮質のニューラルネットワークが遂行する、ベクトルコード化的情報処理の抽象的パターンが、その像の幾何学的構成と相即しているのである。なお図中のLateral geniculus nucleus は外側膝状体、Superior colliculus は上丘と訳される。

（6）Cf. F. Crick, *The Astonishing Hypothesis: The Scientific Search for the Soul*

（7）D. J. Chalmers, Facing up to the Problem of Consciousness

（8）Cf. P. M. Churchland, *A Neurocomputational Perspective: The Nature of Mind and the Structure of Science*, pp. 47-66

（9）Cf. J. R. Searle, *The Mystery of Consciousness*

（10）Cf. C. McGinn, *The Mysterious Flame: Conscious Mind in a Material World*

第Ⅲ部　自我・脳・社会

第9章　自我・脳・社会

はじめに

自我と社会の関係について論じた文献は非常に多い。中核となっているのは、社会心理学的考察である。また自我と脳の関係を論じた著作は、近年増加の一途をたどっている。この難しい関係は基本的に心脳問題に属すものだが、哲学者のみならず脳科学者もそれに積極的に取り組んでいる。その際、哲学者は脳科学の実証データを参照し、脳科学者は哲学的基礎考察の重要性に配慮する。このことについては、これまで何度も触れてきた。

ところで自我と社会の関係に関する社会心理学的考察は、心脳問題や脳の神経機構にほとんど言及しない。それらに言及すると議論が混乱するし、何よりも脳神経の社会性回路が解明されていないので、脳の機能を「自我と社会」という問題設定に組み込めないのである。そこで社会心理学的考察は現象論のレベルにとどまることを余儀なくされ、脳内の物質的（生理的）過程をとりあえず無視する。しかし「自我と社会」という問題に取り組むのは、現象論レベルの社会学や心理学や哲学だけではない。前世紀の後半に誕生した社会生物学は、マクロの生物学的視点からこの問題にアプローチしようとするし、その前駆的形態は既にダーウィンに発する進化生物学のうちに見られる。また生態学、比較行動学、自然人類学、霊長類研究、発達生物学といった分野においても自我と社会の関係が問題となる。ただし、これらの分野のアプローチ法はほとんどマクロ生物学のレベルにとどまっており、ミクロの神経生物学や分子生物学を顧慮する心脳問題にはタッチしないのが原則である。また社会的次元と生物学的次元の関係の把握が大雑把すぎて、社会心理学系の肌理の細かい自我論と有機的に連結する段階に達していない。

このように社会心理学系とマクロ生物学系は、人文社会科学(精神科学)と自然科学という従来の対立枠組みの中で、「自我と社会」という問題を脳の機能に関係づけられないままに、堂々めぐりを繰り返している。それに対して注目すべきなのは、精神医学と心身医学における研究動向である。この二つは臨床医学の中で異端視されてることで有名だが、自らが担当する疾病の成因と治療法の解明のために、常に自我と脳と社会の関係を考えることを余儀なくされてきた。換言すれば、「自我と社会」という問題(IS)と「自我と脳」という問題(IB)の接点を問うことによって心身問題や心脳問題に関わってきたのである。この意味で、ポールが精神医学の動向に着目しながら「神経社会的問題」を提起したのは、極めて鋭敏だと言える。

また人工知能研究やロボット工学の分野においても、ISとIBの接点の解明が焦眉の急となっている。つまり、人工頭脳としての認知システムが限りなく人間に近づくことを要求されるとき、論理と計算に基づく機械的情報処理機能を超えて、他の認知システムや生命システムとの社会的相互作用(たとえ擬似的なものであれ)を十分顧慮しなければならないのである。そして、そのためには発達、身体性、社会的自我といった要素への配慮が必須である。MITの人工知能研究所所長のロドニー・ブルックスがヒューマノイド・ロボットCogの片手に触れながら話しかけている様(1)は、まさにそれを象徴している。ロボット工学の分野でさえ従来の機械論的思考が乗り越えられようとしていることは、驚嘆を禁じえないとともに自然の成り行きだとも思う。

本章では以上のことを顧慮して、自我と脳と社会の関係(ないしISとIBの関係)を考察することにする。そして本章での考察は、次章における「脳の社会的相互作用」に着目した心脳問題の解決の基礎となるものである。

1 自己と他者

生命体の意識の構成にとって、他の生命体との関わりは不可欠である。個体が生命を維持するためには、生態系の内部での、種の結束に基づく群生が必要だが、群生の秩序を保つのは的確な情報交換である。そして情報交換をするためには、情報処理を担う器官をもたなければならない。それを担うのが神経システムであることは、前述の通りである。つまり意識の生物学的基盤は、神経システムの営む情報処理なのである。そしてこの情報処理は、生態系における「他との関わり」から切り離されえない。もちろん神経システムの組成の複雑さの程度に応じて、意識の構成の複雑度も違ってくる。昆虫や鳥は、情報処理に基づく行動をしていることは確認できるが、それらが自覚的な（つまり意識的な）心的振る舞いであるとは言いがたい。少なくとも人間に適用される「意識的」という形容詞をそれらの行動に直接転用することはできない。人間になじみ深いイヌやネコでもそうであるし、比較的知能の高いチンパンジーですら自覚的意識の低次機能が垣間見られる程度である。しかし、これらの生物すべてに見られる生態学的情報処理の機能のうちには、人間的な自己と他者の関係の萌芽が覗われる。つまり人間の高度の社会性に基づく、自己と他者の関係の生物学的基盤は、神経システムをもった、あらゆる生物の生態学的情報処理機能なのである。

ところで意識は、覚醒しており（a）、自己と外部世界の状態を覚知し（b）、その覚知作用が自分のものであることを自覚している（c）、という三段階からなる。これは前述のように認知心理学的な規定であって、神経哲学的にはさらに、「このように意識している自分とは何か」「他人も自分と同じような経験をするのか」「意識的経験とは不思議なものだ」という一連の質感を伴った現象的意識（d）が加わる。人間以外の生物の意識はaからbまでのレベルであり、かろうじてチンパンジーがcの最下層に触れる程度である。そしてdは人間にのみ確認される高次の意識機能である。この現象的意識を重視するのは、チャルマーズを代表とする現象論者ならびにネーゲルなどのミステリアンたちである。それではポールやデネットが現象的意識を全く無視しているのかというと、そうでもない。彼らのような還元主義者や機能主義者も、心身問題に興味をもち、意識の本性を解明したいという情熱を有している限り、やはり現象的意識の問題性に敏感だと言えるのである。心と身体ないし意識と脳の関係への関心は、現象的意識から生じる。ただ、それを特権化するか、脳の機能に還元するかによって心身論上の立場が分岐するだけなのである。しかし物理的基質への還元や機能への平板化に専念していると、いつのまにか自らの心身問題への関心が現象的意識から派生したものであることが忘却されてしまう。人間的な自己と他者の関係を考える際には、還元主義や機能主義では役不足である。

自己と他者の関係を生物学的基盤から切り離さずに、あくまで自然主義的に考察するためには、前述の神経生態学的見方が必須である。そしてこれに発達心理学的知見が加味されなければならない。

ヒトが生理学的早産という形でこの世に生を受け、他の生物に比べて、生後のかなり長い期間を両親（とりわけ母親）の庇護の下に過ごすことは、よく知られている。またヒトの脳の神経細胞（ニューロン）の数は誕生時の一〇〇〇億個がピークで、その後の約八〇年間に少しずつ死滅してゆき、ほとんど再生しないが、その間の総損失量は全体の八％程度となる。しかし、このことは何ら恐れるに足らない。ヒトの脳において重要なのは、高度の神経可塑性である。これに基づいてヒトの高度の認知機能と意識作用が可能となることは、既述の通りである。しかるに、ここで注目すべきなのは、ヒトにおいては三歳までは脳内ニューロンのネットワークが形成の途上にあり、非常に不安定だということである。したがって三歳まで（長く見積もって七歳まで）は、知的な活動を司る大脳新皮質の働きが十分でなく、知性のふるいにかけられない生の情動的体験の印象がそのまま古皮質（大脳辺縁系）に蓄えられ、成人してからの性格形成の無意識的背景となるのである。これが、「三つ子の魂百まで」の生理学的根拠であることはよく知られている。

ところで読者の方々は、両親が作成してくれた自分のアルバムを開いて、自分がいつから意識をもち始めたかを想起してみて欲しい。おそらく、ほとんどの人は三歳から五歳ぐらいだと言うであろう。その場合の「意識」は、前述のaからbまでのものであり、cが生じるのは五歳以降で、それが強く自覚されてdの段階に至るのは、いわゆる思春期以降だということは誰もが認めることであろう。次に、自分に対峙する「他者」というものを意識し始めたのはいつ頃かを想起して欲しい。きっと自己意識の生成史とパラレルになっているはずである。

自己意識と他者理解の相互反映的（ないし相補的）関係についての発達心理学的研究や現象学における間主観性の理論に、ここで深く立ち入るつもりはない。ただ、第7章で述べた定式は銘記しておこう。つまり、「私は私である」というセルフ・アイデンティティの自覚は、「あの人も私と同じような自分をもっているのだ」という共鳴的認識、ならびに「彼はやはり、私とは違う彼自身なのだ」という離反的認識、あるいは両認識の交錯から生まれる、ということを。

ところで「私は私である」という自覚は、独特のクオリアをもっている。それは内省好きな人や内向的性格の人において顕著であろうし、そうでない人でも、自己に対面せざるをえない状況では、一気に前面に浮き上がってくる。例えば、原因不明の体調不良が続いて、近くの大学病院の内科を受診したら、「あなたは白血病です」と告知されたとき、内向的な人も外向的な人も等しく「死すべき自己」に対面せざるをえない。その、胸を引き裂くようなクオリアは、内向性と外向性の境界など吹き払ってしまう。場合によっては外向的な人の方が、普段悩み慣れていないだけに、こうした極限的ストレスに対しては脆いことがある。また、最も身近な他者である「愛する者」の死も、強烈なクオリアを喚起する。これは他者性のクオリアに属すが、自分の苦しみのように引き受けられる性質のものなので、自己性のクオリアと表裏一体となっている。これに対して強い意味での他者性とは、SF映画の『エイリアン』に現れる宇宙生物がもつような不気味な異他性を指す。エイリアン（alien）とは「不気味な異人」を意味するのである。誰もが「エイリアン―ぞっとするクオリア」や「精神病者って怖いクオリア」を内心抱いているであろう。もちろん自らエトランジェ（異邦人）であることを告白する、ボードレールのような詩人もいるが。

いずれにしても、強い意味での自己性と他者性は、安易な間主観的融合を受け付けない、排他的クオリアをもっている。心脳問題においては、これが主観と客観、一人称的観点と三人称的観点、現象的意識と物理的プロセスといった対立関係を鮮明化するものとして再び注目されている。その際、自分の感じているクオリアは他人のそれと果たして同じものなのだろうか、という疑問が論争の焦点となり、クオリアの私秘性と物理主義的客観化の対立が激化したりする。しかし、この論争を空虚で不毛なものにしないためには、やはり間主観性や社会性の次元を顧慮しなければならないのである。また逆に言えば、心脳問題における主観―客観対置の観点を顧慮することによって、間主観性や社会的相互作用の思想が深化させられるのである。以上のことを銘記して、考察を進めよう。

2　脳と環境――神経生態学的視点

生物の脳は、感覚器官を通して常に環境から情報入力を得ている。そしてその情報入力は、脳内の神経回路を可塑的に編成していく。この可塑的編成が、軸索側枝の発芽と樹状突起の分岐による新しいシナプスの形成や、もともとあるシナプス結合の強化によってなされることはよく知られている。例えばネズミを、単独で、狭くて遊び道具のない環境においた場合(i)、三匹で、少し遊び道具のある普通の環境においた場合(ii)、一〇匹で、広くて遊び道具の豊富な環境においた場合(iii)、脳の体積に格差が現れる。言うまでもなく(iii)>(ii)>(i)の順で脳の体積が大きくなるのであるが、これはまさしく、環境からの情報入力がネズミの脳の神経回路網の編成、すなわちシナプスの形成を左右したということである。環境からの情報入力や刺激が多いと、神経繊維の分岐が豊かになり、回路網が複雑度を増す。そして複雑度を増した回路網は、学習や記憶の機能が高まっているので、環境や他の生物に関わる能力も強化される。それがまた回路網の複雑度を維持し、さらに高めることにつながる。それに対して、環境からの情報入力や刺激が少ないと、神経繊維の分岐・成長が起こりにくく、回路網の編成は滞り、学習や記憶の能力も落ちてしまう。そして環境へと関わる能力も劣化の一途をたどる破目になる。このように、脳をもった生物は、環境との円環的—循環的関係において自らの認知能力を形成するのである。

人間において、このことを如実に示した実例は、周知のようにアヴェロンの野生児である。[2] この野生児は、一七九七年に南フランスのアヴェロン県の森の中を真っ裸で疾走しているのを発見され、捕えられた。この野生児は、推定年齢一二～一五歳の少年だが、言葉のみならず明瞭な音声を発せず、ときおり奇矯な叫び声をあげるのみで、普段は二足で歩くが、疲れたときは四足であった。またこの野生児は、五感のうちでは嗅覚が最も優れ、その次に味覚が秀でていた。次いで視覚、聴覚、触覚の順番であった。さらに彼の認知能力は、基本的に自己の生存に奉仕するための動物本能的なものであり、願望は、食べることと休息することと独りでいることに集中し、同年代の通常の少年に見られる社会性の兆候が認められなかった。

イタールという若い医師が、この野生児を引き取り、再教育することになった。彼は、「人は生まれたときは白紙の状態であり、経験と環境が人間を形成する」というロックとコンディヤックの認識哲学を継承し、この野生児の人間化・社会化に全力をもって挑んだ。そしてその際、彼は次に挙げる五つの具体的目的を掲げた。

(1)　彼が今送っている生活をもっと快適なものにして、とりわけ、彼が抜け出したばかりの生活にもっと近づけることによって、彼を社会生活に結び付けること。

(2) 非常に強い刺激によって、ときには魂を激しく揺さぶる感動によって、神経の感受性を目覚めさせること。

(3) 彼に新しい欲求を生じさせ、周囲の存在との関係を増すようにさせて、彼の観念の範囲を拡大すること。

(4) どうしてもそうしないではいられないという必要性によって模倣訓練をさせ、彼を話し言葉の使用に導くこと。

(5) しばらくの間、非常に単純な精神作用を身体的欲求の対象に働かせ、その後、その適用をもっぱら教育課題に振り向けさせること。

しかし、これらの目的のうちで達成されたのは、ほんのわずかであった。とりわけ最も重要な話し言葉の獲得は、ついに実現しなかった。

イタールの失敗の原因は何だろうか。彼は、人間の社会性の基盤が認知主体と環境との相互作用である、ということはよくわきまえていたと思う。しかし認知機能の中枢である脳の神経システムの発達が臨界期をもつことを知らなかったのである。これは当時の神経生理学のデータが著しく貧弱であったことを考慮すれば、仕方ないことであるが、それ以上にロックとコンディヤックの白紙説と経験論が災いしたとみなされる。人間の心的活動の拠点である脳は、確かに環境との相互作用を通して自らの神経回路網を可塑的に編成していくが、前述のように三歳前後という臨界期をもっており、この時期までに言語野や社会性回路を構築できなかった脳を、その後の入力変換（つまり再教育）によって、通常の社会的脳として再編成することは極めて難しい。特にアヴェロンの野生児の場合、臨界期を過ぎて、さらに数年を動物的生活に費やしていたので、この再編成は困難だったのである。

ところで、この野生児が他の生物との共同生活を経ることなしに、それなりの認知機能や生活技能を獲得できたのは、どうしてだろうか。それは、人間の心は生まれたときは白紙であり、生得観念など存在しない、という説が間違っているからである。それは、一見そのように思われるだけであって、実相は違う。人間の心の座は脳であるが、人間の脳は、誕生時に一〇〇〇億個あるニューロンの核の中に先天的な遺伝情報を格納している。そして、それは脳の神経システム特有の遺伝子発現と形質発現を実現せしめる。これが経験と認知の分子神経情報科学的基盤となるのは言うまでもない。つまり人間の脳は、後天的経験と観念形成の先天的基盤をニューロンの核の中の遺伝子、ならびに特有の形質発現によって形成された誕生時の神経システムのうちにもっているのである。これを、神経生物学的次元を捨象して超越論哲学的に表現すれば、カントの言う感性の二形式と悟性の一二のカテゴリーという認識の先験的基盤となる。神経情報科学的次元と超越論哲学的次元の架橋は難しいが、大局的な対応関係はあるとみなすことができる。

アヴェロンの野生児の場合、自然環境の中で生存を営むための、最低限の認知機能と生活技能は、彼の脳の遺伝情報的基盤によって可能であった。しかし、社会的環境の中で他者と生活するための、人間的認知機能を獲得していない。それでも彼には彼なりの「経験の図式」があり、それを外部から観察すると野性的で動物的な認知機能に見えるのである。ちなみに彼が特異である点は、人間として生まれながら野原で動物的に育ったこととともに、野原の中の他の動物たちが種内の共同生活を営んでいたのを尻目に、異種の生物として全く単独に自然環境に放り出されていたことであった。もちろん、人間ももともと動物であるからして、そういう環境に幼児のとき放り出されれば、周りの動物の行動を見様見真似で覚えていくであろう。それとても遺伝情報的基盤によって可能なのであるが。

アヴェロンの野生児の発見以後、オオカミやサルに育てられた野生児がインドやスリランカで発見されたが、やはり言語機能が著しく劣化し、再教育が困難であった。いずれにしても、認知機能の基盤である脳の神経システムは環境から切り離して考えることができないのである。おそらく遺伝情報としても「環境との相互作用」の基盤となるものがインプットされているはずである。それゆえ認知の発達を考察する際には、前述の臨界期を十分顧慮しなければならない。しかし、人間の心は生まれたとき白紙であるわけではない。これらのことをアヴェロンの野生児の実例は教えてくれるのである。要は、臨界期があることを白紙説と取り違えないことであろう。

アヴェロンの野生児の事例は脳機能の発達と環境の関係を如実に示しているが、精神医学と心身医学の対象となる疾患や障害もそれに劣らない貴重なデータを提供してくれる。例えば、代表的な精神疾患である統合失調症は、幻覚や妄想などの陽性症状とともに観念連合作用の破綻（思考のまとまりのなさ）や周囲世界への無関心（社会的引きこもり）や感情の鈍麻などの陰性症状を呈し、発病後の早い時期に的確な治療をしないと慢性化しやすいものとして知られている。そして、抗精神病薬による薬物療法が精神療法よりも効果があること、ならびにその症状の一部が他の脳障害に見られるものと似ていることから、基本的に脳の病気と考えられている。しかし死後脳の組織病理学的探査によっても顕著な特徴的変化が見出せないことや、生存時の三次元解析的脳イメージング（ＭＲＩ画像をＣＧによって三次元的に再構成する方法）によっても目立った形態学的変化が認められないことなどから、単純な脳疾患ではないと考えられている。ちなみに、統合失調症の治療に使われる抗精神病薬はもっぱら陽性症状に効くものであって、その薬理作用は興奮性神経伝達物質ドーパミンの過剰伝達を阻止する、という単純なものである。またＰＥＴや機能ＭＲＩによって確認される、陽性症状発現時の側頭葉における血流量の増加や細胞活動の亢進はドーパミンの過剰伝達とパラレルであることが確認されている。しかし、実は陽性症状は統合失調症の本質的ないし核心的病理を表現するものではなく、ストレス的状況における反応的症状として、辺縁的なものにすぎない。統合失調症の本質的病理を表現しているのは陰性症状なのであり、とりわけ「連合弛緩（Assoziationslockerung）」が重要である。[3] スイスの精神医学者Ｅ・ブロイラーが、この中核症状に着目して、Schizophrenie（統合失調症）と名づけたことは有名である。ちなみに、この症状は今日、認知障害つまり高次脳機能の障害として認知神経科学の観点から研究される傾向にあるが、ずいぶん前から、K・シュナイダーが一級症状と呼んだ自我障害と表裏一体の関係にあることが指摘されてきた。この自我障害において特徴的なのは、自己の内部と外部世界の境界ならびに自己と他者の区別が曖昧になり、その結果自我の統合機能が破綻しやすくなり、その危機に対する防御策として自閉的になることである。また、このことは発達的状況においては自我の社会化の障害として現れる。

統合失調症の発病が、男性においては一八～二五歳をピークとし女性では二一～二八歳を頂点とすることはよく知られているが、このことの背景には社会的環境の中で他者とともに生活するための自我の成熟という課題に直面しての挫折ということが控えている。この時期はまた性ステロイドホルモンの分泌が盛んで、それが脳内の神経伝達物質の活性化に影響を及ぼす、という生物学的事情もある。ちなみに男性と女性で発病のピークに三年ほどのズレがあることには、このホルモンの分泌が関与している。

社会的自我の成熟と性ホルモンの分泌は深い次元で関係していると思われるが、この関係を通して脳と自我と社会的環境の関係が新たな地平から浮かび上がってくる。つまり脳機能の統合者としての自我は、社会的環境への身体的投錨において他者と間身体的に関わりつつ成熟するのだが、統合失調症に罹りやすい脆弱性の遺伝子をもった者は、その置かれた環境や発達の状態に応じて、自我の社会的成熟に失敗するとみなされるのである。それゆえ統合失調症は、脳腫瘍や脳卒中のように単純に物質的次元で割り切れる脳疾患ではないし、遺伝子が関与しているにしても、その関与の仕方はアルツハイマー病やハンチントン舞踏病のように単純ではない。いずれにしても、統合失調症に代表される精神疾患は、その発病において環境や他者との関係に大きく作用される「高次脳機能の障害」なのである。ある生物学派の精神医学者は、「ロビンソン・クルーソーは精神分裂病（統合失調症）になりうるか」という挑発的な問いを提出したが[4]、上記の理由から、単純な認知の失調は起こしても深刻な自我障害は発症しないと推定できる。これは単なる憶測ではない。統合失調症の発病や再発を防ぐには、発病の素質のある者や患者を図書館司書などの対人関係的ストレスの希薄な仕事につかせることが有効である、と臨床的に実証されている。要するに統合失調症は社会的脳の障害なのであり、その意味で脳と環境の関係を如実に示す一つの病理現象なのである。

また最近蔓延している軽症うつ病や心身症も、脳や自律神経系の環境関与性を象徴したものとみなせるが、これらの病が中高年のサラリーマンに集中砲火を浴びせている状況を考慮すれば、それらの病を生態系（不況の中での生存競争）の只中で機能する神経システムの障害とみなす神経生態学視点の重要性がいよいよ浮き彫りされるのである。[5]

3　社会的自我のクオリア

ヴィクトールと名づけられたアヴェロンの野生児は、イタールの懸命な努力にもかかわらず、ついに話し言葉と社会性を身につけられないままに四〇歳でその生涯を終えた。彼は果たして人間の名に値しないのであろうか。ここで道徳的議論をもち出すことは非常に危険である。なぜなら、それは自然的な脳機能障害を人為的な価値観で評価するという暴挙であり、今なお残存している、精神病に対する偏見と同様の愚かな行為だからである。もし責められるとするなら、それはヴィクトールを捨てた親と野生児を見下す心無き人々である。ただし、次のような神経哲学的問いは許されよう。つまり「ヴィクトールであるとは、どのようなことか（What is it like to be Victor ?）」と問うことは。

イタールは、ある程度ヴィクトールの立場に立って世界と他者を見ることの重要性に気づいていたと思われ、それは彼が掲げた五つの目的にも表れており、とりわけ(1)において顕著である。しかし彼の主眼点は、やはり正常な社会性をもつ少年を模範としてヴィクトールを矯正することにあった。それは彼がコンディヤックの次の主張をモットーとして掲げていることからも覗える。[6]

この子供には理性の兆候が全く認められないという場合、それは、彼が理性を十分に働かせず、自己保存に気を配らないということではなく、彼の反省がそれまでもっぱら自己保存という目的だけに使われ、我々が取り組む目的まで及ぶ機会を全くもたなかったということなのである。……人間がもつ諸観念の最大の基盤は、人間相互の交わりにあるのだ。

孤独や引きこもり、あるいは世捨て人的隠遁は必ずしも利己主義を意味しない。つまり、それらはもっぱら自己保存という目的のためになされたものではないのである。このことを如実に示したのは、哲学者ウィトゲンシュタインの生き様である。彼は確かに、分裂質の人格障害（ないしアスペルガー症候群）と見紛うほどの変人であったが、弟子のマルコムなどが伝えているように[7]、人間的誠実さに満ちていた。貧乏な芸術家や大学院生にお金を惜しみなく与え、自らは禁欲的な世捨て人的生活を送る彼は、社会性を欠いているのではない。ただ俗物的な社交性を欠いているだけなのである。社会性と社交性を混同している人が何と多いことか。特に「甘えの構造（structure of interdependence）」に支配された日本人にこの傾向が強い。

しかし、やはり社交性がないと社会性も不十分（独りよがり）なものになることは否めない。ただし、これは倫理的観点からよりも認知発達的観点から言えることである。そこで改めて、「人間がもつ諸観念の最大の基盤は、人間相互の交わりにある」というコンディヤックのテーゼが浮かび上がってくる。「人間相互の交わり」というのは、次章で取り上げる「複数の脳の社会的相互作用」とパラレルである。観念や概念は要素的な感覚的印象の複合体である、というのが経験論哲学の基本的テーゼであるが、個々バラバラの感覚要素をまとめあげて一つの観念や概念を形成するためには、「関係子」とでも呼べるものが働かなければならない。これは高度の神経情報科学的概念であって、コンディヤックやイタールには思いも及ばなかったであろう代物である。「私である」という自我の意識とそのクオリアは、人間相互の交わりから生まれる高度の観念である。ただしそれは感覚のジグソーパズルだけでは生じない。それは感性的でありつつ同時に感性を超えた性質を含んでいるのである。換言すれば、それは個々の脳のニューラルネットワークの活性化の時間空間パターンのみならず、脳の外部の社会的環境に保存されている客観的な情報とそれを秩序づける情報構造を示唆している。この客観的情報を具体的に示すと、例えば法律、学校の規則、交通規則、スポーツの試合のルール、先輩後輩関係、礼儀、流行、喧嘩の仕方、駆け引き、と枚挙に暇がないが、すべて個々の社会的脳が受容できる形で脳の外部の環境に保存されている、客観的な「社会的情報構造」に根ざしたものである。この社会的情報構造は、いわゆる暗黙知の基盤となるものであり、明確に表現され伝達される「情報(information)」に対して、その下地として働く、言外の情報としての「外情報(exformation)」としても捉えられる。そして、この外情報を理解できない者は、イジメの対象になりやすい。[8] ブランケンブルクが精神病理学的に統合失調症における「自明性の喪失」と呼んだものも、この外情報に対する盲目性にあたる。そして、この盲目性の基底に存するのは高次脳機能の障害(社会性回路の障害)である。

ところでクオリアを「質感」という漢字で統一的に表記せずに、カタカナのままで表記することが多いのは、実はそれが感覚である面と感性を超えた面を兼ね備えているからである。この兼備性は、感覚的クオリアと志向的クオリアという二面性で説明されることもあるが、ここではとりあえず「鮮やかなライムグリーンの質感」と「私であるというクオリア」の区別に注意を促しておこう。「私である」という独特のクオリアは、色彩や音楽や香りが喚起するクオリアと共通性をもつ主観的―現象的感覚でもあるが、後者よりはるかに高度の抽象性と複雑性を備えている。そうした性質は、おそらく前述の社会性や社会的情報構造に関係するとともに人間存在の時間性や生物に共通の生命感覚にも関与しているのであろう。

さらに人間の心には、社会的側面と非社会的側面がある。「社会的自我のクオリア」というものを考える場合、人間おける孤独への志向も顧慮しなければならない。孤独への沈潜（自己の内面との対話）が、逆説的に真の社会性を実現する契機となることは、かなり前から指摘されてきた。イスラム原理主義、オウム真理教、ナチズム、俗流マルキシズム、あるいはそこまで極端な例を挙げるまでもなく、身近に見られる「皆と同じような行動ができない者に対するイジメ」、こうしたものすべては人間における非社会的単独性の側面を無視した、似非共同体主義であり似非社会性の体現なのである。社会的自我のクオリアは、感覚質の私秘性や独我論をも視野に取り入れつつ、「人間がもつ諸観念の最大の基盤は、人間相互の交わりにある」というテーゼを考察する姿勢によって、初めて的確に捉えられる。また、そうした把握の先行的地平になるのが、社会的自我のクオリアでもあるわけだが、理解の循環は避けるべきものではなく、正しくその中に入って行くべきものなのは先述の通りである。

4　自我・脳・社会

養老孟司も言うように[9]、人間社会とりわけ都会は、人間の脳の構造と機能を反映したものと考えることができる。しかしこの「反映」を全面的なものとみなすのは、明らかに行き過ぎである。例えば防災設備や地震研究所は、果たして全面的に人間の脳の構造と機能が生み出したものであろうか。土木工学や構造力学や地質学などの学問は確かに人間の脳の高度な機能によって可能となったものだが、地震や台風などの自然災害はもともと人間の脳の外部にあったものであり、生物の脳がどれだけ進歩しようとも、その猛威にはいささかの変化もない。つまり防災設備や地震研究所は、人間の脳の外部にあり続ける台風や地震という「自然」を、その自然の産物である「脳」が制御しようとして造ったものなのである。それゆえそれらは大自然と小自然の闘いから派生した設備だと言える。

社会もまた大自然の内部の小自然である。つまり社会は自然によって「あらしめられている」のである。換言すれば、脳が社会を造ったのではなく、大自然が社会という情報構造（小自然）を通して、人間の脳（極小自然）をかくあらしめたのである。しかし一般には、「社会」というものは人工的なものであって、自然の産物とはみなされていない。そしてそれに並行して、自然の産物であるはずの「脳」も、いつの間にか人工的なものと思い込まれるようになる。その際見逃されるのは、脳のピュシス、つまり脳の内奥的—自然的本性であり、これは根源的自発性（自然性（じねん））によって彩られている。

自然は脳の外部にあるとともに内部にある。脳の内部（というよりは有機体の内部）の自然が外化して、共同体脳としての社会を形成し、大自然の一部を占拠する。そして前述のように、脳は大自然が生んだ極小自然である。それゆえ脳と社会と自然の間には円環的で循環的な関係があるが、この関係ないしプロセスを貫いているのは「情報構造の相即」とでも呼ぶべきものである。ただしこの相即は完璧なものではなく、ズレがあり、それによって予測不能な事態が起こる。例えば、阪神淡路大震災の被害とか広島への原爆投下とかニューヨークの国際貿易センタービルの破壊とか、がそれである。

それでは「自我」に関してはどうか。ヴィクトールは自然の子であったが、社会的自我を獲得できなかった。しかし彼の脳には、全く自我の機能が備わっていなかったであろうか。そうではあるまい。自己の生存のための感覚機能の統制能力と行動の制御能力は備わっていたのだから、自然的自我の基底層は所有していたのである。このことには留意すべきである。なぜなら、我々は社会的自我の高次機能の所有者にのみ「自我」を帰属させがちだからである。脳と自我の関係を考える際には、対象化しやすく、動物実験を介した神経生物学的研究になじみやすい、自然的自我の脳内機構の解明から着手して、その後順次、抽象度の高い社会的自我の脳内機構の探究へと歩を進めた方がよい。またその際、自我の形而上学的観念や現象学的本質をそれの自然科学的（生物学的）概念ともっぱら対置して、相容れないものと考える態度を諫め、形而上学と形而下学の断裂を架橋する努力が求められる。そのためには、「社会的環境へと身体的に投錨しつつ他者へと間身体的に関わる自我」への眼差しが必須である。そしてこの眼差しは、意識のハード・プロブレム解決の基点ともなる。そこで次章では、それと深く関係するヴォルフ・ジンガーの学説を考察することにしよう。

注

（1） Cf. http://www. ai. mit. edu/projects/humanoid-robotics-group/

（2） 以下の叙述はJ・M・G・イタール『新訳 アヴェロンの野生児』中野善達・松田清訳、福村出版、一九九九年、に拠ったものである。

（3） ちなみに脳の形態学的変化（左側脳室の拡大や海馬の萎縮）を伴うのは、この陰性症状の方である。ただし、それがアルツハイマー病のような神経変性によるものではなく、化学的代謝（これは環境への反応とパラレルである）と密接に関係したものであることは銘記すべきである。そしてその変化も微細で従来は無視されてきたが、C・D・フリスによれば、神経病理学が質的なものから量的なものへ観点を移すことによって、統合失調症の脳の病理学的変化として認められるようになったという。彼の次の著書を参照。『分裂病の認知神経心理学』丹羽真一・菅野正浩監訳、医学書院、一九九五年

（4） 台弘・土居健郎編『精神医学と疾病概念』東京大学出版会、一九七五年、一〇七―一一〇ページを参照。

（5） 第2章で述べたように、還元主義者ポールも精神病に関しては還元主義の原則をいくぶん逸脱しつつ、社会的要素を重視すべきことを主張している。ただしパトリシアは、統合失調症をパーキンソン病と同類の生物学的脳疾患と考え、心理学的解釈の可能性を斥けている。Cf. P. S. Churchland, *Neurophilosophy: Toward a Unified Science of the Mind/Brain*, pp. 82ff. 心と脳（Mind/Brain）の統一科学の構想を精神病の解釈に応用する試みは賞賛されるべきだが、統一が還元に化けてしまっては元も子もない。神経生態学的視点から心理―社会的要素も重視しないと、精神病の脳病理の本質は理解できないのである。例えば臨床

精神医学者のM・シュピッツァーは、ニューラルネットワーク理論を取り入れつつも、人間の脳とコンピュータの違いを決して視野から失わず、精神療法と神経生物学・神経情報科学の融合を模索している。Vgl. M. Spitzer, *Geist im Netz : Modelle für Lernen, Denken und Handeln.* 精神科の臨床行為は神経生態学的なものなので、当然こうした着想に至るのである。

（6）J・M・G・イタール、前掲書

（7）Cf. N. Malcolm, *Ludwig Wittgenstein : A Memoir,* Oxford University Press, New York, 1978

（8）外情報（exformation）は、デンマークの科学ジャーナリストT・ノーレットランダーシュの造語である。Cf. T. Nørretranders, *The User Illusion : Cutting Consciousness Down to Size,* Penguin Books, 1998, pp. 92ff.（柴田裕之訳『ユーザーイリュージョン』紀伊國屋書店、二〇〇二年、一二四ページ以下）

（9）養老孟司『唯脳論』ちくま学芸文庫、一九九九年を参照。

第10章　ジンガーの「脳の社会的相互作用説」をめぐって

はじめに

「内部の目」にはいささかの神秘性もない。それは脳の創発特性として実在している。つまり全く自然的なものである。そしてその起源は個人の内面性にではなく、他者との社会的相互作用にあるのだ。しかし、このことはなかなか気づかれない。

第8章でも触れたように、我々が比喩的に「内部の目」と言うのは、認知主体たる統合的自我の内的質感のことである。ネーゲルやチャルマーズは、実はこの「内部の目」にひたすらこだわって、意識の主観的特質の還元的説明の不可能性を主張しているのである。つまり意識のハード・プロブレムの起源は、「他者の視点からは知りえない、自己の私秘的な主観的観点」としての「内部の目」を物理主義的用語で説明することは不可能だ、という確信にあるのだ。そして、この「内部の目」を修飾するものとしてクオリアがある。

「内部の目」というのは確かに誤解されやすい表現である。それは脳の内部のショーを観賞するホムンクルスのように思われるし、物理的な延長実体である「外部の目」を超越した、非物質的な霊的実体のようにも受け取られる。しかし、我々は日常の知覚や認知や意識の生活において、確かに「内部の目」と呼べるものを経験しているのである。ただし、直前に述べたようにいかがわしさを漂わせているので、我々はそれを認めることに、後ろめたさを感じてしまうのである。そしてここから消去的還元主義とミステリアニズムの二極分裂が起こり、「内部の目」の真の（というか意外な）起源は見失われてしまう。

我々は、ある現象の本質とか起源の解明に没頭していると、その現象を背後から支えている単純な原理にいつまでも気づかないままに、迷路をさまよってしまうことがある。つまり、その単純な原理は、観察や考察や対象化の可能性の根拠として働きつつ、それ自体は現出しないで背景に退いてしまうのである。我々はそれを、「図に着目していると いつまでも気づかれない地」と比喩的に表現することもできる。言うまでもなく、図を図として可能ならしめているのは地であるが、この地が決して現出しないのである。

ドイツのマックス・プランク脳研究所所長のヴォルフ・ジンガー[1]は、英米の認知神経哲学における意識のハード・プロブレムをはるか離れた外部から考察し直した。それは、哲学的な科学者を数多く輩出したドイツ人ならではの、英知に満ちた考察態度であった。彼は、脳内ニューロンの同期発火による情報の統合という、前述の「結合問題」の研究の合間に、哲学者たちと心脳問題に関する議論をするなどして、意識のハード・プロブレムに対する一つの解決案を見出した。それは「脳の社会的相互作用説」というものであり、「内部の目」を自然主義的に（しかも非還元主義的に）説明してくれるものであった。その説明は確かに英知的で示唆に富むけれども、あらゆる理論がそうであるように、決して完璧ではなく、見落としもある。我々は本章において、これまでの考察とこれからの論考双方を視野に入れつつ、彼の説を考察・検討しようと思う。

1　形而上学的自我の自然的起源

前に触れたことをもう一度取り上げよう。読者の方々は、両親が作成してくれた自分のアルバムを開いて、自分がいつから意識をもち始めたか想起してみて欲しい。おそらく三歳から五歳ぐらい、というのが大方の意見であろう。そして、はっきりとした「自我の目覚め」は一四歳から一七歳ぐらいだった、と言うであろう。ここまでは、誰でも答えられる。しかし、「あなたは哲学者が言うような形而上学的自我をいつ頃感得できるようになりましたか」という問いに明確に答えることができる人はあまりいないであろう。もちろん、「形而上学的自我」という概念自体が聞きなれない難物だからという理由もあるが、たとえそれを、思春期における自我の目覚めや心理学的説明を援用して、経験的レベルで理解できるように説明し換えたとしても、やはり件の問いに答えられる人はあまり多くないであろう。それに即答できるのは、心の哲学とか超越論的哲学とか自己心理学の専攻者たちだけである。ただしこのことは、形而上学的自我が一部の専門家の占有物であることを意味しない。一般の人も、実はそれを経験し、漠然とながら理解している。ただそれを明確に概念化する術を知らないだけなのである。また明確に概念化する術を知っていても、それを幻とみなす哲学者や科学者も多い。例えばデネットとか。

「形而上学的自我」は、「内部の目」とか「主観的意識の現象的質感」という言葉に置き換えた方が理解しやすいかもしれない。なぜなら前者は実体を思わせるが、後者二つは機能的状態としても受け取れるからである。そしてそれらは、言うまでもなく意識のハード・プロブレムの源泉となる現象である。

ところで、これまで何度も触れてきたこの難問が、「えっ」と思うような起源をもつものとして説明されたら、どうであろうか。それは果たして現象的意識とクオリアへの期待を心の哲学者たちから奪い去ってしまうであろうか。それとも問題の再考を促し、思索を深めるきっかけとなるであろうか。「唯一のかけがえのない自己」の質感といったものは、ある気づかれにくい自然的起源をもっており、それが意識のハード・プロブレム提起の見えざる背景になっているのだよ、という諭しは、還元主義や機能主義によるハード・プロブレム否定よりもはるかにラディカルであり、奥深い。それは、青年の自意識過剰な客気を諌める大人の観点に類似している。そしてジンガーによる、「内部の目」としての形而上学的自我の起源の説明は、まさにそれを象徴している。

彼によれば、「内部の目」としての自己意識の起源は発達心理学的に捉えられる。しかも脳の初期発達を十分加味した観点から。それを彼は次のようにまとめている。少し長くなるが、重要なので全文引用しよう。

意識現象の位置づけに関して我々が困難に直面する理由は、自意識（the awareness of the one's self）を生み出す複数の脳の間の重要な対話は出生後の初期に行われるという事実、および我々がこの時期のはっきりした記憶をもっていないという事実から来ている。幼児の脳が発達する途上で養育者が集中的な対話を強制し、その間にその幼児の脳は自我を獲得し、他人とは違うのだと理解するのだが、誰もこの学習過程を記憶していないのである。そこで、この初期の刷り込みによって組み込まれる内容が一次知覚と異なったものとして経験されるのは、極めて自然なように思える。「内部の目」は、初期に獲得された知覚や感覚の原因も経過も知る（見る）ことがない。そのため、自意識はいかなる原因からも切り離されたものとして知覚されるのである。そこで私は、結論として、自意識現象の神秘的側面に対する二つの理由をここに指摘したい。一つは社会的起源、もう一つは獲得過程の記憶喪失である。

ヒトの幼児は極めて未熟な状態で生まれ、認知能力は数年かけてゆっくりとしか獲得されない。その間彼らは絶えず、事物の世界のみならず、ゆっくりと成熟する脳との集中的対話を楽しむように極めてうまく調整された認知能力をもつ養育者にもさらされ続ける。この脳がエピソード記憶（個人的経験の記憶）を構築し、それらを思い出すことによって自らの経験を追えるまでに成長した頃には、個と自我の経験がその脳の構造に深く刷り込まれている、ということはありそうなことである。しかし、その過程の記録は存在せず、また通常の感覚体験とは違って、繰り返しが不可能である。こうして、初期の社会的相互作用によって獲得される認知能力は他の脳過程とは異なる性格を帯び、神経生理学的記述を超えると思われるのである。(2)

これは何気ないが、ものすごい思想である。なぜならそれは、超越論的哲学や現象学や心の哲学における形而上学的自我の特異性を自然的基盤へと引き戻し、「いかなる原因からも切り離されたもの」と憶測された自己意識の隠れた起源を暴き立てるからである。しかも、その仕方は、還元主義的消去や機能主義的平板化とは異なり、意識の主観的特質をあくまで創発的なものとして捉え、「内部の目」としての自我の実在性と質感を損なうことがない。この考え方によって、デカルトのコギト、カントやフッサールの超越論的自我、チャルマーズの現象的意識といったものは、脳という物理的基質へと還元されるのではなく、脳の創発的特質として捉え返されるのである。その際注目すべきなのは、チャルマーズを含む自我の超越論的概念の主張者たちが一貫して見失っている、卑近な発達心理学的過程への着眼点である。

哲学者が形而上学的思索を開始するのは、十分な学習を経た青年期であり、そのときには社会的自己意識と脳の神経回路編成は、ほぼ完成してしまっている。ところが哲学者は、それを顧慮しないで、自我の現下の現象的本質を看取しようとする。これは、「私の現在の意識に直接、明証的に与えられたもの」を一切の思考と判断の規範とみなす態度に由来する。この態度に固着すると、自我の発達的過程は、反省を通じて獲得された二次的構築物へと格下げされる。つまり自己意識の生成の発達的縦断相が背景に退き、あくまで現在の、省察遂行態の横断相が幅を利かすのである。これは何も、デカルトやフッサールに限ったことではない。自我や主観性や意識が問題となる際、それらはどうしても、さしあたって形而上学的に把握されざるをえないのである。これは、「意識を把握するのは主観であるが、主観は主観自身を対象化（客観化）できない」というアポリア的事情に淵源する。このアポリアから抜け出す方法は多種多様である。最も手っ取り早いのは、本書でも紹介したデネットやポールに見られる、形而上学的主観性消去の方法である。この方法は、古くから唯物論者が好んできたものだが、物事を深く考えたがらない、面倒くさがり屋に共通の思考傾向に由来する。彼らは、パスカルの言葉で言えば、「繊細の精神」を欠いているのだ。その他には、フッサールがデカルトを乗り越えようとして発案した「間主観性」の視点、チャルマーズが提唱した「情報の二重側面理論」、身体性の概念に訴えるもの、などがある。

このように形而上学的主観性の主張者たちも主観—客観対立のアポリアを克服しようとしているのだが、ジンガーの方法が彼らのものとは明らかに趣旨が異なり、かつ還元主義者の横暴にいささかも屈しないという意味で「格別」なのは承認すべきである。簡単に言うと、ジンガーは「現下の意識に直接、明証的に与えられたもの」をあまり信用していないのである。彼が重視し信頼するのは、むしろ主観性の隠れたる根拠である。それは、意識の深層に存し、現下の明証的意識に影響を及ぼし続ける、自然的基盤でもある。そして、この自然的基盤は、認知発達学的に具体化して示すことができる。つまり、明確な自己意識が獲得される以前になされた幼児期の社会的情報交換、ならびにそのプロセスが未熟な脳の構造に刷り込まれた結果として。

この刷り込み説には注意が必要である。なぜなら、それは自意識獲得過程の記憶喪失、ならびに高等霊長類の脳に見られるメタ表象の機能に関連することによって、脳の社会的相互作用説の神経生物学的基盤となるからである。メタ表象というのは認知心理学的概念であって、自分の内的体験についての自覚的表象、つまり「表象の表象」を意味し、それゆえ自己意識の基盤となる重要な機能である。それはまた他者の心を推察する能力にも関わる。

2　メタアウェアネスと社会的自己意識

メタ表象はメタアウェアネス（つまり自分が知覚していることに気づいていること）とも言い換えられる。このメタアウェアネスは、同一の一次知覚ないし一次的認知作用が脳内で繰り返されることによって生じる。つまり、そのとき再帰的自己言及が認知過程に生じるのである。一次的認知作用とは、外界からの信号と生物体内部からの信号の知覚を可能にする低次の機能であり、神経システムをもつあらゆる生物に見られるものである。それに対してメタアウェアネスは、ヒトやチンパンジーといった高等哺乳類にのみ確認される高次の認知機能であるが、基本的に一次的認知作用の延長上にあり、それゆえ神経生物学的に説明可能であるとみなされる。一次的認知作用は、もっぱら脳の外部からの情報を大脳皮質の低次領野で処理している。それに対してメタアウェアネスは、感覚器官から直接の入力を受け取らず、他の皮質領野の出力を処理する新皮質の追加として起こったのである。それゆえ、皮質内の生理的計算機能として、一次的認知作用とメタアウェアネスは連続しており、両者の間に飛躍や断絶はない(3)。

ジンガーは、メタアウェアネスが一次知覚内容の再帰的表象（現れの覚知）を含むがゆえに、それを現象的気づき（phenomenal awareness）とも呼んでいる(4)。この現象的気づきは、確かに「内部の目」の神経的基体となるが、やはり自己意識との間には隔絶がある。現象的気づきは個別的脳の創発的性質として理解できるが、自己意識は志向性や自由意志やモラルや生命への畏敬といった、生理学的因果性の枠をはみ出る要素を含んでおり、単独の脳の創発的性質としては理解できない。それは複数の脳が社会的に相互作用した結果初めて生じた、創発的特質なのである。それゆえ神経生理学的記述システムの内部に収めることは難しい。そして彼によれば、このことこそ心の哲

学に意識のハード・プロブレムを生じさせる原因なのである。(5)

我々の目には、注意を振り向けたり、決定にたどり着いたり、価値づけをしたり、運動行動を開始したり、といった機能を制御するエージェント(作用因子)として体験される自我は、神経生物学的に説明される機能などとは存在論的に異なるカテゴリーに属すものとして映る。そこで意識の主観的特質としての自我は、非物質的な精神的実体として経験され、そうした経験に敏感なものは二元論的立場になだれ込みやすいのである。そして意識のハード・プロブレムを立てる。しかし、そうした人々が見落としているのは、前述の自意識獲得過程の記憶喪失という事実、ならびに複数の脳の間での社会的情報交換という背景である。(6)

単独の脳の生理学的過程のうちに意識の主観的特質を説明する要素が見出せないからといって、そこからすぐに主観性が非物質的特質だと決め付けるのは早急である。ある人の脳と他の人の脳が情報交換し社会的に相互作用するときには、二人の人それぞれの身体(それは独自の来歴をもっている)の活動や環境内の要素や社会情勢といったものが変数して関わってきて、それぞれの脳内の情報処理に非線形的効果を引き起こす。そして、そうした効果を引き起こした後に、脳内の生理学的過程に明確な痕跡を残さないままに消え去ってしまう。この事実を無視して、意識の主観的特質を脳内の生理学的活動のうちに強引に見出そうとしても無駄である。それは前述のように、「風よ、吹かないときにはどこにいるのか」と問う愚行に等しい。そして言うまでもなく、風は物理的出来事である。それと同じように、社会的相互作用も音声や情報媒体や身体活動という物理的要素によって構成されている。それらのうちには、人間の脳ないし有機体の内部から発するものもあるし、脳の外部の環境世界に保存されているものもあるが、後者はそれを知覚するものがなくても存在し続ける。ただし、意識の主観的特質を生み出すような社会的相互作用は、ある人の脳(B1)と他の人の脳(B2)と脳の外部の環境要素(E)の三つがそろい、有機的に共振しないと生起しない(前述のアヴェロンの野生児を想起されたい)。この有機的共振は高度の情報物理的過程であり、それには意味の伝達や処理の物理的側面も含まれる。これは、人工ニューラルネットワークによるシミュレーションを援用する神経情報科学がわずかばかり手をつけただけの難物であり、標準的な神経生物学の手法では歯が立たない。ジンガーもそのことは認めており、将来の課題として、脳内ニューロンの同期発火による情報の統合を空間的様式からだけでなく時間的様式も加味して解明すること、そしてそのために非線形力学を応用することを挙げている。また彼は、脳を自己組織的システム、つまり中央司令塔（ないしアプリオリな基本設計図）なしに分散的ニューロン群（認知モジュール）が局所的に相互作用することによって全体的秩序を生み出すシステムとみなし、意識はこの相互作用から創発する特質であると考える。その際彼は複雑系の研究における「創発的振る舞い」の概念をモデルにしている。また、脳が自己組織活動を営むのは、社会―文化的環境の内部においてであることに強調点を置いている。そこで彼は自然科学的アプローチと人間科学的アプローチの調和の重要性を訴える。(7) しかし、それは将来の課題として、現時点では理想にとどまっている。彼は現在、ひたすら結合問題の解明をメタアウェアネスの脳内機構に定位して行っており、社会的自己意識の解明は先送りしている。(8)

ジンガーはクリックと違って、結合問題の解明を重視しつつも還元主義を容認することがない。彼の地道な研究は、メタアウェアネスと社会的自己意識の接点を解明するための基盤となるであろう。しかし彼は、自然科学者としての自らの立場をわきまえて、メタアウェアネスの神経生物学的研究に専念している。とはいえ、読者の中には気づかれた人もいると思われるが、彼が想定するメタアウェアネスと社会的自己意識の関係は、チャルマーズが主張する気づきと現象的意識の構造的相即とある意味でパラレルである。ただし思弁的で先走的で性質二元論を主張するチャルマーズと堅実で二元論を容認しないジンガーの間には大きな懸隔がある。今後、情報概念や創発概念を洗い直すことによって、両者の距離が縮まることを期待したい。

3　自意識獲得過程の記憶喪失か？

さて、ここで再び自意識獲得過程の記憶喪失の問題に戻ることにしよう。

我々は確かに「私である」という意識をもっている。それは自然な感覚である。ジンガーは何も、この自然な自己意識の存在を疑っているのではない。彼が疑念をさしはさむのは、それを「いかなる原因からも切り離されたもの」と考える一切の態度である。そして、この「いかなる原因からも切り離された」ということが意味するのは、自己意識を物質としての脳から切り離して考えたがる二元論的思考姿勢である。それは、近世初頭にデカルトによって先鋭化され、二〇世紀においても神経生理学者のエックルズがかたくなに守ったものである。この二人において二元論的思考は極致に達している。それは、いわゆる実体二元論というもので、自我を脳の外部に存する不死の非物質的実体とみなす不合理な立場である。

意識のハード・プロブレムを提唱する現代の神経哲学者たちの中には、デカルトやエックルズのような実体二元論を信奉するものはもはやいない。ただし主観的意識の現象的特質を物理主義的用語に翻訳することに断固として抵抗している限り、彼らの思考は二元論の色彩を帯びざるをえない。ジンガーは、そこに批判の矢を向けるのである。

それではチャルマーズやネーゲルやジャクソンは本当に、他の人たちと違って、自意識獲得過程の記憶喪失に気づかないがゆえに意識のハード・プロブレムを提唱しているのだろうか。そうではなかろう。そのように直接問うと、問題の真相は見えてこない。そこで別の観点から見ることが必要となる。つまり、「自意識獲得過程の記憶喪失」という事実が哲学的思考に影響を及ぼす際の媒介事項に目を移すことが要求されるのである。そして、その媒介事項とは「意識と無意識（背景意識）の関係」である。

つまり彼らが見失っているのは、筆者が前に述べた「意識と無意識の間のなだらかな連続性」なのである。これは脳の機能だけを見ていたのでは分からない。それを理解するためには、脳と身体全体の入れ子構造に着目しなければならないのである。人間の心の発達というものは、深い意味で心身相関的なものである。心脳問題に入れ込む者は、身体全体という自然を忘却して、認知主義の狭い観点から自己意識というものを考えているように思われる。自己意識というものは、身体という自然から決して切り離せないのだ。それは認知だけではなく、感情や情動や体性感覚とも密接に関係している。このことについて深く研究しているのは、神経学者のアントニオ・ダマシオである。彼は、首から下の身体が発するソマティック・マーカー（身体信号）が、脳の働きを制御し、その結果自己意識にも影響を及ぼすと考える。そして、この仕事を実際に請け負うのは、自律神経系と内分泌系である。

ただし、こうした考え方は、何もダマシオが初めて提示したものではなく、情動生理学や心身医学において古くからとられてきたものである。しかしダマシオが偉大なのは、心脳問題の土俵において、この思想を洗練された形で鮮やかに提示したことにある。彼によれば、人間の心を包括的に理解するためには、環境の中で生きる心身統合的な有機体という視点が不可欠である。この「心身統合的」ということは、脳と身体の二元分割を乗り越えるということも含意し、「環境の中で生きる」ということは、物質的ならびに社会的環境と完全に双方向的に作用し合う、ということを意味する。(9)

主観性や自己意識の問題を考える際にも、ダマシオの言うような有機体的視点は重要である。特に幼児の自意識獲得のプロセスは、情動と体性感覚によって支配されているので、それを把握するためには心身統合的観点が必須となる。幼児の場合、心身統合的というよりは心身未分と言った方がよいかもしれない。幼児は感情と情動の塊である。また、彼らの認知機能は無意識的―身体感情的であり、再帰的自己言及機能がほとんどない。それゆえ、彼らの脳は刷り込みにとっての格好の餌食となる。この場合の刷り込みは、無自覚的な自意識獲得という形で起こる。幼児には極めて未熟な言語機能（ないし言語的思考力）しかなく、メタアウェアネスの機能も貧弱なので、自意識獲得のプロセスは無意識的に刷り込まれ、明示できる記憶として残らないのである。しかし、確かに自意識獲得は、な、さ、れ、て、し、ま、っ、て、い、る、の、だ。これは、自己意識が無意識的要素を全く含まない、明晰なものと考える人には理解しがたいであろう。彼らにとって、自己意識は意識の中核現象であって、現下の現象的クオリアによって満たされたものだからである。自意識獲得過程が無意識的ないし無自覚的だと言うのは、形容矛盾以外の何物でもない、と彼らは言うであろう。

なぜ意識の難問の提唱者とジンガーでは、自己意識の理解に乖離が生じるのであろうか。その理由は二つ考えられる。一つは、社会的相互作用から意識を捉えるという、ある意味で常識的な視点があるかどうか、ということである。これは自己と他者の問題にも関わってくる。もう一つは、クオリアをどう扱うか、ということである。クオリアに入れ込みすぎると、何かが見失われるし、逆にそれを軽視しても、意識に関する重要な観点が平板化されてしまうのである。

4　クオリアと社会

ネーゲルが「内部の目」、つまり経験の主観的特質を、コウモリという極めて特異な認知生活を送る生物を題材にして説明したのは偶然ではない。経験の主観的特質を際立たせ、それが物理主義的客観化に断固として抵抗することを示すためには、コウモリは格好の題材だったのである。人間には、コウモリの認知生活の主観的特質にアクセスする術が全くない。つまり、単に人間の立場からコウモリに感情移入して、「もし自分がコウモリだったら、こうだろうなー」という想像をしてみても、それは人間的認知生活の主観的性質をコウモリに投影したにすぎないのである。また神経生物学のデータを駆使して、比較行動学的にコウモリの認知機能を人間に理解できるように再構成しても無駄である。それらはいずれも、主観性の客観化であり、コウモリがコウモリ自身の視点から見ている世界には到達しないのである。この巧妙に仕組まれた思考実験も、ネーゲルによれば、決して「経験がその所有者にのみ知られうるといういわゆる私秘性の問題に言及しているのではない」。問題は、経験の主観的「質」つまりクオリアを物理主義的に説明することが極めて困難だ、ということなのである。(10)

ネーゲルの観点は確かに鋭いが、我々はこの説を鵜呑みにすべきではない。注意すべきなのは、コウモリは人間と社会的に相互作用することがない（というより永遠にしないであろう）、という事実である。この事実は見逃されやすいが重要である。そういう生物を題材にすれば、異質な主観性が理解し合う可能性を排除しやすい。ネーゲルは、主観性のハードルを高くしておきたいがために、わざとコウモリという人間とはおそろしくかけ離れた生物を選んだのだ、と言えなくもない。主観性とクオリアの問題が極めて難しい、ということを誇示するのはけっこうだが、これでは低層から高層に徐々に進んでいこうとする努力を最初から阻んでしまうことにもなりかねない。これはチャルマーズやジャクソンにも見られる傾向であり、クオリアへの入れ込みが自我と主観性の社会的起源を視野の外に置いてしまうことを表している。自己意識の社会的起源は、クオリアへの関心をある程度抑制しなければ、視界に入ってこないのである。

彼らと違ってジンガーは、意識の主観的特質が社会的コミュニケーションの産物であり、それなしには存在しえない、と主張する。彼によれば、意識の主観的特質は、異なる脳と脳の間の情報交換を通じて初めて実在化するのだが、この特質が実際に感じられ経験されるものとして現出するためには、二つの条件が満たされねばならない。「第一の条件は、複数の脳は対話のキャッチボールにより相互に照らし合わせる必要があるということ、第二の条件は、相互作用するこれらの脳は心の理論を作り出すだけの認知能力を備えていなければならないことである。情報をやり取りする脳は、他のそれぞれの脳について、その想像される状態をモデル化する能力をもっていなくてはならない。それらの脳は、自らの内部状態を監視もしくは知覚でき、その監視結果を他の脳に伝達できなければならない。さらに、他の脳との情報のやり取りは反復されなければならない。簡単に言えば、それらの脳は〈私はあなたが私が知っているということを知っていることを知っている（I know that you know that I know）〉とか、〈私はあなたが私がどう感じているかを知っているということを知っている（I know that you know how I feel）〉といった対話に入れるほど分化していなければならないのだ[11]」。このように彼は述べている。

この引用文に出てくる「心の理論」は、自閉症における認知障害を説明するときに必ず用いられるものである。自閉症児はメタ表象の機能に障害がある。メタ表象とは、自分の内的体験についての自覚的表象、つまり「表象の表象」であり、それゆえ自己意識の基盤となる重要な機能である。この機能に障害があると、他者の心を推察できなくなる。そしてそれと表裏一体の形で、自分の心もモニターできなくなる。つまり、引用文中の複雑な対話に入っていけないのである。それに対して「心の理論」は、この対話に入っていく能力を意味する。それゆえ自閉症児は、その障害名が喚起するイメージとは裏腹に、私秘的な感覚質に満たされているわけではないのである。つまり彼らには感覚機能の偏りはあるが、自らの感覚生活が他と隔絶した私秘的なものだという意識はないのである。したがって彼らは決して独我論者ではありえない。独我論者であるためには「心の理論」をもっていなければならないのである。それを欠く彼らは、社会的情報場へと延び広がった主観的意識の公共的性質も同時に失っている。しかし彼らは、決してコウモリのようには我々と隔絶しておらず、それゆえ我々との主観性の比較が可能なのである[12]。なぜなら我々はみな、多かれ少なかれ私秘的な側面をもっており、それなしには生きていけないからである。そしてお互いの私秘的側面を認め合うことによって社会は成り立っている。ただし、そのことに気づかない脳天気者もいるが。
もともと医学の出身で、精神医学にも理解があると思われるジンガーが、前掲のような発言をする際に自閉症の認知障害を念頭に置いていると考えるのは、ごく自然であろう。自己意識の起源を探るためには、発達的状況における他者との社会的相互作用、ならびにそれが損なわれる障害児の病理を手がかりにすることが極めて有効である。ただ、一般にクオリアのような形而上学的概念は、そうしたものとは切り離されて考えられるので、ジンガーの発言は行き過ぎと思う人もいるであろう。しかし彼の観点は、クオリアを天上から社会文化的環境に引き戻す力を秘めており、その意味で格別のものだと筆者は思う。我々の心は他者との触れ合いからのみ生まれる、というのは人口に膾炙した信念である。それと同じように、クオリアも一つの心の奥底だけからは生ぜず、もう一つ以上の心との接触を通して初めて感得される、と考えるのはごく自然ではないだろうか。ベートーベンの第九に感動し、梶井基次郎の小説に美を見出し、甲子園大会の決勝戦に熱狂する心、ならびにその心の性質としてのクオリアは、まさしく他者との触れ合い、複数の脳の社会的相互作用から生まれたものである。そして、それらは社会的情報構造を通じて人から人へと伝えられていく。

とはいえ、筆者は何もジャクソンやチャルマーズのクオリア論が宙に浮いた空論だと決めつけているわけではない。やはりクオリアに関しては、何はさておいて彼らの観点が重視されるべきであると思う。しかし、クオリアの社会的—自然的下部構造も顧慮しないと、心や意識に関する全般的理論とうまくリンクできないのではないだろうか、という危惧は消しがたい(13)。クオリアを一部の愛好者の手から解き放って、普遍的な問題にするためにも、社会的次元という低地に舞い戻る必要があると思う。

心とは関係性のことである。それゆえ「一つの心」と言うのは、厳密には正しくない。関係性が最初にあって、それが個々の脳をコミュニケーション的(情報交換的)状況に追い込み、諸々の心的性質を創発せしめる。しかるに、関係性とは社会性の原基にあたるものである。そして本来の社会性とは、独我論や私秘性の要素も許容する、寛容な（open-minded）ものであるはずだ。[14]

注

（1）マックス・プランク脳研究所のＨＰを参照（http://www.mpih-frankfurt.mpg.de/global/eindex.htm）。

（2）W. Singer, Consciousness from a Neurobiological Perspective, *From Brains to Consciousness?: Essays on the New Sciences of the Mind*, ed. S. Rose, Penguin Books, 1999, pp. 228-245（以下 CN と略記する）、『最新脳科学——心と意識のハード・プロブレム』八二―八八ページを参照。

（3）W. Singer, CN

（4）Cf. W. Singer, Phenomenal Awareness and Consciousness from a Neurobiological Perspective(http://www.mpih-frankfurt.mpg.de/global/Np/Pubs/metzinger.htm)

（5）W. Singer, CN

（6）W. Singer, CN

（7）『最新脳科学——心と意識のハード・プロブレム』七二―八一ページを参照。

（8）Cf. W. Singer, Consciousness and the Binding Problem（http://www.mpih-frankfurt.mpg.de/global/Np/Pubs/zaragoza.htm）

（9）A・R・ダマシオ『生存する脳』田中三彦訳、講談社、二〇〇〇年

（10）T. Nagel, What is it like to be a bat?

（11）W. Singer, CN

（12）この点に関しては、自らの主観的意識経験を明晰に表現できる、知能の高いタイプの自閉症者の報告が極めて示唆に富んでいる。例えば、動物心理学者のテンプル・グランディンはアスペルガー症候群（高機能自閉症）の人であるが、自らの視覚優位の認知機能ならびに様々な感覚過敏症を客観的に分析して報告している。そしてその特異性が、動物の心理を理解する特殊な能力の基盤となったことを告白している。彼女が特に興味をもったのは牛の心理と主観性であった。『自閉症の才能開発』（カニングハム久子訳、学習研究社、二〇〇三年）の第八章「牛の目から見た世界」で彼女は次のように述べている。「私が牛の身になる

ということは、牛のコスチュームを着けることではなく、まったく牛になることなのである。牛がその環境をどんなふうに眺め、どんなふうに聞いているのかを、私自身の〈目で考える技能〉でシミュレートしてみるのである。牛の体の中に入り、そこで体験することを想像してみる。それは最高のヴァーチャル・リアリティだが、このシミュレーションがロボットのように冷たくならないように、私の中にある優しさや親切さの共感を伴うようにする。私が持っている牛の行動パターンや本能についての科学的知識に基づき、牛の行動規範にも従わなければならない。牛の感覚器官を通して環境を体験するというのは、どういうことなのかも想像しなければならない」。この件（くだり）を読んでネーゲルはどのような意見を述べるであろうか。ネーゲルがいかなる見解を示そうとも、筆者は異質の主観性の間、ならびに主観と客観の間になだらかな連続性を認めざるをえないと思う。要は、主観性の物理主義的解釈と比較行動学的研究の可能性を頭から否定せずに、説明的ギャップを架橋する努力を怠らないことである。とはいえ、安易な還元や融合は慎むべきである。ネーゲルはそれを強調しすぎたのだと思う。それに対して、高機能自閉症者にして動物科学者であるグランディンの観点は、異質の主観性の間のなだらかな連続性を見事に捉えている。

（13）この点に関しては、本書第7章の議論を想起されたい。

（14）こうした要素に対する寛容な態度が、知的障害や精神障害（とりわけ後者）に対する偏見を除去するための原動力となるのは言うまでもない。

第Ⅳ部　自我の形而上学と形而下学

第11章　ポパーにおける世界3と自我

はじめに

周知のように、批判的合理主義の科学哲学者カール・ポパーは、ノーベル賞受賞の神経生理学者ジョン・エックルズと交流をもち、脳と心の関係を自我の問題に収斂させる形で共同研究した。その成果は、一九七七年に出版された『自我と脳』(1)に集約されている。

哲学者と科学者が一つの問題を共同で解決しようとするのは非常に望ましいことである。そのようなことはあまりなされないが、本書の主題である心身問題ないし心脳問題に関しては、これまで何度かそういう試みがなされてきた。例えば、哲学者のハイデガーと精神医学者のメダルト・ボスが一〇年間にわたって共同で行ったゼミナールの中心テーマは心身問題であった。また最近の意識科学の基礎をなす心脳問題も、哲学者と科学者ないし哲学的観点と科学的視点の対話から成り立っている。

心身問題は、もともと哲学と科学の接点に位置するものであり、その意味で人間の知的探究の幅を広げ奥行きを深める可能性を秘めている。それはまた形而上学（抽象的思考）と形而下学（具象的データ解析）の相補性を示唆し、両者の実り豊かな結合・折衷の場を提供するものでもある。しかし心と身体がそう単純に二元分割できないように、哲学と科学も折り重なる部分をもっている。その部分は学以前の世界観や人生観に由来するもので、そうした要素が哲学的思考や科学的探究の先行的枠組みを暗々裏に決定してしまうのである。そこで、哲学者の方が現実的で科学者の方が思弁的・神秘主義的という逆説的事態が発生することがある。例えば自我の問題に関して、ポパーは社会的起源を重視し超自然的次元を全く無視するのに対して、エックルズはパスカル的実存主義を標榜し宗教的超越への志向を表明する。脳の神経生理については後者の方がはるかに詳しいにもかかわらず、こうした事態になるのである。我々は両者のうちポパーの方を重視し、その反唯物論かつ反神秘主義の自我論と心身論を考察しようと思う。その際注目されるのは、ジンガーの「脳の社会的相互作用説」の先駆的形態とみなされる、三元論的世界把握、とりわけ客観的精神の実在性を示唆する世界3の概念である。

ただしポパーは、ジンガーと違って二元論への傾向が覗われる。それゆえにエックルズと馬が合ったと思われるのだが、我々としてはこの点に批判の目を向けたい。またポパーは創発性の概念も重視しているが、後に出たブンゲの創発主義的マテリアリズムほどには洗練されたものではなく、それゆえ物質界と社会文化的世界の関係把握に若干支障を来している。この点にも批判を加えたい。しかしポパーの先駆的業績は、これらの欠点を補って余りある。我々はこの点を踏まえ、かつ前章と次章との関連を考慮して、彼の自我論と心身論の意義を論じたい。テキストは『自我と脳』であり、論述は次の順序でなされる。(1)唯物論批判の視座、(2)世界3の概念、(3)自我と意識の統一性、(4)評価と批判。

1　唯物論批判の視座

ポパーはもともと、二〇世紀前半の多くの科学哲学者がそうであったように、物理学の認識論的基礎を探求する哲学者であった。その意味では、彼は物理主義的唯物論の傾向をもち合せていたと思われるが、後に進化生物学の研究を経て心身問題に取り組むようになるに及んで、はっきりとした唯物論批判の姿勢を示すようになった。つまり、進化論に代表される生物学思想は、人間が単なる物理的機械ではなく、自由と目的性をもつ生命体であることに目を開かせ、心身問題の熟考がその信念を確固たるものにしたのである。それは自我と意識、ないし自己意識の問題に直面するに及んで頂点に達した。なぜなら、目的をもった自律的な行為の主体としての自我、ならびにその機能的状態としての意識は、脳への単純な物理主義的還元を断固として拒むものだからである。本書では、そのような反還元主義的視点のいくつかを紹介してきたが、ポパーもまたその流れに与している。ただしポパーは、物理的還元主義を経て還元主義批判に到達したので、その批判には説得力がある。彼の掲げたスローガン「唯物論は自らを超越する」は、まさに唯物論を内側から乗り越え出る姿勢を表示している。

それでは、唯物論はいかにして自らを超越しうるのか。ポパーの見解を筆者なりにまとめると、そのための条件は次の四点を承認することである(2)。

(a)　人間は機械ではない。

(b)　自然界の事象は物質科学だけでは捉えきれない。換言すれば、物理的世界は因果的に閉じておらず、それゆえ自己完結していない。

(c)　還元主義は自らの限界をわきまえて、創発性と下向きの因果作用を承認しなければならない。

(d) 自我と意識は確かに実在している。その実在性の意味をよく考えなければならない。まず(a)について。ポパーは次のように述べている。「人間は代わることのできないものである。そしてこの代わることができないという点で、明らかに人間は機械とは非常に異なっている。人間は人生を楽しみ、苦しみ、そして自覚的に死に直面することができる。彼らは自我である。カントが言ったように、人間は人間自身の目的なのである」[(3)]。ポパーによれば、この見解は人間を機械とみなす唯物論の説の対極に位置している。なぜなら、機械はいかに複雑であろうとも、決してそれ自身の目的ではない。またそれは人格的生命をもたない。それゆえ、その希少価値のゆえに重宝がられることはあっても、生命体のようにその個的存在の尊厳が叫ばれることはない。例えば、限定生産の最高性能のベンツといえども、ホームレスの老人（場合によっては野良猫）を轢きそうになったら、脇にそれて電柱に激突することを選ばなければならない。そして、この行為を選択するのは、まさしく機械ではないドライバーなのである。たとえそのドライバーがヤクザであろうともそうするであろう。

ただし、すべての唯物論者がヒューマニズムに反する機械論者である、というわけではない。むしろ精神主義者の方が残忍でありうることは、歴史が如実に示している。例えば、古い時代の一部のキリスト教徒、ナチスの党員、第二次大戦中の日本の軍人たち、そして最近ではオウム真理教とかイスラム原理主義の首謀者たち。こうした連中は、ポパーの言葉で言えば、まさに「開かれた社会にとっての敵」であるが、その残忍な行為は唯物論者をはるかに凌駕する。というより、唯物論者は外見上冷血漢に見えるだけであって、その実は極めて良心的なのである。かつて、いかに多くの唯物論者が自由と啓蒙の戦士であったことか。また身近な例を挙げれば、脳外科の手術の腕を自慢する脳神経外科医や薬物療法を賛美する精神科医が、人間の人格的自由や精神性を無視しているということはない。こうした人たちを取り上げて唯物論を批判するのは全くの的外れである。よくあるセンチメンタリスティックなヒューマニズムからする唯物論批判などに、ポパーは与していない。

しかし彼によれば、機械論的唯物論には決して免責されない落ち度がある。つまり自我とその意識体験の実在性、ならびにその創発的非物質性（つまり物質的過程を超えた自律性）を承認しない、という落ち度が。そしてこうした要素の無視は、さしあたって表面上は災をもたらさないように見えても、心身問題の究極的解決と自然界の奥深い本性の解明にとっては障壁となる。それゆえ人間機械論は乗り越えられなければならないのである。

次に(b)について。この条件の基幹をなすのは次の主張である。「物質とその性質を説明する際に、現代物理学は唯物論の元来のプログラムを超越した。事実、古典的な唯物論に反対する、はるかに重要な論証を作り出したのは物理学自体だったのである」[4]。古典的な唯物論によれば、物質は自然界を構成する唯一の実在的要素であり、その本性は空間に広がり、空間の一部を占めるという意味での延長性ならびに不可侵入性（impenetrability）である。初期の唯物論者が自然界のすべての源泉と考えたアトム（原子）が、不可分で不可侵入性の最小単位を意味するのは周知のことであろう。しかし、この素朴な原子論的唯物論は、次第に修正が加えられ、とりわけ二〇世紀の物理学によって大きく変革された。まずニュートンによって物体同士が引き付け合う力をもっていることが発見され、この引力が物質の本質的性質として付け加えられた。これによって、不可侵の物体同士は相互に押し合うのみだという古典唯物論のテーゼは破棄されることになった。またニュートンのこの発見は、個々ばらばらに存在する膨大な数の物体ないしアトムのみがこの宇宙を構成するという考え方を覆し、物体間の相互「関係」が物理的自然界の重要な構成要素であることに目を開かせた。換言すれば、物理的世界には物質的物体（モノ）だけではなく、物理的プロセスを構成する関係的要素（コト）も存在することが確認されたのである。こうした関係的要素ないし機能的プロセスは物体ではないので、安易に「非物質的なもの」とか「非物理的なもの」とみなされがちなので注意が必要である。古い時代の唯物論的思考はこの陥穽にはまりやすかったが、現代にもこの傾向は尾を引いていることに留意した方がよい。

その後、物理学における関係的要素や機能的プロセスの研究はますます発展し、物質（質量）保存の法則はエネルギー恒存の法則に取って代わられ、相対性理論や量子仮説によって、古典的な原子論的唯物論は完全に破棄された。ポパーによれば、これらの成果は、物質はエネルギーや光や運動や熱のような他の過程に変換できるがゆえに、過程（process）という本性をもつということを示唆している。そして彼は言っている。「宇宙は今や対象の集まりではなく（特にホワイトヘッドによって強調されたように）出来事（イベント）や過程の相互作用の集合のように思われる[5]」。

ホワイトヘッドの宇宙有機体論によれば、実在とは出来事や過程の相互作用の集合に他ならないのだが[6]、ホパーにとって、これは心身問題における唯物論の自己超克に深く関わってくる。なぜなら物理学における概念変革にもかかわらず、哲学上の物理主義者は相変わらず古典的唯物論の影を引きずっているからである。これには深いわけがある。それは心や意識や自我といったものは、物質と物理的プロセスの外にあるとみなされ、物理学上の概念変革の埒外に温存されやすいという事情である。そしてこの傾向は、フォークサイコロジーやメンタリズムを批判する物理主義者が、無意識裏に自らのうちに秘めているフォークマテリアリズム（素朴唯物論ないし生活感情的物質主義）に由来する、と筆者は考える。

この点に関連して、ポパーの次の言明に注目したい。「〈実在的〉という名辞の最も中心をなす用法は、日常的大きさの物質的対象——赤ん坊が手にして、好んで自分の口に入れることのできる対象——を特徴づけるのに使われる。このことから〈実在的〉という名辞はまず、より大きな対象——列車、家、山、地球、星といった、我々には大きすぎて扱いかねる対象——に、そしてまたより小さな対象——塵や粉塵のような対象——にもその用法が拡張される。もちろん、さらに拡張されて、液体そして空気、気体、分子、原子にも用いられる[7]」。

つまり幼児期に獲得された素朴な物質的対象の実在観は、脳の未熟な構造に深く刷り込まれ、成人になって心脳問題を考え始めたときに、その思考の無意識的背景として働き、物理主義的唯物論者の視野を狭めてしまうのである。ジンガーにならってこのように主張したとしても、決して牽強付会とは言えないだろう。唯物論を乗り越えるためには、自らの思考を貧困化するフォークマテリアリズムを洗い流してしまわなければならないのである。そして物理的世界が因果的に閉じているという狭量な見解を、有機的自然観（出来事や過程の相互作用を基礎に据える物理科学）によって乗り越えなければならない。それによって物質的世界と主観的心の世界と客観的情報の世界、つまり世界1と世界2と世界3の相互作用が理解できるようになるのである。

次に(c)について。自然界は超ミクロの素粒子から銀河系のような巨大空間に至るまで、様々なスケールと構造をもった要素によって構成されている。原子論的唯物論によれば、自然界のすべてのものは、超ミクロの素粒子とその相互作用に還元される。創発性のテーゼが反発するのは、まさにこの独断的な主張に対してである。自然界を構成する諸要素間には階層性があり、それはそれぞれの要素の構成的複雑さの度合いに依拠している。そして構成的に単純なものが階層の下位に位置し、複雑なものが上位に位置する。その上下関係は考察の対象に即して様々な様相を呈するが、還元主義によれば高次レベルのものは必ず低次レベルのものに還元される。つまり還元主義は上向きの因果作用（upward causation）しか認めないのである。それに対して創発主義によれば、高次レベルのものは、必ずしも低次レベルのものに還元されない（つまり低次レベルのものの有する性質からは予期できない）新たな性質をもつのである。そして高次レベルのものが、自らを構成する低次レベルのものに因果的に作用しうる、とされる。すなわち創発主義は下向きの因果作用（downward causation）を認めるのである。

ポパーによれば、意識的自我は生物進化の果てに生じた人間の脳の創発的性質なのであり、神経細胞やそれを構成する有機分子に還元されるものではない。意識的自我と脳はまた、生態系のレベルに属するものとして、次の節で述べる世界3と密接に関係している。そのようなものとして、意識的自我は脳というシステムに、そしてシステムとしての脳は自らの構成要素たる神経細胞や有機分子に、下向きの因果作用をもちうるのである。さらに彼によれば、物理的システムにおいても、マクロな構造である全体が、全体として、光子、素粒子、原子に対して下向きの因果作用をもつ。例えば、「回折格子や結晶は数十億の分子の空間上に広がった複合的（そして周期的）構造であるが、それらは広がりをもつ周期的構造全体として、光子と、あるいは光子や粒子のビームの粒子と相互作用する」[8]。それゆえ還元主義と原子論的唯物論は、自らの限界をわきまえて、創発性と下向きの因果作用を認めるべきなのである。

最後に(d)について。ポパーによれば、対象が日常の物質的諸対象に因果的に作用でき、それらと相互作用可能ならば、その対象は「実在的（real）」であるとみなされる。例えば、物理学における力と力の場、電荷などの理論的な物理的存在も、原子や粒子や巨視的物質に因果的に作用するがゆえに、実在的であるとみなされる。それと同じように、脳の創発的性質たる意識と自我も、神経生理学的過程を通して巨視的行動に因果的に作用することができるので、実在的であるとみなされるのである。したがって、内面的心（意識の主観的状態）を消去する徹底的行動主義は完全に間違っている。そして、この主張は錯視という主観的経験が確固として存在する、という事実によって裏づけられる。我々はルビンの壺を、壺であると同時に二つの向き合う顔として知覚することはできない。たとえルビンの図が壺と顔の両義性を意図した騙し絵であることを、客観的に認知していたとしても。つまり錯視という主観的経験は、動かされざる事実なのであり、それゆえ実在性をもつのである。

また自我に関しては、ポパーはジンガーと同様に社会的起源を重視しており、目的をもった自律的行為の主体として社会的責任を請け負うことができる、という意味でそれを実在的とみなしている。これは、別の側面から見れば、抽象的と思われた自我が脳と神経系の物理的過程に因果的に作用する、ということだからである。こうした観点からポパーは、自我を経験の束（それゆえ一種の幻）とみなすヒュームを激しく攻撃している。

以上がポパーによる唯物論批判の中核的論点である。次に考察すべきなのは、彼の最も重要な概念と考えられる

「世界3」である。

2　世界3の概念

ポパーによれば、我々人間の住む世界は三つの領域に分けられる。第一の領域は、物理的対象の世界であり、それは素粒子・原子・分子を基盤とした物質、ならびに力・力の場・電荷などの理論的な物理的存在と過程から成り立っている。この世界には、もちろん生命有機体も含まれる。第二の領域は、主観的経験ないし心的状態の世界であり、それは動物的な感覚意識から（自らの有限性を自覚するような）高度の自我意識まで含んでいる。第三の領域は、人間の心の所産ないし思考内容が客観化された世界であり、それは言語や記号体系によって客観化されたすべての理論、および技術・芸術・科学の諸成果によって構成される。そしてこの三つの領域は右に挙げた順に従って世界1、世界2、世界3と呼ばれる[9]。

このうち世界1と世界2は比較的理解しやすいであろう。それは要するに物的世界と心的世界だからである。しかし世界3というのは少し分かりづらいかもしれない。そこで説明を加えておこう。

例えば、ポパーとエックルズの共著『自我と脳（*The Self and Its Brain*）』は、心脳問題に関する情報を多量に含んだ書物である。それは英語の原書で六〇〇ページに及ぶし、邦訳は上下二巻になっている。この分厚い本も、基本的に紙とインクから成り立っている物質である。哲学と脳科学の関係に全く興味のない者（例えばハイデッゲリアン）にとって、それはツンドクホットクの類の本だし、幼児にとっては玩具にもならない単なる物塊である。おそらく、この本の製造に関わった印刷工や製本作業員にとってもそうであろう。その意味で、この本は世界1に属している。しかし『自我と脳』は、深い意味と広い思想と多量の情報、つまり「内容」を含んでいる。この内容は、ポパーとエックルズそれぞれの心の所産であり、それゆえ世界2に属している。ちなみに心は前述のように、脳の創発的性質であるがゆえに、世界1に属す物質としての脳には還元されない自律性をもっている。また『自我と脳』はポパーとエックルズの手を離れて、巷にばら撒かれた段階で、客観的情報の担い手となった。例えば、彼ら二人は既に死去しているが、筆者は彼らとの直接の対話を介さずに、彼らがかつて思念した思想内容を今、客観的情報として受け取っている。そしてそれは心脳問題に興味をもつ者すべての共有財産となりうるものである。この客観的情報こそ世界3に属すものなのである。

ポパーによれば、世界3は世界1と世界2に対して創発の関係にあり、それゆえ自律性をもっている。また世界2を介して世界1に因果的に作用しうるものでもある。例えばポパーが遺した思想は世界3に属すが、それは今、筆者の世界2を介して、パソコン（のワード）という世界1に属す物を操作させている。つまり、実際に物理的な働きを引き起こしている。そして、この文章は来年、本として出版されるのである。そのときには心脳問題の世界にわずかばかりの波紋を投げかけるかもしれない。つまり、世界3は明らかに、下向きの因果作用をもっており、その意味で「実在的」なのである。

すると世界3は、一見プラトンの言うイデア的本質に似ているように思われるが、ポパーはそのような類比を厳しく戒めている。すなわち世界3は、古い実念論を示唆するものなどではないのである。彼は言っている。「世界3の対象は人間がそれらの製作者として介在することを通してのみ世界1に影響を及ぼす。とりわけ、世界3の対象が把握されるということを通して世界1に影響を及ぼす」[10]。つまり世界3は、心的世界を介してのみ物理的世界に働きかけるのであり、理念自体が個別的な心を離れて英知界に存在するというふうには考えられていない。しかし我々はここで次の発言に注意すべきである。「世界3の対象は〈我々の心の中の観念〉でも、我々の大脳の言語行動に向かう性向でもない。……世界3の具現化したもの（the embodiments of World 3）をこれら性向に加えたとしても、何の助けにもならない。というのは、それらのどれも世界3の対象の抽象的性格、ことにそれら対象の間に存在する論理的関係に十分に対処できないからである[11]」。この「抽象的性格」と「論理的関係」という要素が決定的である。それらは世界3の客観的構造を示唆している。それらはまた、第I部で取り上げた機能主義や第13章で考察する世界の情報構造ないし情報物理的過程と関連するものであるが、ポパーは物理主義を断固として承認しないので、論理法則の世界を物理法則の世界から二元論的に分離しようとする。彼は、コンピュータが物理学の法則によってその働きが決定されているにもかかわらず、論理学の法則に従って働くことができることに着目し、仮想の相互作用論者に次のように語らせている。「論理の基準に従って働く脳やコンピュータのメカニズムというものは、ある意味では物理的諸性質に結び付いていたり、あるいはそれに基づいていたりすることを認めるのに吝かではありませんが、それは純粋な物理的性質ではありません。というのは、二台のコンピュータは物理的には好きなだけ違えることができますが、それでも両方とも同じ論理の基準に従って作動できます[12]」。

これは、ハードとソフトの二元性に基づいた機能主義を先取りする思想である。しかし、ポパーがデネットのような機能主義者と違うのは、論理法則や情報処理の秩序が物理的世界から離れて独立自存しうる、と考える点である。この考え方が妥当か否かは、後で論じることにしよう。ただ、ここでは次のような矛盾した言明に注意を促しておくことにする。それは、「コンピュータも論理の法則も断固として世界3と呼ばれるものに属しているのです[13]」というものである。これではコンピュータのハードも世界3に属してしまうことになる。要するにポパーには、世界3と物理的世界の創発関係に関する精緻な把握が欠けているのである。世界3はむしろ、ジンガーが言うような社会文化的環境に置き換えて考えた方が穏当だと思われる。ただし世界3という概念の孕む可能性はそれに尽きるわけではないが。

3　自我と意識の統一性

ヒュームやデネットのような懐疑主義的哲学者は、自我の実体性と経時的自己同一性、ならびに意識の情報集約的統合性を否定する。つまり彼らは、自我と意識の統一性を認めないのである。このような考え方は一時大いに推奨されたし、現在でもその追従者は後を絶たない。しかし最近の脳科学の動向は、むしろ懐疑主義を否定する方向に進んでいるように思われる。ただし現代脳科学は実体二元論を決して容認しない。なぜなら、そのようなものを容認しなくても、創発性の概念とシステム論的思考法に基づいて脳と自己意識の関係を自然科学的に研究できるようになったからである。また、生物学における深い生命の思想は、物理法則に制約されない生命的精神の自律性を唱えるが、やはり実体二元論に屈することはない。ポパーは、生物学者T・ドブジャンスキーに同意しつつ、次のように述べている。「我々は生きていることに気づいているばかりでなく、我々各自が自我であること、そしてかなりの時間を通じて、また睡眠や無意識のときの気づきの中断を通して、各々の同一性にも気づいている。そして我々の各々は自分の行為に対する道徳的責任にも気づいている。この自己同一性は、疑いなく我々の身体（これはその生涯の間に大きく変化し、それを構成する物質粒子を絶えず変える）の自己同一性に密接に関わっている」(14)。

ポパーによれば、この自己同一性は生物学的な個体化の原理に基づいて理解可能である。脊椎動物、とりわけ人間は、海綿動物（神経系をもたない）やウニ（十分な中枢神経系をもたない）やミミズ（二つ以上の個体に分割可能）と違って、中枢神経系によって統制された個体性をもつ生物であり、その個体化は自然界ないし種の形成する社会の中で自己を防御し、生存への本能を確立するための最善の方法を示している。そして生物は、ダイヤモンドや金属片のような閉じた原子複合システムとは違って、物質的粒子とエネルギーを環境と交換する「開いたシステム」である。このように開いたシステムであるにもかからず、人間のような生物は、変化しながらも自らのままであり続けるのである。また生命体は、単なる物体と違って、能動性と自己調節機能を備えている。自己調節機能とは、環境要因の変化に由来する自己内部の生理学的均衡性の危機に抗して、有機体が自動的に均衡性と統制性を保とうとするものであるが、ポパーによれば、この機能こそ心の生物学的基盤である。つまり、生物学的個体化と表裏一体の現象である、この自己調節機能（ホメオスタシスの機能）が自我と意識的経験の統一性を保証する生物学的基盤とみなされるのである。(15)

ポパーはまた、生物個体とりわけ高等動物に見られる能動性を「神経系の統合作用」の発現と考え、動物を能動的な問題解決の「主体」とみなす。それゆえ人間の心は（そして、あえて言うなら動物の心さえも）、印象や経験の総和ではないし、受動的な「意識の流れ」でもない。中枢神経系の進化の果てに生まれた人間の自我は、水先案内人(パイロット)のように観察し、同時に行為を起こす。自我は行為し、苦労し、過去を呼び起こし、未来を計画しプログラムを組む。そして自我は、自らがこの行為の中心であることの鮮明な意識をもっているのである。(16)ちなみに、この自我の能動的統合性は、環境内での身体の位置確認と密接に関係しているが、この位置確認を請け負うのは、重力に逆らって身体を直立せしめ、適切な運動を可能にする「中枢神経系」の統合的舵取り機能である。

自我の能動的統合性はまた、知覚と記憶の選択性と深く関係している。ポパーによれば生物は（人間はもちろんパブロフのイヌですら）、刺激に反応するだけの受動的な神経的機械ではない。生物とりわけ人間は、単に過去を受動的に集約したり現下の刺激に無意識的に反応したりするのではなく、未来の行為を予期しつつ現在の状況において知覚と記憶を能動的—選択的に発動させるのである。これは自我と意識の時間性を言い当てている。ところが自我には、時間性と同時に空間性が備わっている。そしてこの空間性は、身体をもった自我が世界3に投錨している（anchored：つなぎ止められている）ことを意味する。

このように世界3につなぎ止められているという点において、人間の自我ないし自己意識は純粋な生物学的規定性を超えるのである。つまり、人間は死に意識的に直面し自らの有限性を自覚しうるがゆえに、自己保存への本能的欲望と快への自然的傾向性を超えて、利他行為、あるいは民主的社会や福祉国家の実現へと向かうことができるのである。そして、このことは自我が脳の電気化学的過程の因果論的決定性に対して自律性をもつことを含意する。なぜなら、脳神経システムの電気化学的過程の機能的因果性は、過去から現在に至る来歴に呪縛されているが、世界3につなぎ止められた自我は、未来に向けての行為プログラムに対して開かれており、それゆえ脳の神経活動を下向きの因果作用においてコントロールできると思われるからである。このようにポパーは主張する。(17)

世界3は、社会文化的環境ないし社会的情報構造の別名と考えることもできる。しかるに我々は果たして、こうしたものを物理的世界から独立自存するものと考えるだろうか。物理主義者のポールはもちろん、前章で紹介したジンガーもそのようには考えない。しかしポパーは、物理的な世界3しか認めない（つまり世界3の非物質性を否定する）物理主義者の見解を断固拒否する。この点からすると、ポパーが古い二元論の呪縛から解放されていないのは明白であるように思われる。世界3を、もう少し広い意味にとって、論理学の法則も含む「宇宙の情報構造」と同一視しても、それは物理的世界から分離されない。なぜなら宇宙の情報構造は、物理的世界を秩序づける原理として、ポパーの言う三世界を包越しているからである。時代は、生物学を援用した創発主義的相互作用説から、物質とエネルギーと情報という三者間の互換性を探究する「情報物理学」へと動いている。それについては後で論じることにして、ここではとりあえずポパーの思想の評価されるべき点と批判されるべき点を整理しておくことにしよう。

4　評価と批判

ポパーの心身哲学の長所は、従来の素朴な還元的唯物論を、物理学の成果を踏まえて、内側から乗り越えたことである。しかもその際、生物進化と自我の社会性、ならびに神経系の統合作用を十分顧慮したことは、心身問題の自然主義的解決にかなり寄与したとみなされる。また、自然主義的方法の手から滑り落ちやすい自由意志と人格の尊厳という現象を、決して視野から失わない点も評価できる。しかし何と言っても、彼の独創的な点は、世界3、つまり客観的情報の世界を心脳関係の基盤に据えたことである。

これまでのほとんどの心身論や心脳論は、世界1と世界2の関係、つまり物理的世界と非物理的な心的世界の関係ばかり見つめてきた。そして、たまたま第三項を措定しても、それは社会的ないし情報構造的な広がりをもたないものばかりであった。そこで、物理的脳と非物理的心の関係は、狭い視野と袋小路のような関係場の中でのみ捉えられ、思考のショートを引き起こし続けてきた。つまり物理的なもの（P）と非物理的なもの（～P）を関係づける要素、ないしその関係の場は、Pでも～Pでもないはず（あるいはPと～Pの区別を包越し、その両方でありうるものであるはず）なのだが、松果体（P）や神（～P）というものをもち出して、強引に取り繕うのが関の山であった。ちなみにこの傾向は、ポパーの相棒エックルズにも見られる。エックルズは、非物質的魂が量子力学的過程を通して物質的脳の活動をコントロールする、と本気で考えたが[18]、ポパーと違って自我の社会性や心脳関係場の社会的―情報構造的広がりは全く無視した。また、生命や身体性を心脳関係の第三項として措定し、それによって主観―客観の二元性を乗り越えようとする立場もあるが、やはり関係場の情報構造的広がりを捉えるには至っていない。

ところで、第三項の探求は矛盾律$\sim(P \land \sim P)$と排中律$P \lor \sim P$を犯してよいものだろうか。確かに、世界1と世界2に視野を限定すると、この疑問は切実なものとなる。しかし世界3に視野を広げると、この疑問は完全に解消されなくても、かなりやわらげられる。なぜなら世界3は、論理学の法則を生み出す源泉でもあるからだ。ただしポパーは、この点を十分説明せずに、創発性と下向きの因果作用をもち出して取り繕っているように思われる。しかも、その姿勢の根底に存しているのは、旧態依然の二元論的相互作用説である。つまりポパーは、依然としてデカルトのアポリア、すなわち心身関係論上の$\sim(P \land \sim P)$と$P \lor \sim P$の袋小路から解放されていないのである。

心と脳の関係は、$\sim P$とPの関係で捉えるよりも、「心理学的（現象論的）記述を許容する情報物理的過程」（mPないしmiP）と「心理学的記述を許容しない物質物理的過程」（～mPないし～msP）の関係に置き換えて理解した方がよい、というのが筆者の考えである[19]。つまり、心は実は脳と同じように「物理的なもの」の範疇に属す、とみなすのである。この見解は機能主義の考え方と一致する[20]とともに、かたくなでない唯物論、すなわち自然主義的なマテリアリズムとも調和する。

唯物論は内側から乗り越えられるだけでは物足りない。それは、単に克服されることよりも、むしろ洗練されることを求めている。しかも根底から全面的に。それなしには、唯物論克服は不合理な非自然主義的精神主義に陥りかねない。例えば精神病の薬物療法は、人格操作として精神主義的に排除されるべきものではなく、精神療法とシステム論的に統合されるべきものである。ポパーが精神神経的な病理現象にあまり注意を払わずに自由意志や人格の尊厳を主張している点に、筆者は非自然主義的観念論の残滓を看取せずにはいられない。

こうしたポパーの欠点をすべて補う立場は、社会的次元を重視し還元主義を徹底して退けつつも、決して非自然主義的観念論を許容しない、ブンゲの創発主義的マテリアリズムである。創発性の概念を重視しつつも、物質的基盤を決して視野の外に置かないブンゲのマテリアリズムは、心身論の模範とみなされるべきものである[21]。ただしブンゲには機能主義的な観点が欠けている。そして、これはポパーにも言えることである。ところが、ポパーの主張する世界3の概念は、機能主義と情報物理学の考え方を応用して再構築すると、心脳関係の解明にとって、より有効なものとなるのである。この点を銘記して、ここでの考察を次章以下につなげることにしたい。

注

（1）K. R. Popper/J. C. Eccles, *The Self and Its Brain*, Routledge & Kegan Paul, London, 2003（以下 *SB* と略記する）. 沢田允茂・西脇与作・大村裕訳『自我と脳』〔上・下〕、思索社、一九八六年を参照。

（2）Cf. K. R. Popper/J. C. Eccles, *SB*, Ch. P1-P5, in particular Ch. P1（邦訳の上巻全体、特にP1章）

（3）K. R. Popper/J. C. Eccles, *SB*, p.3（邦訳、一三ページ）

（4）K. R. Popper/J. C. Eccles, *SB*, p.6（邦訳、一六ページ）

（5）K. R. Popper/J. C. Eccles, *SB*, p.7（邦訳、一八ページ）

（6）Cf. A. N. Whitehead, *Process and Reality*, The Free Press, New York, 1978

（7）K. R. Popper/J. C. Eccles, *SB*, p.9（邦訳、二〇ページ以下）

（8）K. R. Popper/J. C. Eccles, *SB*, p.19（邦訳、三五ページ）

（9）K. R. Popper/J. C. Eccles, *SB*, Ch. P2（邦訳、P2章）

（10）K. R. Popper/J. C. Eccles, *SB*, p.47（邦訳、七九ページ）

（11）K. R. Popper/J. C. Eccles, *SB*, p.56（邦訳、九三ページ以下）

（12）K. R. Popper/J. C. Eccles, *SB*, p.79（邦訳、一二三ページ以下）

（13）K. R. Popper/J. C. Eccles, *SB*, p.76（邦訳、一二〇ページ）

（14）K. R. Popper/J. C. Eccles, *SB*, p.101（邦訳、一六二ページ）

（15）K. R. Popper/J. C. Eccles, *SB*, p.112ff.（邦訳、一七六ページ以下）

（16）K. R. Popper/J. C. Eccles, *SB*, p.120（邦訳、一八六ページ）

（17）K. R. Popper/J. C. Eccles, *SB*, pp.135-147（邦訳、二〇六—二二二ページ）

（18）Ｊ・Ｃ・エックルズ『自己はどのように脳をコントロールするか』大野忠雄・齋藤基一郎訳、シュプリンガー・フェアラーク東京、一九九八年を参照。

（19）ここで m は mental、i は information、s は stuff、P は physical を表す。ちなみに physical なものは physiological なものや neurobiological なものまで含んでいる。そこで、必然的に物理的なものと心的なものを媒介する次元に位置するものとして、情報とならんで「生命」という要素を考えなければならなくなる。つまり物質のオートマチックな organization（組織化、有機合成）を情報概念と照合しつつ、心的なものと物理的なものの相互嵌入的事態に目を向けることを余儀なくされるのである。また、それによって心身関係論上の $\sim(P \wedge \sim P)$ と $P \vee \sim P$ の袋小路から脱出する方途が示唆されることになる。

（20）例えばパトリシアも、こうした観点からポパーを批判している。Cf. P. S. Churchland, *Neurophilosophy*: *Toward a Unified Science of the Mind/Brain*, pp. 338ff.

（21）Cf. M. Bunge, *The Mind-Body Problem*: *A Psychobiological Approach*. また拙著『脳と精神の哲学』の第１章も参照されたい。

第12章　自我の形而上学と形而下学（自然学）

はじめに

自我とは何か。この問いは二様に受け取れる。まず、伝統的な哲学や心理学や社会学、そして最近の認知科学・脳科学という公共的学問において「自我」というものは、どのように規定されているのか、あるいは、そのような諸学の方法に沿って「自我」の客観的で公共的な概念規定を求めると、どういう答えが得られるのか、という趣旨の問いとして受け取れる。その際、関心の的となっているのは、「自我」の客観的で学問的（ないし科学的）規定である。次に、こうして現に生きている「私」が「他の誰でもない〈この私〉である」ということの本来的意味は何なのか、という主体的問いかけとして受け取れる。この場合、問い求められているのは、自我の客観的本質ではなく、その実存的意味である。

自我の本質をめぐる、この二様の問いかけは、日本語における「自我」と「私」の使い分けとパラレルである。つまり、「私」というのは、一億二〇〇〇万人いる日本人のおのおのが、「私は昨日ゴルフをしに行った」とか「私としてはそれを承認できない」とか「私はまだ死にたくない」とか言う際の「他ならぬ〈この私〉」である。そして、このような発言をする「私」は、吉田秀彦とか小川直也とか桜庭和志という個別名をもっている。それに対して「自我」というのは、一億二〇〇〇万通りある個別性を捨象した、おのおのの「私」に共通する最大公約数的な「本質」である。

ところで、心と身体がはっきりと二元分割できないように、「私」と「自我」もそう簡単に二元分割できない。つまり、この二つは相補的である。しかし、このことはなかなか理解されず、すぐに次のような臆見が飛び交うことになる。「自我の科学なんてありえないよ。なぜって、自分の心は自分にしか分からないんだから」。「脳科学が解明しようとしている自我の本質なんて、唯一無比の〈この私〉の抜け殻にすぎないね。なぜなら、客観化や定量化できないことが〈この私〉の本質なんだから」。「でも現象学や実存哲学や精神分析なんかでは、特殊な方法で〈私〉の本質を探求しているように思うし、それは認知脳科学系とは別の学問的リアリティをもっているんじゃないの」。「そう。最近流行の臨床哲学なんかもね」。

以上は文系マインドの人たちが発しやすい意見であるが、理系マインドの人たちは、こうした意見には飽き飽きしている。「機は熟した。ニューロンや認知モジュールやシステム編成が、これからの言葉なのだ。哲学者の時代は終わった」と彼らは声高に叫ぶ。しかし彼らも、自我とか意識という、かつて自然科学が排除してきた難物に取り組もうとする姿勢において、いくぶんは文系マインドをもち合わせているように思われる。

人間は形而上学的動物であると同時に自然の子でもある。このことは形而上学の根底に形而下的自然が豊穣な地盤として控えていることを意味する。つまり、形而上学的自我の背後には、脳と身体の根源的自然を介して、大文字の「己」とでも言うべきものが控えているのである。かつて、こうした大文字の「己」は、形而上学的思惟の極北において捉えられてきたが、筆者は、それを形而下の次元へ巻き戻そうと思う。しかし、この趣向は、ルソーとかニーチェに見られる自然主義、あるいは仏教のそれとは全くの別物である。筆者の趣向は、最近の神経哲学[1]と情報理論に触発されたものなのである。

1　形而上学と形而下学の不毛な対立

形而上学（metaphysica）というのは、もともとアリストテレスの第一哲学に対して後の編集者が付けた名称である。アリストテレスの第一哲学は、存在を存在たらしめる最高の原理とともに物理的自然界の第一原因を問い求めるものであり、自然学（physica）の後に（meta）置かれたものであった。その後、西洋哲学において形而上学は、アリストテレス的原義にならいつつ、あるいはいくばくかの変容を遂げつつ、哲学の重要な一部門をなしてきた。とりわけ注目すべきなのは、デカルト以後、自我・意識・心といった精神現象が形而上学の主題となったことである。つまり、精神が身体という物理的自然法則に従う機械に対置され、非物理科学的方法によって探究され始めたのである。

自我や意識は、脳のような外延をもった物体とは違って、色も重さも臭いも形もなく、「これ」と言って直示的に定義できるものではない。またそれは、身体のように外から観察できず、それへのアクセス権は各個人にのみ認められている。つまり精神は私秘的であり、客観的公共性をもたないのである。そして、この傾向は精神の中核に位置する「自我」において極まる。そこで、それを捉えるためには形而上学的方法しかない、とみなされるのである。

こうした考え方は、デカルト以後の広い意味での心の哲学の特徴となっているとともに、一般民衆にとっての暗黙的了解事項ともなっている。つまり、自我や意識といった精神現象は実体なき幽霊のように思われるのである。そして、この思考傾向が極まると、行動主義や消去主義といった哲学上の立場、あるいは先述のフォークマテリアリズムを生じせしめる。あるいは反転して二元論的確信を強固なものにしたりする。

しかし、物事はそう簡潔に二元分割できるであろうか。つまり、この世界の全事象を形而上のものと形而下のものに完全に二元分割できるであろうか。両者の間には臨界領域や接合点はないのであろうか。ここで論理学上の排中律を適用することはできない。なぜなら「形而上的なもの」という概念自体が、「形而下のもの」に対して明確な矛盾対当の形で定義されたものではないからである。例えば、認知科学が研究対象にしている認知機能のプロセスは、神経科学が対象とする脳の実質的な神経活動と物質的組成よりは、はるかに抽象的であり、空間内に定位しにくく、数量的把握も部分的にしかなされない。つまり前者は後者より形而上的なのである。かつて行動主義の心理学が、内面的認知プロセスを無視したのも、このためである。しかし科学の進歩は、誤って「形而上的なもの」との烙印が捺された認知機能を「形而下のもの」に引き戻した。

ところで、かつて脳の研究は形態と構造に関するものが主流であり、機能の研究はなかなか進まなかった。つまり脳に関しても、形態と構造が形而下のものとされ、機能が形而上のものとされていたのである。しかし脳科学の技術的進歩は、機能をも形而下の領域に引き下ろした。これがＰＥＴや機能ＭＲＩやＭＥＧといった脳機能イメージング装置の登場によって強力に推し進められたことは周知のことであろう。そして今や、脳科学は最高次の機能である意識、ならびにその核となる自我にも手をつけ始めている。つまり、それらを形而下のものに引き下ろそうとしているのである。ただし、ここで注意しなければならないことがある。それは、「意識と自我を形而下の領域に引き下ろす」ということは、それらを、空間内に定位でき定量化できる「物」に還元するということではない、という点である。つまり、物へと還元しなくても形而下への引き下ろしは可能なのである。この点には特に注意すべきである。なぜなら、強欲な還元主義と頑固な形而上学主義（ないし現象論）が共通して見失っているのは、形而上的なものと形而下のものが相互に補い合いながら螺旋的に発展していくことだからである。つまり、その発展の仕方は弁証法的なのである。

ただし、物への還元を抑制し機能を重視することによって、形而下への引き下ろしを穏当なものたらしめようとしても、なお障壁は残っている。それは普遍性と個別性の区別の問題である。つまり「自我」は、機能主義的に形而下へと引き戻され、その客観的で普遍的な本性を解明されうるが、「私」は、あくまで個別的なものとして、そのような普遍化的把握の手から滑り落ちるのである。すなわち、「自我」は法則定立的な自然科学の手中に収まるが、「私」は個性記述的な精神科学の方法によってしか捉えられないのである。さらに、実存的な「この私」に至っては、あらゆる学問的手法に断固として逆らう「唯一無二性」をもっている、と言われる。しかし「私」というものは、それほど私秘的で非法則的なものであろうか。換言すれば、全く形而下の要素を含まないものであろうか。もしそれを含まないと主張するなら、分離脳の症例における左脳自己と右脳自己の分裂や多重人格の症例における複数の「私」の交代出現や痴呆症における私であることの自覚の喪失をどう説明するのか。おそらく「私」の形而上学者は、次のように言って取り繕うであろう。

「自我は確かに、そのような障害に陥って麻痺することもあるでしょう。しかし私の主張する〈唯一無二のこの私〉は、そのような事例から考えられるべきものではなく、あくまで明晰な意識をもって内省できる状態の自我なのであり、それゆえ睡眠中や脳障害を被った場合の自我は論外なのです。むしろ注意すべきなのは、そのような場合には〈唯一無二のこの私〉の自覚が損なわれる、ということへの切実な危惧が存在することの方でしょう。つまり、実際に自覚が損なわれ意識が変質してしまうということではなく、そうした事態になりうることを、あくまで明晰な意識をもって**今この時点**で〈私〉が危惧しているという、その現実に注目すべきなのです。換言すれば、〈私〉は現在進行形のアクチュアリティと明晰なパースペクティヴをもっているのに対して、機能的な自我は客観化された事後的リアリティしかもたないゾンビなのです」。

このような主張の根拠は、掘り下げていくときりがない。なぜなら、「私」の形而上学者は、権利問題に取り憑かれてしまっており、事実問題に対して盲目になってしまっているからである。しかもそのことを自覚していない。あるいは、権利問題と事実問題が相補的なものだということを知らないのである。自我に関する形而上学と形而下学の不毛な対立は、この無知に根ざしているように思われる。そこで、次にこの不毛な対立から抜け出す方途について考察することにしよう。

2　ヘテロ機能主義の必要性

「私の意識の内容は私本人にしか分からない」。あるいは「私が感じている色や音や匂いや痛みは、私本人にしか分からない独特の質をもっている」。これは確かに動かしがたい事実であるように思われる。しかし、このような意見を発するとき、何かが見失われてはいないだろうか。つまり、「私が私である」というセルフ・アイデンティティの自覚は、「私でないもの」から反照的に生起したものであることを。

明晰な意識をもって内省をし、現象の質を感得し、セルフ・アイデンティティを自覚する「私」こそ、世界内のすべての現象を認知する際の揺るぎなき基盤なのであり、それは意識現象に直接アクセスするための唯一の経路なのだ、という考え方には大きな陥穽がある。そして、この陥穽は間主観性の理論をもち出しても決して埋められない。

認識の普遍妥当性に関する超越論的考察は、経験を可能ならしめるアプリオリな根本原理を求めるが、その際脳の生理学的過程は、経験的探究によって初めて知られたものなので、アプリオリな根本原理の範疇から除去される。しかし脳の神経活動なしには、一切の精神現象は生じない。つまり、脳の神経活動の方が意識や認知に時間的に先立つのである。また脳の神経実質や回路網の機能が病変すると、本人の意識的努力ではどうにもできない意識変容を引き起こす。つまり、脳は精神現象の動かしがたい物質基盤なのであり、脳の物理的過程から完全に独立した精神の自律性を認めることはできないのである。ただし先述のように、創発性と非線形効果によっていくぶん自律性はもち合わせているが。

このような諭しに対しても超越論哲学者は決して屈することはない。彼らは言う。超越論的主観性は、経験的対象や物質や物理的プロセスに対して時間的にではなく論理的に先立つのだ、と。この主張は、ある意味では正しい。しかし、それを脳と心の関係全般に適用することは到底できない。要するに、超越論哲学者は事実問題と権利問題の区別から出発しながら、この区別を忘却し、権利問題の原理の過剰適用の陥穽にはまってしまっているのである。我々はカントやフィヒテやフッサールの死後、つまり彼らの脳の解体後、彼らが直接我々に語りかけることがないという厳粛な事実を直視すべきである。もちろん彼らの思想は世界3を介して我々の世界2に影響は与え続けているけれども。

認識の普遍妥当性や私の意識を説明する際の権利問題の原理の過剰適用は、デカルトに端を発し、カントやフッサールを経て現代の心の哲学における現象論やミステリアニズムに受け継がれている。彼らのように権利問題の原理に取り憑かれると、自我の形而下学が視野の外に置かれるだけでは済まされない。自我に関する形而上学と形而下学の接点も見失われるのである。あるいは、その接点へと食い入る視点が失われる。

自我の形而上学にいつまでも固執していても埒が明かない。しかし自我の形而下学を実現しようとして、自我を一挙に物理的過程に還元しても無益である。肝要なのは、形而上学と形而下学の接点を見出すことなのである。ただし、この接点自体が形而上的なものであることを忘れてはならない。つまり心と身体の接点が心以上に形而上的である、という意味において。

意識に関する形而上学と形而下学の接点の探求は、一人称的記述と三人称的対象化の接点の解明でもある。一人称的記述とは、「私」の意識に直接現れるものを忠実に記述しつつ、その本質を捉えることであり、三人称的対象化とは意識の主観的特性の、外部から観察できる相関項（行動、脳神経過程など）を介して、複数の「私」の意識に共通する性質を客観的に析出する方法である。このうち一人称的記述を重視すれば現象論やミステリアニズムになり、三人称的対象化にこだわれば還元主義に傾く。そして還元主義の傾向が極まると、一人称的記述に全く価値を認めない消去主義となる。

極端な現象論と頑固な還元主義の対立は、意識の形而上学と形而下学の「接点」の解明を阻み続ける元凶である。この不毛な対立を乗り越え、件の接点を解明するためには、機能主義の観点が必要となる。ただし生粋の機能主義では駄目で、デネットの言うヘテロ現象学と類比的なヘテロ機能主義が要請される。つまり、機能的プロセスを重視しつつも意識の主観的特性とそれに関する一人称的説明にも目配りを怠らない、洗練された機能主義の観点が要求されるのである。

自我は確かに第一義的には機能ではない。それはクオリアも同様である。しかし、「機能的な自我は、客観化された事後的リアリティしかもたないゾンビなのです」などといつまでも嘯いているわけにもいかない。むしろ「機能」が物と心の間に存する現象であり、一人称的視点と三人称的観点の接点に位置することに注目しなければならない。また機能は情報物理的過程と密接に関係している。しかるに情報もまた物と心の間に存する現象である。この点で、現象論と機能主義を形而上学的情報の概念をもち出して折衷しようとしたチャルマーズの試みは賞賛に値する。ただし彼は一人称的視点とクオリアへの思い入れが強すぎて性質二元論の魔力に囚われてしまっているので、機能的プロセスが物と心の接合点であることへの理解が不十分なものとなっている。また彼は基本的に認知主義的なので、自我の問題を考える際に重要な、社会性や発達や身体性や生命への視点が欠如している。この点に関しては前に説明したので繰り返さないが、意識のハード・プロブレムを考察する際には、「生きた自我」への視点が是非とも必要なのである。

自我のヘテロ機能主義的探究は、脳内の自我回路を機能的側面から深く捉え、かつそれに神経生態学的考察を加味し、社会的次元へと接合しようとするものである。その際、心理学的ないし現象的な要素の生理学的プロセスへの還元は部分的なものにとどめられ、主観性やクオリアへの配慮は決して怠られることがない。また機能が物と心の間であるという観点も堅持される。これによってデネット流の無味乾燥な機械論的機能主義は回避され、自我の形而上学と形而下学の接点の解明に寄与する、人間味あふれた機能主義が実現することになるのである。

ちなみに脳内の自我回路は社会性回路と密接に関係し、かつその他多数の認知モジュールと複合的な関係をもっており、例えば自我の座＝前頭連合野―辺縁系（あるいはワーキングメモリの座である前頭連合野第46野）というふうに単純に局在化することはできない。自我というものは、単なる内省的な「私についての意識」ではない。それは自己の身体像や運動図式、あるいは他者への関心や環境内での自己認識、さらには記憶や死の意識といった時間的要素も含む一大システムである。したがって、脳内の自我回路といったものを考える場合、こうした諸々の認知（神経）モジュール間の相互作用とそれらのシステム編成を十分考慮しなければならない。しかるに、これこそ機能主義が請け負うべき仕事ではないだろうか。ライフへの関心に裏打ちされた、人間味あふれる機能主義こそ、自我の形而上学と形而下学の接合の基盤となるのである。

3　ゲイジ的病理とヴィクトール的病理

ところで自我の機能が損なわれた、二つの注目すべき相対立する症例がある。一つは有名なフィニアス・ゲイジの症例であり、もう一つは先述のアヴェロンの野生児ヴィクトールの症例である。

ゲイジは自我と脳の関係についての神経学的考察によく登場する人で、読者の中にも知っている人が多いはずである。彼は、アメリカのバーモント州で働く鉄道工事の若き現場監督であり、その有能さは壮健な体と俊敏な動き、ならびにその統率力によって部下の信頼を一身に集める優れた人格によって裏打ちされていた。その彼が二五歳のとき(一八四八年夏)、大変な事故に遭った。作業中の爆発事故によってロケットのように発射した鉄棒(直径三センチ〔先端は六ミリ〕、長さ一メートル、重さ六キロ)が彼の左の頬から斜め上方向に頭蓋を高速で突き抜け、前頭葉の一部を抉り取ったのである。彼の頭蓋を突き抜けた鉄棒は、十数メートル先に血と脳みそにまみれて落ちていた。彼は奇跡的に一命を取り留めたばかりか、事故後すぐに気を取り戻し、その後の回復も早かった。しかし悲劇は予期せぬ方向から襲ってきた。前頭葉の大幅な損失が人格障害をもたらしたのである。あれだけ責任感と社会性にあふれていた彼が、全く計画性のない子供じみた行き当たりばったりの行動をするようになった。つまり他人への思いやりを欠くエゴイストになってしまったのである。とはいえ彼の運動機能や、言語・学習・記憶といった認知機能は全く侵されていなかった。

ゲイジの頭蓋骨は今でもハーバード大学のワレン解剖医学博物館に保存されているが、前頭葉(前頭前皮質)の損傷が社会的人格を荒廃させてしまった症例として、後の人格の神経心理学(脳病理学)に大きな影響を与え続けている。神経学者のダマシオによれば、ゲイジが抉り取られたのは前頭前・腹内側領域であった。損傷がこの領域に局所化されていたこと、ならびにその周囲の皮質の再構築(これはゲイジの生命力の賜物であった)によって、彼は知能や認知機能が低下しないままに社会的人格を喪失したのである。(2) ところで、この症例に関して我々が留意しなければならないのは次の二点である。まずゲイジの人格変化は突発的な事故によるものであり、長期にわたる環境や社会への関係性の変化とか人格発達の経過に起因するものではない、ということ。次に彼が事故後、決して自我を失ってしまったわけではなく、エゴイストなりの生活戦略をちゃんともち合わせており、それゆえ社会性の最低層を保持していたということである。つまり、前頭前・腹内側領域の機能だけでは自我と社会性は説明できないのである。このことは、野生児ヴィクトールの症例を参照するとより明瞭になる。

第9章で紹介したヴィクトールは、捕獲されたとき社会的自我も人間的心ももち合わせていなかったし、その後の教育によってもそれらを獲得することはできなかった。ただし彼はゲイジと違って、前頭葉に物理的損傷をこうむっていたわけではないし、その他の神経疾患に罹患していたのでもない。社会的自我の未獲得という意味での彼の人格障害は、発達の過程における長期にわたる環境要因の特殊な貧困さ（他者との社会的交流が全くないこと）とそれに並行する神経回路網の構築の貧弱さに起因している。つまり彼の人格障害は、脳のハードウェアにではなく、環境世界の意味連関が作り出すソフトウェアに起因していたのである。それに対してゲイジの人格変化は、脳のハードウェアの物理的損傷に起因するもの以外の何ものでもない。この点には特に注意が必要である。なぜなら還元主義のパラダイムでは、ヴィクトールの人格障害もゲイジの人格変化もともに脳のハードウェア、つまり神経回路網の物質的組成とその機能の物理的性質の定量化しうる変性に還元されてしまうからである。もちろん、ヴィクトールの脳の神経回路網の構築は同年代の少年に比べ著しく貧弱であり、それは特に社会性回路において顕著であろう（ただし嗅覚や味覚を受けもつ回路網は豊かに構築されているであろうが）。しかしそれは、彼の人格障害の結果的相ではあっても原因ではない。それに対してゲイジの人格変化の原因は明らかに前頭葉の局所的損傷であり、長期にわたる環境要因の変化と神経回路網の構築に起因するものではない。

我々、特に神経科学者は、脳と自我の関係を考えるとき、即答性につながるゲイジの症例を偏愛しがちである。しかし人間の社会性や自我と脳の関係を考える際には、むしろヴィクトールの症例の方が示唆的なのである。なぜなら後者の方が社会的自我の神経生態学的本性に深く関与しており、同時にハードとソフトの比喩を使った機能主義的説明になじみやすいからである。もちろん、前述のように人間の脳にコンピュータのハードとソウトの関係をそのまま適用することはできない。しかし、目を凝らして見るべきことがある。それは、社会的自我ということで問題となっているのは、単独の脳そのものの物質的組成や生理学的機能ではなく、複数の脳と脳の相互作用や脳と環境の関係だということである。還元主義のパラダイムではこのことはなかなか目に入ってこないのである。しかるに相互作用や関係性というものを考える際に無視できないのは情報やコミュニケーションという要素であり、それらはソフトウェアという概念と深く関係している。したがって、社会的自我と脳の関係を解明する際には、機能主義が必ず役に立つはずである。ただし、それは機能主義が主観性やクオリアとともに神経生物学にも目配りを利かせればの話だが。

ところで自我の障害として無視できないのが、内因性精神病たる統合失調症である。統合失調症の病理は、ヴィクトールとゲイジの中間に位置する。この意味で心因性（環境因性）でも外因性（器質性）でもない内因性の精神病と言われるのだが、精神医学の歴史は偏った見方の繰り返しであったことを示している。つまり精神分析を中心とした心理派はヴィクトール的病理を想定し、生物学派ないし身体派はゲイジ的病理を中核に据えるのである。そしてゲイジ的病理モデルを強引に推し進めたのが、ロボトミー（前頭葉白質切断術）であった。しかしその病理想定がとんでもない間違いであることがその後分かった。つまりヴィクトール的病理を全く無視して、強引に外科手術を施していたのである。また心理派は、ゲイジ的病理を軽視しすぎたがゆえに、いつまでも統合失調症の患者の脳機能を修復することができなかった。それに対して、クロールプロマジンに代表されるドーパミン拮抗薬が閉鎖病棟解放の第一歩を切り開き、完全ではないにせよかなりの治療効果を発揮したことは「神経化学的＝機能的なもの」の重要性を示唆している。この意味でも機能的なものが形而上的なものと形而下のものの接点に位置する、と言えるのではなかろうか。(3)

4　関係性と機能的因果連関

ここで「私である」ということの情報について考えてみよう。私は「自分が自分である」という情報をどこから得たのであろうか。「彼は昨日死んだ」という情報ならば、その出所は明白である。また「私は一九六五年の八月二二日生まれ」であるという情報も、自分に関するものではあれ、他者による報告によってのみ知りうる客観的情報である。さらに「私は三歳頃までは虚弱で言葉の獲得が遅かった」という情報も、私が自分の記憶を呼び起こすことによって得たものではない。あるいは「あなたの議論の仕方は他人の意見に耳を傾けない自己中心的なものだ」という他者による指摘は、自分では意識できない自分の側面に関する客観的情報である。こうした「自分に関する客観的情報」は、自分に関するダイレクトな感覚から程遠いものだが、「私である」という意識の辺縁を形成していることは間違いない。それに対して、もし「私である」ということに関する直接の情報を挙げるとすれば、それは正常な意識をもった覚醒時の「私」が、自分の意志によって自分の体を動かすことができるというダイレクトな身体感覚をもっていること、自分を他者から明確に区別できる自己同一性の意識をもっていること、過去の履歴から将来の展望へと延び広がる整合的記憶に裏打ちされた自己感覚をもっていること、などである。

普通、「私である」ということの情報は、自分に関する客観的情報ではなく、直接的な主観的情報の方を指す。それでは直接的な主観的情報つまり自己知は、「私」というシステムを編成する情報のネットワークを隈なく見渡しているであろうか。これは「内観は誤りえないであろうか」（a）という心の哲学の問いにつながるとともに、「意識化されない、抑圧された無意識の心性が自分の行動を左右してはいないだろうか」（b）という精神分析学の問いや「人間の脳が遂行している情報処理の大部分は無意識下になされる」（c）という認知科学のテーゼに関係してくる。情報理論的な観点からするとaとbは結局cに還元される。

確かに「私である」という感覚は、量に還元されない独特の現象的質をもっている。しかし、この主観性クオリアは果たして「私」のすべてを汲みつくすものであろうか。「私が、私が」と声高に叫ぶ者は必ずしもしっかりとした自己意識をもっていない、とは言えないだろうか。我々は、ここで現象論的立場からヘテロ機能主義的観点へと身を翻すことを要求される。

現象論的立場では、「私であること」の再帰的表象（現れの覚知）が重視される。つまり、一次知覚内容の雑多なモジュール的連合・編成の網の目から、情報の集約点が、「私は今それを感じている」という一人称的観点において手繰り寄せられるのである。その際、一人称的観点の枠内に入ってこないものは、「私である」ということに関する情報とはみなされない。すなわち「私である」というクオリアが過度に重視され、クオリアの辺縁を形成する背景情報が無視されるのである。それに対して機能主義では、自覚クオリアよりも脳内情報処理過程全体の機能的因果連関の方が重視される。したがって自覚という認知機能は、聴覚や視覚や嗅覚、あるいは記憶や再認といった他の認知機能と区別された特権的地位をあてがわれることはない。すると自己意識は、機能的なものへと平板化されることによってその豊かなクオリアが剝奪され、別のものに置き換えられてしまったかのように感じるかもしれない。しかし、ここで留意すべきことは、「私」が「関係」の網の目のなかの住人であり、「自己」とは「他（自己ならざるもの）を介しての自己への〈関係〉」だということである。そして「関係」と「機能」は密接に関係している。この点に着目するなら、脳内の情報処理ネットワークの機能的因果連関が自己意識発生の基盤であることを素直に承認できるであろう。ただし、標準的な機能主義の方法では、やはり自覚クオリアを説明することはできない。そこでクオリアと関係性の連関を顧慮して、情報処理機能と自覚クオリアの関係を考えなければならないことになる。

一つの色は他の色との対比において、そのクオリアが感得される。例えば、黒を背景とするチャコールグレー、あるいは暗闇の中で見るカラスは何ら鮮烈なクオリアを喚起しない。それに対して純白の柔道着を染める鼻血の赤やほんのりとしたスカイブルーを背景にした満開の桜の色彩は鮮烈なクオリアを喚起する。つまり関係性の中でクオリアは映えるのである。換言すれば、関係性なしにはクオリアは生じないことになる。

ところで、関係性と機能の間に連関はないであろうか。「機能的因果連関」というものを考えれば、それを容易に考えることができる。例えば、私が相手の言動に腹を立てて殴りかかろうとする行為は、「こいつ—むかつく」クオリアを明らかに含んでいるが、同時に知覚入力—脳内情報処理—行動出力の機能的因果連関の只中にある。そして、こうした場合の機能的因果連関は「他者との社会的相互関係」ということと表裏一体である。つまり関係性のネットワークという外部世界の情報構造が、脳内の認知モジュールの機能的編成に反映するのである。

クオリアは、外部世界の情報構造と脳内の情報処理機能双方に延び広がった現象である。ところが通常の主観—客観対置図式からは、外部と内部の相互反転的事態が理解できないので、クオリアをめぐって現象論と機能主義の見解の対立が生じるのである。現象論と機能主義をすぐに折衷・融合することはできない。しかし、ヘテロ機能主義的観点からクオリアと機能的因果連関の関係を見据えつつ探究を進めてゆけば、自我の形而上学と形而下学の接点は自ずと見えてくるはずである。そしてその際重要な役割を果たすのは情報と創発性の概念であるが、それについては次章以下で論じることにして、ここでは主観性の狭い檻の中に閉じ込められた「私」の根底に存する「自我の自然（ピュシス）」について述べておくことにしよう。ちなみに、この「自我の自然」は、通常は意識に上らない「大いなる己」でもある。

5　自我のピュシスと情報

情報の量を表す単位にビットというものがある。この語は二進（binary digit）に由来するもので、一ビットは、二つのもののうちどちらであるかを決める情報量を指す。パソコンではこれが0か1を表す記号の一個分に対応し（例えば010は三ビット、0100101は七ビットである）、日本語一字は一六ビットとなり、容量一一・二メガビット（一・四メガバイト）のフロッピーディスク一枚には、四〇〇字詰め原稿用紙一七五〇枚分の情報が入る勘定になる。それでは、この情報単位を人間の神経的情報処理量の換算に適用するとどうなるであろうか。人間の感覚器官は毎秒一一〇〇万ビットの情報を受け取り、それを脳に送っているが、そのうち意識に上るのは四〇ビット以下であることが神経情報科学的・心理物理学的研究によって明らかにされている。この場合の意識とは、主観的統覚作用をもち現象的クオリアを看取するもので、知覚とは区別される。

人間の脳が遂行する情報処理のほとんどは無意識下になされる。これについては、これまで何度も触れてきたが、実際に意識の容量ないし帯域幅が毎秒四〇ビット以下であり、知覚情報量の三〇万分の一しかないという事実を突きつけられると、主観性に対する失望の念がよぎるかもしれない。しかし落胆するには及ばない。意識は外界からの感覚情報だけから成り立っているのではなく、記憶などの内的情報編成の影響も受けているのである。また、主観的ないし現象的意識には量に還元できない「質」というものがある。とはいえ、いつまでも量に対する質の特異性ということを主張していても埒が明かない。そこで、質を形而下の領域に引きずり下ろすことが必要となる。ノーレットランダーシュは、それを「論理深度（logical depth）」と「外情報（exformation）」という概念をもち出すことによって成し遂げようとした(4)。

論理深度とは、生成ずみで伝達可能な情報の量ではなく、一定量の情報を生み出すまでのプロセスを測る尺度であり、それは情報の意味や秩序や深さに関わるものである。例えば⑴ to be to be ten made to be と⑵ let it be を比べると⑴の方がビット数は多いが、英語の初心者を引っかけるための騙し文であり、論理深度はゼロに近い。それに対して⑵はビット数こそ少ないが、その含意するものは広く深い。例えば、この文字列を見てビートルズの名曲を思い出し、さらにマイスター・エックハルトの Gelassenheit の思想を連想する人もいるであろう。ただし、⑴は論理深度こそ低いが、外情報を示唆するものとして無視できない。つまり⑴は、「これは冗談であり、英語というのは日本語の単なるローマ字化ではないんだよ」という言外の情報をまとった、謎かけとしての「諭し文」でもあるのだ。もちろん⑵の方がより豊富な外情報をまとっている。これらの性質はどれもビット数では表せない。しかし情報量という形而下のものに関係づけて論じうるという点では、形而上学化をまぬがれていると言える。

「〈外情報〉は情報に対して垂直方向を向いており、深さを反映する。表現に至るまでに排除されたものであり、言いたいことを言えるようにするために行う心的作業の産物だ[5]」とノーレットランダーシュは言う。こうした見地から意識を定義するとどうなるであろうか。意識は、感覚器官によって獲得された膨大な量の情報を処分した結果得られた、論理深度の高い意味現象である、というのがその答えである。こうして意識は外情報にくるまれた豊かな性質をもつに至るのである。しかしノーレットランダーシュは、チャルマーズが言うような主観性の質感を重視しない。むしろ身体とガイア（一つの生命体としての地球）という自然を介して、無意識的自己の方を尊重するのだ。そのために彼は、有名なリベットの実験の意義に訴える。リベットの実験とは、人間が自らの意志によって意識的に体を動かすのに先立って、大脳の補足運動野の準備電位が発生していることを確かめたもので、その時間的ズレは約〇・五秒であった。つまり、脳の物理的活動が意識に先立つのである。しかし日常生活では、主観的経験が時間を遡って繰り上げられるために、主観的には意識が身体運動に先立っているかのように経験される[6]。

リベットの実験成果は、様々な反響を呼び起こした。その中には当然、人間の主観的意識と自由意志は幻想であるというものがあった。これはデネットなどに特徴的な意見であるが、ノーレットランダーシュは、意識的経験の主観的統一感にあくまでこだわり、自由意志の主体を「私（I）」から「自分（me）」に移すことによって、人間的自己の深層を捉えようとする。彼の言う「私（I）」は主観的に捉えられる自己の側面であるが、「自分（me）」は主観性のせせこましさを抜け出した大いなる自己、私を超えた自分であり、それは身体を通してガイアに直結している、とされる。(7)

ノーレットランダーシュの学説は重要な点を示唆しているとは思うが、筆者はそれに満足しない。彼の見解は、小我を超えた大我を説く古来の諸思想やフロイトやユングの無意識説を情報理論によって洗練した、現代版の自我論とみなされるべきものだが、最近の意識科学と神経哲学のホットな議論から見ると、一時代前のものという感は拭えない。実際、彼がこの学説を発表したのは、デネットの『解明される意識』の出版と同年の一九九一年であった。この二人に欠けているのは、やはり主観性とクオリアへの観点であり、それらに固有な特質を消去せずに脳の神経活動と結び付ける視点である。

自我の対象化されざる自然的本性（ピュシス）は、確かに身体に直結した無意識的な側面をもつであろう。しかし、それは同時に現象的意識の主観的質感から決して切り離されえないものでもある。筆者は、この事態を繰り返し「意識と無意識の間のなだらかな連続性」という言葉で言い表してきた。もし自我のピュシスというものがあるとしたら、それは意識と無意識という二つの相をとり、その分極の以前にある根源ということになる。そして、自我のピュシスは脳の内奥的自然本性というものと表裏一体であるはずである。これまでに取り上げた、チャルマーズの「情報の二重側面理論」やジンガーの「脳の社会的相互作用説」やポパーの世界3の概念は、この表裏一体関係に貴重な示唆を与えてくれると思われるが、どれも現段階では十分なものとは言えない。結局、この表裏一体関係を解明するということは、意識のハード・プロブレムを解くということなのである。そしてその際には、やはり物質と精神の間に存し、両者を結び付ける「宇宙の情報構造」といったものを想定せざるをえないのである。

注

（1）Cf. P. S. Churchland, *Brain-Wise : Studies in Neurophilosophy*, pp. 59-126. ただし筆者はパトリシアの還元主義モデルの自我論には与しない。彼女から示唆を受けたのは自我の形而下学への方向性のみである。なお、自我と意識をめぐる形而上学と形而下学の緊張関係はジェームズの次の著作において既に指摘されていた。W. James, *Psychology : The Briefer Course*, Harper & Row, New York, 1961. 現代の意識哲学の課題は、ジェームズの意向を、認知脳科学の最新のデータを参照しつつ洗練し継承することであるように思われる。

（2）A・R・ダマシオ『生存する脳』、第一章。また岸本英爾・高橋雄一・井上健「人格の偏奇と脳画像」（中澤恒幸・三好功峰編『人格障害と生物学』学会出版センター、一九九六年）を参照。

（3）この点に関しては、拙著『時間・空間・身体』の第8章「現存在分析と生物学的精神医学」を参照されたい。

（4）T. Nørretranders, *The User Illusion : Cutting Consciousness Down to Size*, Ch. 4, 5（邦訳、第4章と第5章）

（5）T. Nørretranders, *op. cit.*, p. 95（邦訳、一二八ページ）

（6）T. Nørretranders, *op. cit.*, Ch. 9（邦訳、第9章）

（7）T. Nørretranders, *op. cit.*, pp. 251ff.（邦訳、三〇七ページ以下）

第Ⅴ部　情報と創発性

第13章　心身問題と情報理論

はじめに

現代社会は高度情報化社会と呼ばれ、情報通信と情報処理の技術はとどまる所を知らない発展ぶりを示している。しかし技術の進歩は必ずしも哲学の深化を伴わない。つまり、情報通信・処理の技術の驚異的進歩にもかかわらず、「情報」そのものの本質は相変わらず不明のままなのである。もちろん情報の本質を知らなくても、情報のテクノロジーに関わることはできるし、そのエキスパートになることもできる。これは、流体力学を知らなくても水泳の金メダリストになりえ、機械工学やマシンの機能物理に通じていなくてもＦ１のチャンピオンになりうることに類似している。また周知のように、「善く生きる」ためには哲学や倫理学を習得する必要はない。しかし物事の本質への問いは、技術や実用性を超えた次元から現れる。そして翻って、技術や実用性の意味を見直す視点を提供する。

もちろん、これまで情報の本質が全く問われなかったわけではない。ただ技術の発展の急流の中で問う暇がなかったのである。その急流の中でかろうじて問われたのは、処理技術に密接に関連する情報の量的側面と計算論的性質であり、情報の本質と意味は視野の外に置かれた。

それでは、なぜ情報の本質への問いは疎んじられ続けたのであろうか。それは、情報概念のもつ二義性に関係する。つまり「情報（information）」は、発信者から受信者に伝達されるメッセージないし知識という意味と、物事に秩序と形を付与する組織化の原理という意味の二義性をまとっている、ということに。ちなみに一般に漠然と理解されている情報の概念は前者に合致し、後者は情報の本質に属す規定としては人口に膾炙していない。しかし情報の第一義的意味は、実は後者の方なのである（英語の information はラテン語の informare に由来し、これは物事に form〔形〕を与えることを意味する）。そして面白いことに、前者と後者は表裏一体の関係にある。例えば、発信者が受信者に与える知識は、受信者の相関する心的システムをカオス状態から整合的状態に転化させる。つまり脳内の認知モジュールのシステム編成に寄与するのである。これによって脳内の特定の神経回路網に一定のパターンが付与されることになるのは言うまでもない。また災害情報は、地域の防御体制の編成を促し、住民の行動に一定のパターンを与える。この極端な例が、第二次世界大戦中の日本国民の生活・行動パターンの編成である。

ところで、脳の神経システムにしろ社会の組織構造にしろ、メッセージとしての情報を受け取って自らのシステムを適切な形で編成するためには、そのシステム自体がもともと情報構造というものをもっていなければならない。そして、この情報構造こそメッセージとしての情報に先立つ、組織化の原理としての information なのである。脳の場合それは、ニューロンの核の中に納まっている遺伝子の先天的プログラムを基調とし後天的経験によって編成された神経回路システムの構造であり、社会の場合には法律・制度や生活習慣やコミュニケーションの様式の基礎に存する社会システムの組織化原理である。この情報構造をさらに拡大していくと、自然界から宇宙全体の組織化原理に到達する。そしてその際、物理すなわち物質的世界の組織化と information の関係が問題となる。また前述のように情報（information）は、物質とエネルギーに並ぶ、この物理的自然界の第三の根本要素であることが物理学の側から提唱され始めている。このことが心身問題や心脳問題に影響を与えないはずはない。事実、チャルマーズは形而上学的に理解された「情報」を物質と精神の接合点に据えたし、機能主義も情報物理的プロセスを重視している。

我々に与えられた課題は、精神と物質、意識と脳、心と身体、心理と生理、主観と客観、一人称的記述と三人称的説明といった対立項の接合原理としての「情報」の意味を問いただすことである。もちろん、この接合原理はさしあたって形而上学的な構成概念となる。しかし、それを形而下の領域に引き下ろすことの重要性は決して視野の外に置かれることはない。つまり前章で述べたように、形而上学と形而下学の不毛な対立は徹底して回避されるのである。

1　湯川秀樹の着想をめぐって

情報理論と心身問題の関係を解明するために、まず情報のもつ深い意味とその物理的プロセスへの関係に着目した先人のアイデアを取り上げることにしよう。

中間子理論で有名な、日本を代表する物理学者・湯川秀樹は、哲学的思索を好む人でもあったが、今から三十数年前、世界に先駆けて情報物理学の可能性を問うていた。彼の着眼点は、その後登場した宇宙論的情報理論としての情報物理学の中心論点を先取りするもので、情報を物質とエネルギーに並ぶ物理的自然界の第三の要素とみなすものであった。それは同時に、従来の数学的・通信技術的な情報理論の浅い見識を超えて、情報のもつ存在論的意味を問うものでもあった。そして、この問いかけは必然的に心身問題につながっていく。湯川は、生物学出身の人類学者・梅棹忠夫との対談で、その構想を述べているが、その中の次の箇所に注目してみよう(1)。

湯川　昔から「もの」と「こころ」というふうに対立するものとして分けていたけれども、しかしそうすると、「もの」と「こころ」はどこで結びついているか、物心二元論ではややこしいことになる。しかしそうではなしに、「もの」と「こころ」との中間に情報というものを置いてみる。それで見通した方がわかりやすくなりそうだ。

梅棹　いままでの考え方ですと、情報というものを、たとえば感覚とか思考というような心的過程から切り離すことが大変むつかしかった。ところが今日では、そういう心的過程から切り離された情報概念が次第に確立されつつある。これは、大変重要なことだと思うのです。物質化されたという表現はよくないと思いますけれども、「こころ」の話ではない、「もの」と密着した情報概念がだんだん確立しつつある。いや、実はそれが先にあって、それからもう一度ふり返って、「こころ」とは何かということが逆に問われるべき段階にきていると思うんです。「こころ」がなぜ、どんなプロセスを経て出てくるかということですよ。

たとえばさっきの話で、電気に乗って情報伝達ができるということ。電気に乗ってきた情報が「こころ」に何か意味を持つということは、大変大事なことなんですね。「こころ」というものは、そういうものに乗って出てくるんです。最初に「こころ」があって、それから情報が生まれるのと違うんです。情報的に世界が構成され、つくられてきた結果として、電気という媒体がその「こころ」の発生という段階にまでくっついて出てくる。そのことを、私はおもしろいと思うのです。

このやり取りにおいて物理学者・湯川の発言を人類学者・梅棹がうまくフォローしている点に注目されたい。二〇世紀の科学において、まず電話通信とサイバネティクスの領域で取り上げられた情報の数学的概念は、その後生物学において物質と関係づけられつつ別の側面から脚光を浴びた。つまり、ワトソンとクリックによって遺伝子の本体がＤＮＡ高分子であることが解明され、それによって遺伝と生命活動の物理的メカニズムがＤＮＡを構成する四つの塩基の配列に基づくことが分かったのである。しかるに、この塩基の配列は遺伝情報をコード化した分子言語に他ならない。ここにおいてまず情報と物質（ないし物理的プロセス）の関係の解明の端緒が得られた。生物学出身の梅棹も対談においてそのことに言及しており、物理学も情報を取り扱うべきだとする湯川の提案に賛同している。その際、両者とも生物学と物理学の接点ないし生物物理学の重要性に着目している。そして、さらにこの観点を推し進めると、引用文に示されたような「こころ」と「もの」の関係の考察になるのである。

ところで現在の大学の理工系学部に置かれた情報物理学研究室は、コンピュータや生物や非線形物理システムにおける情報生成、情報伝達、情報処理、自己組織性などの普遍的性質とその技術的応用を研究している。つまり情報システムの物理的メカニズムを探究しているのである。それは極めて技術的な細部に関わるもので、湯川が構想するような存在論的ないし物心関係論的深みや宇宙論的広がりは、さしあたってない。つまり物理学の基礎を問い、従来の自然観を根底から変革するような意図をもっているわけではないのである。例えば、アインシュタインは物質とエネルギーの互換性を解明することによって物理学を変革し、湯川はそれに情報を加えることによって次なる変革を構想したが、技術的な情報物理学研究室は、そのような大それた計画には加担していないのである。湯川の後継者と言えるのは、むしろ物理学の外部から物理学に興味を示した自由思想家的な人たちである。例えば、トム・ストウニア（情報科学者）とか品川嘉也（生理学者で湯川の間接的弟子）がその代表である。[2]もちろん物理学の内部にも湯川と軌を一にする者はいるが、[3]少数派と言える。

しかし技術的な情報処理の物理学的研究も、心身問題に全く関わらないわけではない。例えば人工知能の研究は多かれ少なかれそれに関わるし、そのことは第Ⅰ部で取り上げた三人の哲学者（ポールとデネットとチャルマーズ）において、それぞれの仕方で論じられている。その中で特に注目すべきなのがチャルマーズであることは言うまでもないが、ポールとデネットの観点も無視できない。いずれにしても現代アメリカの認知神経哲学の専攻者たちは何らかの形で情報物理学に関わっているのである。

こうした点を踏まえて、物と密着した情報概念に着目し、そこから心や意識の意味を問い直すことが、心脳問題の解決に大変役立つように思われる。それは、翻せば、もっぱら主観的なものと思われた「情報」が実は客観的なものでもありうることを理解し、その理解に基づいて主観と客観の統合の可能性を問うことにもなるのである。しかし、この可能性を問うためには、まず「情報的に世界が構成される」仕方について考察しなければならない。

2 情報と世界

我々の住んでいる世界は、他の生物や人工建造物や自然物質から成り立っている。我々が、この世界の中で知覚作用を働かせるとき、さし当たって目に入ってくるのは個々の存在物である。つまりビル、山、カラス、道行く人々、雲……等々。しかし少し反省してみると、個々の存在物の他に、それらを物理的な場に適切に布置しつつ相互に関係づける、別の要素も存在することが分かる。その別の要素もまた物理的なものである。例えば、橋は河川による陸地の分断を、橋脚の形は橋本体を支える力学的構造を示しているし、ダムや風車は力学的エネルギーを、太陽は熱エネルギーを示唆している。また大都市の高層ビルの建造様式を見ると、様々な配慮が施されていることが分かる。さらに視野を都市全体の構造に広げると、物理的関係要素の他に社会的な組織構造が見えてくる。そして、それは政治、経済、治安、産業（特に商業）、風俗、時流といった社会的要素を示唆している。これらは、個々の物体のようには直接知覚されないので、抽象的に思われ実在感がさしあたって希薄であるが、世界の構成要素として重要であり無視できない。

我々が都市計画を立てるとき、最初に配慮するのは、その地域に存在する個々の物体ではなく、その地域全体の地勢や社会的構成である。そうした全体的見取り図ないしシステム的概観に照らして、個々の存在物ならびにそれらの物理的関係に対処するというのが定石なのである。こうして造られた都市は、抽象的な社会的構成要素を実際に体現することになる。例えば、駅はあそこで繁華街と官庁街はここ、住居環境は地域によって格差があり地価や賃貸料もそれに応じて違ってくる……等々。これらの要素は、その都市の住民の生活や行動のパターンに影響を与え、役人が最初に立てた都市計画から離れた、新たな自己組織化を引き起こし、それによって都市のあり方は自然に変化していく。東京や大阪における風俗店街やドヤ街の自然発生は、都市計画局の幹部には全く手に負えないものである。

以上に述べたことは、よく考えれば当たり前のことであり、「それがどうかしましたか」と言う人も多いであろう。しかし、そのように嘯く人たちに筆者は問いたい。「あなたは、社会的構成要素とそれらの諸関係が、物質的個物と同様の実在性をもっていると考えますか。少なくとも普段の生活実感として」と。

我々が、さしあたって「実在的」とみなすのは、「これ」と言って指し示すことのできる個物である。そこから抽象化されて様々の「事態」に「実在的」という形容詞が付けられる。しかし、「これ」が「これ」として成り立つためには、地ないし背景としての事態の脈絡がなければならない。ところが日常的には、世界は「これ」と名指される個物の複合体のように理解されやすい。そして、このことに関係するのが、世界の組織構造を成立せしめるものとしての「客観的情報」（つまりinformation）の概念が理解されがたい、ということなのである。換言すれば、個物の突出性に目を奪われるがゆえに、「情報」というものをもっぱら個物としての発信者から別の個物としての受信者に送られるメッセージとみなしてしまうのである。これをストウニアは「人間中心的な主観的情報概念[4]」と呼んだ。我々はinformationの深い意味を理解するためにも、こうした情報理解の殻を打ち破らなければならない。

哲学的な認識論の問題として古くから論じられてきたものに、「誰もいない山奥の森林の中で倒れる巨木は音を立てるのか」というものがある。主観的情報理解の観点からすれば、音が発生するはずはない。なぜなら「音」は、それを知覚する受信者がいてこそ意味をなす概念だからである。しかし、一見もっともなものに思われるこの理解には、大きな落とし穴がある。倒れる巨木は、確かに物理的な空気の振動（圧縮空気の分子パターン）を引き起こすし、それは、知覚者がいようがいまいが生起する客観的事実だからである。そして、この「空気の振動」は情報と全く関係のない、単なる物理的出来事などではない。それは個物（木）と個物（大地）の関係、ならびにその関係を成立せしめている物理的環境の組織的構造を表す指標でもあるのだ。我々は、この「関係や組織的構造を表す指標」としての information を理解するとき、初めて情報の客観性に対して目が開かれる。[5] そして、受信者に確かに受け取られる信号としての「音」と世界の組織的構造を示唆する「空気の振動」は表裏一体の関係にある。しかし、この表裏一体関係はなかなか理解されがたい。そこで、それについてもう少し立ち入って考察してみよう。

我々が一般に「情報」と呼ぶものは、受信者にとって意味をもつメッセージ（知らせ）であり、物事に秩序やパターンを付与する組織化原理は、直接そうしたメッセージにはならないので「情報」という範疇に属すものとはみなされない。それでは「意味」とは何であろうか。次のような事例について考えてみよう。

ある中年の男性（土木作業員）が、総合病院にいって肝機能検査を受けたら、GOTとGTPの値が基準の二倍、γ-GTPの値は基準の四倍であった。この検査結果の表を、本人、消化器内科医、精神科医（ないし心療内科医）、生化学者、幼稚園児、ネコにそれぞれ提示してみる。本人は、こうしたことには暗く、その意味があまり分からない。幼稚園児にとっては何が書いてあるのか分からないので、絵本のように面白くはない。ネコにとっては単なる紙切れ（というより薄い物塊）にすぎない。つまり餌を示唆しない。つまり、これらの受信者にとって検査結果表は、「全く意味をもたない」から「ほとんど意味が分からない」の間にある。それに対して消化器内科医と精神科医と生化学者にとって、そうしたデータは日常慣れ親しんでいるものであり、その意味は明白である。しかし三者の意味看取の観点は起動点において異なる。内科医にとっては肝臓という臓器の機能低下ないし病変が注目の的であり、精神科医にとっては患者の生活状態とストレス反応行動としての飲酒や薬の使用が関心の的である。また生化学者は、酵素の活性化の原因にまず目がいく。もちろん医学者としての三者はそれぞれの立場に理解をもっている。しかし意味看取の起動点は、やはり異なる。なぜならデータを受け取り、それを意味のある情報として認知する能作は、その認知主体の内的情報環境に左右されるからである。内的情報環境というのは、それぞれの認知主体の脳を中心とした認知システムの来歴的組織化のことである。つまり、これまでの経験・学習・記憶・行動によって編成され組織的に構築された神経回路網の状態が受け皿となって、データを意味のある情報に変換するのである。それゆえ、認知システムの来歴によって意味の受け取り方は違ってくる。あるいは、データをメッセージや情報に変換することができない。これは幼稚園児やネコに限ったことではない。ほとんどのエチオピア人にとって日本語は意味のある情報にはならないし、競馬に興味のない者（あるいはそれに嫌悪感をもつ者）にとって賞金倍率は情報として際立たない。我々の認知生活は情報の選択と捨象から成り立っている。そして、それを左右するのが内的情報環境なのである。[6]

それでは、この内的情報環境と世界の組織的構造はどのように関係するのか。まず大雑把な見方として、両者は抽象的な意味指示連関と機能的因果連関、ならびにそれらの基礎に存する組織的構造のパターンを共有する、と言うことができる。我々が認知したり知覚したりする物事の内容は文章の形で表現できるが、その文章が直接指示するのは、脳内のニューラルネットワークの結合様式や活性化パターンではなく外部世界の物理的出来事である。このことは、目を閉じて何かイメージを思い浮かべる場合にも当てはまる。

例えば、「昨日、震度6の地震があり、自宅近くの崖が崩れ、地盤の弱いこの地域一帯に避難勧告が発せられた」

という文章で表現される事態（もちろん事実として）を考えてみよう。この文章は、確かに人間のような認知システムをもった者にしか理解できない。しかしそれは人間の脳のニューラルネットワークの組織構造と活性化パターンを直接指し示すものではない。それが指し示しているのは、外部世界の物理的な組織構造とそれに関連する社会的事態である。ただしこの文は、家に長年住み着いていたネズミや飼いネコには理解できない。つまり、それを理解するための認知システムを備えた者にしか「情報」として受け取ることができないのである。

次に、「それゆえ私は今、恐怖と不安に慄いており、眠れない夜を過ごしている。この不安は、二年前に受けた胃ガンの手術前夜よりも強烈だ」という文章で表現される内的意識状態について考えてみよう。この文章は、確かに外部世界に直接言及していない。しかし純粋な内面を表現しているわけでもない。それは外部世界（自然的かつ社会的）の組織的構造を反復的に経験し学習したことによって表現可能になったものである。換言すれば、外部世界の組織構造が心的表象システムの構築に流用され応用されているのである。例えば、前述のアヴェロンの野生児は、このような心的内容の報告はできない。なぜなら彼は、幼児期から少年期にかけての社会的相互作用を経験しておらず、外部世界を心的システムへと間主観的に組み込むことができないからである。それゆえ彼は他者と「意味」の共有ができず、結局言語能力を獲得できなかった。

こうしてみると言語や意味や情報というものは、外部世界と内的認知システムの両方向に張り渡され、両者の間を往還する現象だということが分かる。しかし、そう言っただけでは物足りない。我々は、物と心をつなぐ原理としての information の概念を捉える糸口を見つけなければならない。そこで次に情報と物理的プロセスの関係について考えてみよう。

3　物理的プロセスと情報

情報は物理的媒体に乗って発信者から受信者に伝達される。そして受信者によって処理される。その際、ある情報は受信者のシステムに吸収され結果として消滅することになり、ある情報は意味論的代謝[7]を経て別の受信者へと発信される。しかるに、ここで吸収され消滅する（つまり次なるメッセージとしての効力を失う）か、それとも意味論的代謝を経て次なるメッセージとして発信されるかは、情報の内容（Ic）と物理的伝達媒体（Ptm）と受信者の組織的構造（rS）という三因子によって左右される。また意味の発動点を構成する発信者の組織的構造（sS）も無視できない。さらに、情報の伝達網全体のシステム的構成と物理的環境も重要である。受信者と発信者の組織的構造は内的情報環境と言い換えてもよい。つまり、それらが情報に対してどのような受け入れ態勢と発信のための準備状態をシステム的に構成しているかが、情報の伝達と処理にとって重要な契機となるのである。

ところで、こうした情報伝達網のメカニズムを、「メッセージとしての情報」（I*m*）と「組織化の原理としてのinformation」（Is）の区別から考えたらどうなるであろうか。普通、情報としてまず着目されるのはI*m*の方である。しかしI*m*がI*m*として成り立つためには、情報伝達網全体の組織が適切に編成され、かつ受信者と発信者の処理システムも共鳴できるような形で構成されていなければならない。しかるに、こうしたシステム編成を可能ならしめるのはIsである。したがって「情報」は、記号や文や化学式や電気パルスの形で表現されるメッセージには限定されず、情報が伝達され処理されリサイクルされるネットワーク全体ならびにその構成要素の秩序にも関わってくるのである。情報伝達網の地盤となるシステムに適切な秩序が備わっていないなら、メッセージの伝達はうまくなされないであろう。

ちなみに、ImはソフトウェアでありIsはハードウェアである、と一応言うことができる。しかしこれは、どちらかというとそうであるということであり、Isは純粋なハードではない。むしろIsは物質ないし物理的プロセスの中に実現された「ソフトウェアの潜勢態」だと言った方がよい。この比喩は、Isがアリストテレスの形相(エイドス)概念に淵源することを考慮すると、適切であることが分かる。また、このことから言えるのは、情報(この場合ImとIsの両方を指す)は物と心の接点を、主観的心性よりも物理的プ、ロ、セ、スに親近的な形で示唆する、重要な媒体だということである。ただし、この場合の物理的プロセスは無機物の物性にではなく有機体の生物物理的機構に実現されているものである。したがって心身関係と情報の関係を考察する際には、有機体の生物物理的メカニズムにまず着目し、そこから認知システムの自己組織性と情報処理のメカニズムを解明し、最後に主観的心性の情報物理的本性を取り上げる、という手順をとるべきなのである。ただしその際、認知システムというものが環境に対して開かれたものであることを忘れてはならないし、自然的ならびに社会的環境も自己組織化するシステムであり、個々の認知システムの情報処理の地盤ないし背景として機能することを無視してはならない。一般の物理学はこうしたことを全く苦手とするが、宇宙論的(ないしシステム論的)情報物理学はそれに積極的に取り組む。そしてその際着目されるのが「宇宙の情報構造」(8)なのである。しかるに我々の主観的心性は宇宙の中での自らの位置に深い関心を寄せており、宇宙の始まりと終わりへの関心は自己の生死の意識と深く関係している。つまりフォークサイコロジーとフォークコスモロジーは表裏一体なのである。

「自己と世界」というのは哲学の古くからの主題であった。しかし保守的な哲学者たちのように、主観的心性の現象的質感と物理的プロセスの硬い無機質性の架橋しがたいギャップを前に、いつまでも溜息ばかりついているわけにはいかない。肝心なのはきっかけを摑むことなのだ。そのためには思弁的仮説を経験的実証へ向けて解きほぐすための足場を見つける必要がある。そしてその足場となるのが認知システムにおける物理的プロセスと情報の関係の解明なのである。そこで、以下それについて具体例に即しつつ仮説的に論じてみたい。

広い意味での生物物理的現象の中で主観的心性の変調を伴うものとして、うつ病を取り上げてみよう。単極型気分障害に分類される精神障害としてのうつ病の基本的症状は、抑うつ気分、倦怠感、不眠、食欲・性欲の減退、自殺念慮などである。これらは、素人目ないし現象論的眼差しにはもっぱら精神的なものに見え、生理学的病変とは映らないが、患者の脳内の生理活性物質（ノルアドレナリンやセロトニンなど神経伝達物質）の分泌量は著しく減少している。また、抑うつ気分の強い患者の脳をＰＥＴによってスキャンし画像化すると大脳全般の血流量の低下が確認されるが、これは広範囲の神経細胞の活性低下を示している。それゆえ、うつ病に罹ると思考力・判断力・記憶力・計算能力のすべてが低下する。また気分的には、悲観的、自責的となり、無気力感に苛まれる。また、それと並行して自律神経系や内分泌系の機能も不安定になり、様々な心気症的ないし心身症的体調変化が現れてくる。さらに免疫機能も低下し、風邪を引きやすくなったり感染疾患や癌に罹りやすくなったりする。つまり、うつ病は生命システムのエネルギーの減衰に他ならないのであるが、裏を返せば認知エネルギーの減退ということになる。それでは、うつ病患者の主観的心性は生命システムの情報物理的プロセスとどのように関係しているのであろうか。

まずエネルギーという契機に着目しよう。脳はグルコースを代謝して電気エネルギーに転換することによって活力源を得ているが、その大きさにしては極めて不経済な臓器である（脳の重量は体重の二％だが、エネルギー消費量は体全体のエネルギー消費量の一八％である）。つまり、精神現象を生み出し認知能力を維持するためには、予想外に大きなエネルギーが必要なのである。ここから神経回路網の最大の複雑度とそれに比例した情報処理の精密度が物質代謝とエネルギーの消費と強く相関することが分かる。また脳の機能ひとつを取り上げてみても、生物物理的プロセスにおいて物質とエネルギーと情報の三者間におおまかな相互転換関係があることが分かる。そして、これらの相互転換的・循環的関係は、脳という生命システム全体の秩序と組織編制に関わっている、と言える。(9)

ところで、うつ病やパニック障害や記憶障害などの精神神経的病理現象はみな、脳の情報システムの秩序が乱れたものと考えられる（これはエントロピーが増大しているとも言える）。さらにこれらの病理現象は、主観的心性の変化を明確に伴うものなので、情報物理的プロセスと精神現象の関係を強く示唆するのである。しかし、生物物理的現象の中でも主観的心性を伴わないものとか、コンピュータや自動車やロケットのような物理的システム、さらには地震やオゾン層破壊のような物理的自然現象には、この関係を見つけ出すことはできない。ただし、その代わりに物理的システムにおける自己組織性と情報の関係に着目することはできる。現代の技術的な情報物理学は、むしろこちらの方を主題とし精神現象にはほとんど関わらない、というのが実情である。とはいえ、チャルマーズに倣って言えば[10]、自己組織性と情報処理が存在するところには現象的意識（つまり主観的心性）のプロトタイプ的特性が見られるはずである。そしてこのことは、湯川が「物と心を媒介するものとしての情報」ということで示唆しようとしたものと深く関係すると思われる。

なお、情報の物理的性質を論じる際には、エントロピー（無秩序さの度合い）の概念をもち出して、その対概念としての情報を物理学的説明システムに組み込むのが定石となっているが、心身問題の観点からすれば、むしろハードウェアとソフトウェアの関係が興味深い。そこで次に、その関係に着目して、物と心の間としての情報の意味を考えてみよう。

4　ハードウェアとソフトウェア

ハードウェアとソフトウェアというのはコンピュータ科学に由来する概念であるが、コンピュータや機械に関してだけではなく他領域の諸現象の理解にも応用される。コンピュータに関して言うと、ハードウェアはＣＰＵを内蔵する本体、入力キーボード、画面として入出力を表示するディスプレイ、結果を印刷するプリンタ、入力情報や処理結果をファイルとして蓄えておく記憶装置などである。つまりコンピュータのシステムを構成している個々の機器あるいはそれらすべての総称がハードウェアなのである。それに対してソフトウェアとは、コンピュータに命令して処理を行うプログラムやデータ、仕様、手順、文書類などの総称であり、OSやアプリケーション・ソフトがその代表である。

ところでハードウェア（hardware）という概念には基本的に、硬い（hard）もの、つまり堅固な金属機械としての製品（ware）という意味が込められている。それに対してソフトウェア（software）は、柔軟な（soft）もの、つまり可変的で臨機応変なデータを盛り込まれた細工物（ware）を意味する。すると、ハードウェアは物質としての実体性があるのに対して、ソフトウェアにはそれが欠けているように思われる。しかしコンピュータのソフトウェアは、物理的媒体を介してのみ機能しうるプログラムなのであり、そうした意味で情報物理的プロセスに関与するものと考えられる。実際コンピュータは、物質（半導体、金属、プラスチック）とともに電気エネルギーと情報の三者が揃わなければ機能を果たすことができない。換言すれば、この三者が揃ってこそコンピュータの内部に情報物理的プロセスが実現するのである。情報つまりソフトを欠いたコンピュータのハードは単なる機械だし、ハードが壊れたコンピュータは正常に働かないか全く動かない。そして電源を切られたコンピュータはガソリンのない自動車に等しい。

コンピュータにおけるこのようなハードとソフトの関係は、人間における脳と心の関係の把握にも応用される。しかし人間ないし生物の脳はコンピュータのようにはハードではない。この場合の「ハードではない」というのは二重の意味をもっている。まず脳の硬さは豆腐とチーズの中間であり（いくぶんチーズ寄り）、金属を中心としたコンピュータのように硬くない。また脳は成長に即して大きくなり（あるいは老化や神経変性によって萎縮し）、かつニューロンのネットワークも経験・学習に応じて可塑的に構築される。つまり神経繊維の配線が固定されずに自己組織的に変化するのである。この意味でもハード（構造と配線が固定された機械）ではない。次に、仮に脳を心に対するハードと想定しても、それはコンピュータの場合のように「ソフトと明確に区別されるハード」という意味をもたない。なぜなら脳のハードは先天的なソフトを備えているからである。そしてそれは、具体的にはニューロンの核の中に収まっている先天的遺伝情報（プログラム）ならびに可塑的なニューラルネットワークのシステム編成能力として明示できる。確かに洗脳というものはある程度可能だが、脳は外部からのプログラミングによって自由に操作できる単純なハードではない。それは外部世界や他の脳との相互作用を通して自律的に自己組織化する生命情報システムなのである。例えばジェラルド・エーデルマンは次のように述べている。「脳と神経系は世界状態と社会関係とから孤立してはありえない。しかるに環境的社会的状態は不確定であり、開放系である。ソフトウェアで簡単に記述できるものではない。機能主義は命題的態度も脳の計算状態と等価と考えることになるが、それは受け容れがたい[11]」。

命題的態度とは、「ｐであることを信じる」「ｐであることを望む」などの形で表される心的状態のことであるが、ｐの内容や意味は個別的主体が環境や他者と相互作用しつつ社会の中で成長することによって得られるものなので、線形の非生命的閉鎖システムたるデジタル・コンピュータによっては実現できない。さらに人間の神経系に来る感覚信号はデジタルなものではなく、複雑な神経結合におけるシナプス強度のアナログ変調を被っている。こうした事情を顧慮して考案されたのがＰＤＰコンピュータ（人工ニューラルネットワーク）であった。しかしエーデルマンによれば、ＰＤＰコンピュータの自己組織性は極めて規模の小さいものであり、その情報処理は基本的に外部のプログラマーによる「教示」に依存している。したがってＰＤＰコンピュータもやはり、環境との相互作用を通して「淘汰」されてきた生物の神経系の自己組織性には到底及ばないのである[12]。

それでは人間における脳と心の関係を考える際に、ハードウェアとソフトウェアというアナロジー的図式は全く役に立たないのであろうか。そうではなかろう。この図式は、実証主義的に固定化して考えずに、作業仮説ないし構成概念として利用すると心脳問題の解明に寄与できるのである。その場合、ソフトウェアという概念を拡張して、柔軟な姿勢で捉えた方がよい。例えば不動産の資産価値ひとつをとっても、ハードは建物の構造、住宅設備、耐久性などであり、ソフトは交通の便、生活の便、環境、眺望などである。さらにハードとソフトが交わる要素として居住スペースの広さや耐震性などがある。このようにハードウェア／ソフトウェア図式は様々な領域に応用可能である。とりわけ人間が物理的システムに関わるときには、ソフトウェアは主観性や社会的次元や環境要素に関わる概念として便利なものとなる。それは不動産の資産価値の例でも明瞭だが、心脳問題の場合にも神経生理学的説明システムに包含されえない「社会的相互作用」や「創発性」や「クオリア」や「世界3」は、便宜上ソフトウェアとみなして議論を進めた方が有益なのである。この場合、「ソフト」とは文字通り「思考を柔軟に保つ」ことを意味するが、それは同時に強い還元主義に対する防御策ともなる。強い還元主義は心脳問題からソフトウェアという概念を放逐しようとする。例えばポールは次のように主張する。「人間と動物の認知の主要な特徴は大部分、我々が走らせているプログラムのゆえに生じるのではない。それらは神経系の特異な物理的組織化のゆえに、また情報の特異な物理的コード化のゆえに、さらにまたその情報を変形する物理的に分散したやり方のゆえに生じるのである」[13]。

これでは命題的態度も意味論的内容もソフトウェアも入り込む余地はない[14]。しかし同時に情報物理的プロセスのダイナミズムも見失われている。つまりポールの見方は、脳内を流れる電気化学的情報そのものよりも情報の伝達基盤を重視しているのである。したがって、たとえ「情報の特異な物理的コード化」に着目していても、認知モジュールのシステム編成、つまり情報物理的プロセスのダイナミズムは把握できないのである。このダイナミズムは脳内に実現された「心の社会」であり、それは外部社会（霊長類的自然界）の組織構造を神経システムレベルでコード化し再現しているのである。また還元主義的コネクショニストのポールは、人間の中枢神経系におけるシナプス後の細胞内部の複雑なシグナルカスケード（信号連鎖反応）と核内からの神経遺伝子発現[15]を全く無視している。これはコネクショニズムないし人工ニューラルネット研究全体に言えることでもあるが、これでは生物である人間の脳の情報生物物理的メカニズムを精確に把握することはできない。

さらに筆者はポールに問いたい。「社会的情報入力なしに認知は機能しうるのか。そしてこの情報入力は一種のプログラムだとは言えないのか。また生物とりわけ人間の認知機能の発現には遺伝情報（つまり先天的プログラム）が関わっていないのか」と。おそらく十分な答えは期待できないであろう。なぜならポールは、神経社会的問題（neurosocial problem）を提唱しつつも還元主義のパラダイムの外に出ようとせず、創発性に対して身を開かず、それと連動する形でソフトウェアの概念を狭く受け取るからである。[16]ソフトウェアや自己組織性という情報理論的概念は「創発性」と深く関係する。情報と創発性の関係については次章で論じることにしよう。

5　主観と客観の間としての情報

言語や記号による情報の交換つまりコミュニケーションは、主観と客観が部分的に溶け合う「場」を提供する。そしてメッセージという概念に限局されない「情報（information）」は、この「場」を形成する原理としての役割をも果たす。つまり発信者から受信者に送られる信号が、意味をもったメッセージとしての情報となるためには、発信者と受信者それぞれの主観が意味を照合し合う「間主観的情報場」が機能しなければならないのである。例えば、仲間うちだけで理解できる合言葉や専門家だけが理解できるジャーゴン、あるいは暗号や広い意味での暗黙知、これらはすべて、間主観的情報場がそれぞれの仕方で機能したとき初めて有効なものとなる。また、そうした特殊な例を挙げるまでもなく、日本語は日本（日本語社会）という間主観的情報場において最大限にその機能を発揮するし、中国語は中国において、フィンランド語はフィンランドにおいて、それぞれ最大限にその機能を発揮する。そして英語は、英語圏のみならずコンピュータ科学を始めとする理科系の学問やインターネット環境において絶大な機能を発揮している。

哲学における心身問題や認識論あるいは心理学において、主観と客観の関係は深刻な難問として取り扱われてきた。また一般人の日常的理解の次元でも主観と客観というものは相容れない二元性をもっている。そしてそれは、そのまま心と身体、意識と脳、精神と物質の漠然とした二元論的把握につながっている。しかるに、こうしたアポリアや臆見を打破するための手がかりとなるのが「間主観的情報場へと敷衍されて理解された〈情報 information〉」なのである。

しかし強い意味での主観性の概念は、間主観性に還元されない独特の質感をもっている。そしてそれは、量化や法則化や一般化に断固として逆らう「一人称的個別性」をまとっている。それゆえ生命的個体の心の唯一性や実存的意識、あるいは感覚質の私秘性といったものに着目すると、いかなる間主観的説明も虚しいこじつけのように見える。だが、そうした主観性の特権化にいつまでもしがみついていても埒が明かない。そうした主観性は、ジンガーの言うように、獲得過程の記憶喪失の無自覚に由来する率が高く、裏を返せば初期の神経生態学的な社会的相互作用を無視しているのである。そして、この神経生態学的な社会的相互作用と間主観的情報場は親密な関係をもっている。つまり、複数の「情報システムとしての脳」が主観性を獲得するためには、神経生態学的な情報場、すなわち間身体的なコミュニケーション環境が必要なのである。これを欠いたアヴェロンの野生児ヴィクトールは、主観性をもつことができなかったし、ましてや主観―客観の対立に悩まされることも感覚質の私秘性を主張することもなかった。[17]なぜなら、そもそも彼には客観性という概念がないからである。主観―客観図式乗り越えの第一人者メルロ＝ポンティが「野生の存在」を重視したのは偶然ではない。

ところで客観的情報というものは容易に理解できるが、客観的心というものはピンとこない人が多いであろう。なぜなら、それは客観的主観性を意味するように思えるからである。しかし客観的な判定、公平な態度、寛容な心、一致団結の精神、無我の境地といったものは客観的情報と同様、すぐに理解できるであろう。なぜならそれらは間主観的情報場を示唆しているからである。そして間主観的情報場は主観的心性よりも、意味発現の基盤となる物理的環境に親近的である。要するに、情報は心よりも物質寄りなのである。しかもそれでいて心の生成に深く関与する。主観と客観の間と言われるのも当然であろう。[18]

ただし筆者は主観と客観を強引に統合する必要はないと考える。むしろ主観性の秩序と客観性の秩序をバランスよく保つ（これはもちろん二元分割を意味しない）、より高次の秩序を探求する方が有益だと思う。そのためにも創発性の概念をシリアスに受け取らなければならないのである。

注

（1）湯川秀樹・梅棹忠夫『人間にとって科学とはなにか』中公新書、一九九七年、二六―二七ページ

（2）T. Stonier, *Information and Meaning : A Evolutionary Perspective*, Springer Verlag, London, 1997、T・ストウニア『情報物理学の探求』、品川嘉也『意識と脳』を参照。

（3）例えば、自然哲学者でもあったC・F・v・ヴァイツゼッカーの『自然の統一』斉藤義一／河井徳治訳、法政大学出版局、一九七九年、三六四―三九一ページを参照。

（4）Cf. T. Stonier, *op. cit.* p. 34ff.

（5）情報の客観性については、T・ストウニア『情報物理学の探求』五―三一ページを参照。

（6）内的情報環境（internal information environment）に関しては、T. Stonier, *op. cit.*, pp. 147-163 を参照。

(7) 意味論的代謝（semantic metabolism）とは、メッセージの受信と意味の理解を生理学的代謝に結び付けて生まれた概念である。例えば、ホルモンが標的細胞に作用したりシナプスにおいて神経伝達物質が受容体に作用し酵素反応を引き起こしたりする場合、化学的信号はそれを受け取る細胞の内的情報環境に応じて「意味」へと代謝される、と考えるのである。そしてこの意味代謝活動は、人間の脳において神経モジュールから大規模な神経ネットワークに至るまで、様々なレベルでなされている。つまりマクロレベルの人間のコミュニケーションに適用される「意味の伝達」の概念は、意識的経験に直接結び付かないミクロの神経生理学的過程にも適用できる、ということである。そして翻って、マクロレベルのコミュニケーションや情報処理における意味の伝達に「代謝」の概念が適用されるのである。Cf. T. Stonier, *op. cit.*, pp. 165-180. なお筆者はストウニアの概念をいくぶん敷衍して用いている。

(8) 宇宙の情報構造に関しては、品川嘉也、前掲書を参照されたい。またエリッヒ・ヤンツ『自己組織化する宇宙』（芹沢高志・内田美恵訳、工作舎、二〇〇一年）も重要な観点を提供してくれる。そして宇宙論的情報物理学の概要とその心身問題への関係を知るためには、立木教夫『現代科学のコスモロジー』成文社、一九九二年が便利である。

(9) 例えば、竹村彰祐・大井龍夫『新版　生物の情報システム』講談社、一九九七年を参照。

(10) Cf. D. J. Chalmers, *The Conscious Mind : In Search of a Fundamental Theory*, pp.276ff.

(11) G・M・エーデルマン『脳から心へ』金子隆芳訳、新曜社、一九九七年、二七七ページ

(12) G・M・エーデルマン、前掲書、二八〇—二八二ページを参照。

(13) P. M. Churchland, *The Engine of Reason, the Seat of the Soul : A Philosophical Journey into the Brain*, p.251（邦訳、三二二ページ）

(14) Cf. P. M. Churchland, *A Neurocomputational Perspective : The Nature of Mind and the Structure of Science*, Ch. 1

(15) こうしたプロセスについては、三國雅彦・樋口輝彦編『脳シグナルカスケードと精神疾患』学会出版センター、一九九七年、S・E・ハイマン／E・J・ネスラー『精神医学の分子生物学』融道男・澁谷治男監訳、金剛出版、一九九七年を参照。なお、人工ニューラルネットワークでこうしたプロセスをシミュレーションしようとするなら、人工シナプスの中にかなり複雑なシグナルカスケードの人工ネットワークを組み込まなければならなくなる。それは技術的に不可能であるのみならず、別の問題を生み出すであろう。なぜならDNAの神経遺伝子発現を含む細胞内のシグナルカスケードは、並列分散処理モデルの信号伝達様式とはかなり異なるからである。精神現象を生み出す生物の脳の情報システムは、いくえにもわたった複合性と階層性をもっており、想像以上に複雑なのである。

（16）この傾向は社会的次元をほとんど顧慮しないパトリシアにおいて、より顕著となる。Cf. P. S. Churchland, *Brain-Wise : Studies in Neurophilosophy*, pp. 25ff.

（17）しかし彼は自然と対話＝情報交換をしていたとみることもできる。

（18）情報を物と心、主観と客観の間とみなす考え方は人工知能研究においても重要な契機となる。例えば、喜多村直『ロボットは心を持つか』共立出版、二〇〇〇年を参照。筆者は、この本から多くの示唆を受けたが、とりわけ「ライルによる言葉の用法の区別による心と身体の差異の説明限界は、身体と心的過程の間にくるべき情報概念を無視していることにある」（八六ページ）という発言は痛快であった。

終章　創発する意識の自然学

はじめに

我々が自然界ならびに社会において出会う事象は、すべて構成要素と部分から成っている。そして、我々のそうした「出会い方」つまり「経験」もまた構成要素と部分から成っている。さらに我々は自らの経験をも対象化し、メタ経験としての諸々の意識の学を構築する。しかるに、このメタ経験としての意識の学もまた構成要素と部分から成っている。

我々が物事の本質とか成り立ち、あるいはそのメカニズムを解明しようとするとき、最初に行うのは、解明の対象となっている事象を要素に分解してそれぞれの要素の性質を捉えることであり、それから要素間の関係を把握し、さらにシステム的合成を経て全体の理解に至る、というのが定石である。これが近代科学における分析と還元ならびにシステム的合成という方法の基本的相であることは言うまでもなかろう。

この方法は、様々な分野で多くの功績を立てた。しかし、この方法によっては捉えがたい、と言われる事象もいくつかある。例えば生命とか意識がそれである。生命に関して言うと確かに、ＤＮＡ高分子が生命活動の物理的基盤であることが解明されて以来、生気論的な生命理解は急速に衰退し、還元主義的理解が圧倒的に優位となっているが、それで事が収まるわけではない。現在の生命論は、「生命は物質に還元されない」というようなナイーヴな精神論的観念などとは無関係であり、その核心は、有機体のシステム的編成ならびに有機体と環境の生態学的相互作用からDNA高分子へのトップダウン的因果作用も顧慮したシステム論的理解の彫琢に存する。そしてそこから翻って、生命活動の分子生物学的ないし生物物理学的把握の意味を捉え直そうとしているのである[1]。したがって、還元的方法とシステム論的方法は相補的に使い分けられている、と言える。それでは意識に関してはどうであろうか。

意識にまつわる神秘性は生命のそれをはるかに凌ぐ。なぜなら意識は、基本的にはそのつど「私のもの」として現在進行形のアクチュアリティをまとっており、公共的観察のまな板に乗りにくいからである。そこで、この現象を分析科学的に対象化する際には、多大な犠牲を強いられることになる。つまり私性とそれに密着した現象的質感を可能な限り捨象しなければならないのである。したがって、分析科学的ないし還元主義的な意識研究は、意識そのものを解明しているのではなく、それを別のものに置き換えて説明しているにすぎない、という批判が生じる破目になる。そうした批判は、確かに事の本質の一面を突いていると思うが、それが二元論的観念に支配されている限り不毛なものにとどまる。求められているのは、分析科学的研究とシステム論的理解の接点であり、物理的基盤と現象的性質の間に存する「創発」のメカニズムの解明なのである。

ところで、かつてジェームズや西田幾多郎が提唱した「純粋経験」の概念は、我々人間の意識生の自然的本性に肉薄するものであったと言えるが、二元論的観念の残滓に災いされて、物質的自然界と意識経験の世界を有機的に統合して理解する二歩手前（西田の場合には三歩手前ぐらい）にしか至っていないように思われる。彼らに欠けているのは創発の概念である。この概念が分からないと、どうしても意識経験を物質や物理的プロセスから切り離したくなる。それゆえ「純粋経験」というようなものを提唱しても、結局は観念論に堕落せざるをえないのである。逆に、創発の概念が欠けているために意識の現象的性質を消去したがる還元主義者の事例も多々ある。彼らの視野には、自然界の物理的プロセス（もちろん脳の神経過程を含む）のうちに垣間見られる「意識経験の創発基盤」が決して入ってこない。この創発基盤が前章で述べたinformationと関係することは、本文中で説明することにしよう。

この終章は、不遜にも「創発する意識の自然学」というタイトルになっているが、正確にはそのアイデアを提起し、今後の探究の指針を見出そうとするものである。ちなみに「自然学」というのは、ギリシャ語のピュシスに基づいて理解された学の形態であり、主観的―現象的世界と客観的物質界の豊かな統合性に視座を置いている。またピュシス（立ち現れて自己展開する自然（じねん）のダイナミクス）を創発（emergence）に引っかけてもいる。いずれにしても、意識の生の自然的感触を損なわず、それでいて二元論的―観念論的陥穽にはまらないような創発的科学の基礎づけを心がけたつもりである。

1　創発をシリアスに受け取ること

意識を脳という物質基盤から切り離さず、かつその現象的特質を消去せずに探究するためには創発の概念をシリアスに受け取る必要がある。これは一見簡単なことに思えるが、現実には還元主義と二元論双方の陣営の中に創発の概念を拒否する者がけっこういる。また理論的な心脳問題に普段関わらない一般人の中にも創発の概念に疑念を抱くものが多々いる。そこで、創発をシリアスに受け取ることを奨励する前に、なぜ創発の概念は拒否されたり疑念をもたれたりするのか、を説明しなければならない。

創発（emergence）はもともと生物学由来の概念であり、生命が物理学と化学の規定する物質には還元できない独特の自然的本性（超自然的ではない！）をもっているということ、そして生命システム全体の性質は要素の総和からは導き出せない、ということを意味する。つまり生命システムは、それを構成する原子や分子や細胞などの構成要素の総和としては規定できず、それらの構成要素が単独ではもちえない新たな性質をもつ、ということを言い表すために創発の概念が創り出されたのである。またこの概念は、生物進化の過程で先行与件からは予想できない飛躍・発展が現れることに着目して発案されたものでもある。

ところで、最初は生物学の領域でのみ用いられていたこの概念は、その後物理学や化学の領域でも使われるようになり、人文社会科学（特に経済学、経営学）おいても効力を発揮するようになった。哲学においては、何はさておき心身問題の領域でこの概念は重宝がられている。また近年の認知科学、人工知能研究、ロボット工学、情報理論、複雑系科学においてもこの概念は重要な役割を果たしている。[2] このうち注目すべきなのは、物理学において創発の概念が効力を発揮し始めたことである。つまり物理的複雑系の生み出す創発特性が、非線形数学の発展とコンピュータの高性能化によって研究可能になったのである。そこで、物理学の内部に還元主義を脱する傾向が現れ始めるとともに、創発が万物、つまり生命系と非生命系の両方に共通の特徴だということが認められるようになった。このことは、生物学が物理学的基礎の上に置かれるのを否定する理由がなくなったことを意味する。[3] ただし、これは専門家筋に行き渡った見識ではないし、一般人の反感を買いやすい思想である。

それでは、なぜ創発の概念に疑問符が打たれるのであろうか。それは、我々の認知機能が基本的に個々の存在物に定位していることに淵源する。つまり我々の認知生活において、最初に覚知に入ってくるのは、「これ」と言って名指すことのできる個物である。それに対して、個物を個物として成立せしめている関係性や背景は、抽象的なので直接意識には上ってこない。こうしてコトに対してモノが優位を占めるフォークマテリアリズムの下地が形成されることになる。フォークマテリアリズムは、古代の原子論的唯物論をさらに粗雑にしたような思考傾向であるが、これが物理学への無反省な信頼と結び付くと、フォークフィジックスとなる。これは「地獄の沙汰も物理学次第」というような俗悪な思想で、実在の基底層は物理的世界（というより物質的世界）であり、その他すべては派生的な幻想にすぎない、というフィーリングに支配されている。日常よく耳にする「物理的に不可能」という免罪符は、それを象徴する典型例である。(4)

個々の存在物に定位しているので、要素の複合体であるシステムに関しても、要素に還元できない創発的性質があることを承認できないことになる。特に中学と高校レベルの理科に洗脳されている者にこの傾向が強い。高校までの勉強は科目別に分断されており、基本的に要素還元的なのである。そこでは試験によって理解が確かめられるように指導システムが編成されている。それゆえ現実の問題に対処するために必要な物理と生物、生物と現代国語、理科と社会科の関係などは全く取り上げられない。この教育法が未熟な脳の構造に深く刷り込まれ、大学生や社会人になって創発の概念を突きつけられたとき、フォークマテリアリズム的反応をしてしまうのである。そしてこの傾向は長く尾を引く。そこで、例えばH_2Oはその構成要素たるHとOが単独ではもちえない創発的特性（濡れや高誘電性）をもつと言われても、それは質量保存の法則に反するなどという幼稚な反応をしてしまう。H_2Oという最小の物理システムも質量によってのみ規定されているわけではない。何はさておき質量に目がいくのはフォークマテリアリストのさがというものだが、それは、原子の結合の様式や電荷の布置といった関係的要素よりも「これ」と言って直示しやすい物体的要素へと偏向している彼らの視角を象徴している。また、脳という生物システムの創発特性がニューロンなどの構成要素の性質に還元できないのみならず、心という生命システムの創発特性が脳の諸性質に還元されない、というテーゼにも彼らは戸惑いを示す。創発性に対する彼らの偏見の源泉を捉え、それを矯正するために次のような事例について考えてみよう。

非線形数学の第一人者で心脳問題にも造詣が深いアーウィン・スコットは次のように述べている。「体重aの子どもがトランポリンにのっているとき、その脱出エネルギーをa^2、同様に体重bの子どもの脱出エネルギーをb^2とすると、二人が手をつないでトランポリンにのっているときの脱出エネルギーは$(a+b)^2$になる。$(a+b)^2$はもちろんa^2+b^2ではなく$a^2+2ab+b^2$に等しい。ここが大切な点である。余分の脱出エネルギー2abは二人を一緒にしておく結合エネルギーに相当するのである」(5)。フォークマテリアリストが要素とシステムの間の創発関係を理解でないのは、いわば$(a+b)^2$をa^2+b^2と受け取ってしまって、2abを視野に取り入れないことに由来する。スコットが挙げている事例は、最も単純化されたもので、現実の創発現象はもっと複雑怪奇である。その極みが脳からの精神の創発ということになるが、我々の内なるフォークマテリアリズムの傾向は、脳と精神の関係を考える際、容易に2ab的要因を無視してしまう。脳が開放系で自己言及的な自己組織化的認知システムであることにはこれまで何度も触れてきた。しかるに、この「開放的な自己言及性」における社会的変数の関与、ならびにこの関与によって引き起こされる脳内認知モジュールの自己組織化的連合の非線形性はなかなか定式化しにくい。しかし、それから逃げてはならない。つまり創発を直視し、それをシリアスに受け取らなければならないのである。

意識のハード・プロブレムの提唱者チャルマーズは、意識の問題を直視しそれをシリアスに受け取ることを声高に叫んだが、なぜか創発の概念を嫌った。創発の概念を嫌うのは還元主義者のクリックやチャーチランド夫妻にも共通する点である。つまり還元的唯物論と性質二元論はともに創発の概念を拒否しがちなのである。それに対して、身体性と生命性と社会的次元を重視する有機統合論的マテリアリズムは、創発の概念をシリアスに受け取り、それを心脳問題の中核に据えるのである。

創発現象は、精神や生命の領域のみに見出されるものではなく、それらを含まない物理的事象にも見出されることに着目することが肝要である。物理的システムに見られる自己組織性や非線形的現象は、情報概念と絡んで、創発が物理的事象のプロセス形成に深く関与することを示唆する。これがマッギンの言う「脳の不可知の自然特性」に関係することを承認するに吝かではないが、筆者としてはこの「不可知」のかたくなさをいくぶん緩和したい。そのために、次に脳という生命的物理システムにおける情報と創発の関係について考察することにしよう。

2 脳システムにおける情報と創発

脳は大きく分けて大脳、小脳、脳幹の三部からなる複合的システムである。そのうち認知機能と意識に深く関与しているのは大脳新皮質である。そして大脳新皮質は、視覚、聴覚、味覚、嗅覚、体性感覚などを受容する感覚野、および運動の発現に関わる運動野など、情報の入出力に直接関与する部位と、運動・感覚両野の機能を統合して高次の知的機能を営む連合野とがある。高度の精神機能である意志、推理、創造、倫理などは前頭葉の連合野で営まれる。脳における情報処理と現象的意識の創発の関係を考える際、この連合野、とりわけ前頭連合野の機能が鍵となる。連合野はまさにスコットの言う 2ab に当たるものを生み出しているのである。裏を返せば、個々の感覚・認知モジュールの機能の単なる線形的加算から諸々の感覚の質や自己意識が生まれると考えるのは、$(a+b)^2=a^2+b^2$ とみなすようなものなのである。この意味で、並列分散処理の人工ニューラルネットワークによる人間の脳の情報処理のシミュレーションには大きな欠陥がある、と言わざるをえない。この欠陥は、生物とりわけ人間の脳の情報システムの外部世界（自然的ならびに社会的環境）に対する開放性、そして脊髄や内分泌系や自律神経系を通しての脳と身体との情報交換という要因を顧慮するとより明瞭となる。

それでは、なぜ連合野というものが生まれたのであろうか。それは、中枢神経系における情報処理を統制するためだった、というのが穏当な答えであり、それでは「答えになっていない」ということには決してならない。そして、この「統制」の機能が極まって「自己意識」が生まれたのである。とするとジンガーも言うように、神経システムは中央司令塔なしの自己組織化作用において情報の集約点を生み出し、さらに集約点間の情報流通を統率するものとして自我を創発せしめた、ということになる。つまり自我ないし自己意識は、まったく自然発生的なものなのである。そしてその創発基盤は、脳が実現する生物物理的な情報場の特殊な性質のうちに秘められているはずである。しかし、それは脳だけに見出されるものではない。それは、情報によって自己組織化が促されるあらゆるシステムのうちに、多かれ少なかれ見出される特性なのである。例えば東京のような大都市、オリンピックのような大イベント、大規模な株式会社の経営システム、通信ネットワーク……等々。ただし人間の脳は、遺伝情報（DNAの塩基配列）によって形成され、外部からの情報入力によって賦活され、自ら情報を創造し出力する器官なので、その物質的組成と物理的性質が「情報」とあまりに深く関係している。つまり前述のように、脳においてはハードウェアとソフトウェアが入れ子の構造になっているのである。そして、それは神経可塑性において最も分かりやすい形で表れている。この可塑的な情報システムは、自らの状態に対して常に目を光らせている。なぜなら、そうしなければ生存を維持できないからである。

一時期、セロトニントランスポータの働きを制御する遺伝子が「自殺遺伝子」（これは正確には「自殺関連遺伝子」と呼ばれるべきであろう）と名づけられたことがあったが、人間のゲノムには「生存を維持する」ことをプログラムしている遺伝子があるはずである。そしてそれは脳内の情報ネットワークを常に監視している。これによって思考と行動のコントロールがなされ、社会生活が円滑化されるのである。それに対して自殺関連遺伝子が幅を利かせ始めると、生活が破綻し、最悪の場合死に至る。ただし、これらのプロセスは遺伝子からのボトムアップ的作用に支配されているわけではなく、脳の情報システムないし有機体の生活システムからのトップダウン的作用にも大きく左右される。

ところで、自己意識と感覚の現象的質は「生命感覚」というものに深く関係しているように思われる。生命感覚は、普段は無意識の領域に隠れているが、死に直面したときとか非常に喜ばしいことに出くわした場合に顕在化する。ただし顕在化しなくても、日常の認知生活において生命感覚は背景的役割を演じている。そして、この生命感覚を司る脳内の神経回路は、脳の情報ネットワークにおいても背景的役割を演じている。つまり連合野の連合機能を背後から賦活しているのである。それでは、その神経相関項はどれなのかという問いが還元主義者から発せられそうだが、生物情報システムとしての脳の働きを捉えるためには、強引な還元に依拠しない機能主義的な方法の方が有益なこともある。なぜなら脳は、創発特性によってトップダウン的に制御される情報システムだからである。

3　現象的質の創発

前節での説明は機能主義、つまり非還元的物理主義レベルのものであり、二元論的現象論に愛着を感じている者にとっては満足のいくものではなかろう。なぜなら、自己意識を中心とする精神現象が物質としての脳から生じるという見解にうさん臭さを感じている者にとっては、自らが経験する主観的意識の現象的質感の肌理細かさは、機能的因果連関や自己組織化的創発のメカニズムの説明では及びもつかないように感じられるからである。例えば、自らが経験する虫歯の激しい痛み、熱帯夜のじっとりとした暑さ、うっとりするような情景、舌のとろけるような料理の旨味、あるいはチームメートと分かち合う勝利の歓喜、愛する者が末期癌の疼痛から発するうめき声に対する感情……等々。しかし、こうした諸々のクオリアが物質としての脳と身体を離れてどこに存在するというのだろうか。デカルト的な実体二元論者ならば、延長をもたない非物質的な思惟実体の世界に、と断言するであろう。ただし現代においては実体二元論を信奉するものはほとんどいない。それに取って代わったのは性質二元論である。

性質二元論は、クオリアを物質や物理的プロセスから存在論的に切り離すことはないが、物質的基盤への還元は断固拒否する。なぜなら、性質二元論の勇チャルマーズが言うように、還元は、クオリアを別のものに置き換えて満足する安直な説明方法に他ならないからである。そこで、彼が提唱した意識のハード・プロブレムの解決に寄与する形で「創発」の概念を心脳問題にもち込むためには、クオリアすなわち意識の現象的質がいかにして脳の情報物理的プロセスから因果的に発生するかを明示しなければならないことになる。これは難しいことである。なぜなら、それは右目で理科の教科書を読みながら左目で現代国語の教科書読み、両者を照合しつつ一つの問題を解くようなものだからである。二元論に執着する限り、このジレンマは免れない。しかし、ある意味では答えは社会学の教科書に書いてあるのである。そこでジンガーは、視点を変えて脳の社会的相互作用を取り上げたのである。

クリックによると、意識の主観的性質は、個々の意識の主体（conscious organism）が使用しているシンボリズム（記号体系）に依存する可能性が高いがゆえに神経科学的に解明困難であり、「このシンボリズムは、異なる主体がもっている別々の脳を精確につなぎ合わせない限り、他者に直接伝えることはできない」[6]。本当にそうだろうか。言語を中心としたシンボリズムは深い意味で間主観的なものである。ウィトゲンシュタインが主張したように、純粋な私的言語はありえないのである[7]。確かに、自らの人生行路を歩む個々の意識主体のパースペクティヴは、時間空間的に唯一無二のものである。しかし、それを表現するためのシンボリズムはもともと社会文化的環境に保存されていた客観的情報に依拠している。そして社会の情報構造は脳の情報システムと表裏一体の関係にある。ただし還元主義のパラダイムではこのことは見えてこない。意識の神経生物学的研究者が顧慮しなければならないのは、ポパーの言う「世界3」であり、ジンガーの主張する「脳の社会的相互作用」なのである。

我々はなぜ、自分が体験した稀有の出来事や自分が感じた独特の印象や自分が構成した思想を、自分の表現で他人に伝えたがるのであろうか。それは各々の脳が、自らの情報システムを他と照合し、それによってシステムの維持と浄化と向上を図っているからである。そうしなければ、脳の情報システムは社会の情報構造の中でうまくやっていけないのである。そして、社会の情報構造を拡大すると自然や宇宙の情報構造に行き着く。我々の意識（ミクロコスモス）が宇宙全体（マクロコスモス）と表裏一体の関係にある、というのは洋の東西を問わず古くから伝えられてきた考え方である。例えば、死生観は宇宙に始まりと終わりを認めるか、それとも回帰的循環的見方をとるかによって左右される。つまり、それによって終末論的有限性をとるか永劫回帰ないし輪廻転生をとるかが決定されるのである。また芸術作品が描くものの多くは、外部世界の美的情報である。

こうしてみると、唯一無二なものに思われた各自の主観的意識の現象的質感は、大自然の情報構造にその起源があったことが分かる。「心の琴線に触れる情景」というのは、その事情を表現する最もポピュラーな言い回しである。結局、クオリアの創発の起源は脳の情報システムと宇宙の情報構造の共鳴にあったのである。神経科学的研究は、このことを顧慮しない限り意識と脳の関係を完全に解き明かすことはできないであろう。

4　生命・時空・意識

次に生命と意識の関係を、時間空間を媒介として考察してみよう。

我々は誕生から三歳の間までの幼年期に自己意識獲得の原体験をしている。というよりも、してしまっており、その明確な記憶を宣言できる形で保持していない。これはジンガーの言う通りである。その後、自意識過剰になることがあまりない少年少女期を経て、思春期の自我の目覚めを体験する。この体験には個人差があって、ある者にとっては強烈な印象を残すが、ある者にとっては取るに足らない瑣末な印象しか残さない。それはともあれ、この体験に搏（う）たれたものは、「自分って何だろう」「他人も自分と同じように感じたり考えたりするんだろうか」「自分は他人とは違って、やはり唯一無二の自分自身なんだ」「なんで自分はこの世にこういう形で生まれてきたんだろうか」「俺は親の操り人形じゃない。これからは自分が自分の主人なんだ」という感慨の嵐に巻き込まれる。そしてここから自意識過剰な気取りや反抗的態度が生まれてくる。しかしこの自意識過剰の嵐も、長くて数年後には何事もなかったかのように治まってしまう。

次にやってくるのが社会人としての自立を迫られる青年期である。ここでもまた「自分」に対峙せざるをえなくなるが、かつてのように親に甘えることはできず、自分で自分を管理し自分が責任の主体にならなければならない。これは「自分が自分の主人なんだ」という思い込みとは全く違う。しかし、その思い込みは影を引きずり、疾風怒濤の時期はまだ続く。そうこうするうち壮年期となり、ようやく人格円満となる。というより、じたばたしてもしょうがなくなるのである。さらに中年期を経て老年期に突入し、最後に「自らの終わり」に直面することになる。これで涅槃の境地で大往生というのは、ほんのわずかである。ここでまた数十年前の自意識過剰の嵐がぶり返すのである。

以上が、自覚のクオリアをまとった人生のあらましである。人生はよく四季に喩えられる。しかし人生は自然の循環と違って、冬の後に春は来ない。冬で終わりなのである。また、よく注意して見ると、人生の春は幼少年期というよりも思春期であり、冬の末期にヴァーチャルな春がぶり返すことが分かる。それでは幼少年期は何だったのであろうか。そこでは自己意識獲得が既になされていた。そしてその自己意識は反省されざる自然態ないし野生態にある。それは四季が始まる以前の意識の原様態、つまり意識の原自然（ピュシス）である。これは、子供が動物に親近感を示すことにも表れている。ここで重要な点は、明確な現象的自己意識の原型として野生の無意識的自己があり、それが意識と物質・自然・宇宙といった一見非精神的なものを結ぶ接点を示唆する、ということである。そしてこのことは、前述の脳の情報システムと宇宙の情報構造の表裏一体関係から考えると分かりやすいと思う。

ただし、あまり思弁的にならないように、自意識獲得過程の記憶喪失というジンガーの主張に留意して、記憶の問題を時間意識全般の問題に結び付け、そこから生命と時間の関係を考えてみよう。

例えば、一ヶ月で成し遂げなければならない仕事があったとしよう。前半の半月、特に始めてから一週間ぐらいは意識の志向性は前方、つまり未来にやってくる期限に向けられている。あるいは「これから」の仕事の成り行きが関心の的である。それに対して、後半の半月、特に期限の一週間前からは、「これまで」の仕事振りへ反省が起こり始め、意識の志向性は、「期限までに仕事を完遂すること」への切迫感と「これまでの成果」への反省のはざまで、期限の到来（Zukunft）へと向けられる。心理的時間は、作業ののりにも左右されるが、基本的に初期において長く、末期に近づくほど短くなる。確かに、後半飽き飽きして心理的時間が長くなることはあるが、期限つきで生活や責任がかかっている場合には、直前に述べたようになる。

人間の生涯においても、幼年期から青年期にかけての心理的時間が長く、中年期から老年期にかけての心理的時間が短いことが心理学的—生物学的研究によって明らかにされている。[8] そして言うまでもなく、青年期よりは幼少年期が心理的時間は長く、中年期よりは老年期が心理的時間は短いのである。つまり幼少期に近づくほど心理的時間は長くなり（現象的意識のない乳幼児は論外）、寿命のまっとうに近づくほど心理的時間は短くなるのである。ところが人生体験の量はこれに反比例する。記憶の量も一見、同様に反比例するように思われるが、記憶力の減退や生活観・人生観の変化の影響でそうはならない。むしろ差し迫った死への関心に記憶が吸収されるという事態が起こってくる。そこで心理的時間が短くなるのである。

こうしてみると、期限つきの仕事の場合でも人生の場合でも、意識の体験する心理的時間は終末と生命というものに深く関わっていることが分かる。そして周知のように、時間は意識の構成にとって最も重要な契機である。ただし、それは現象的意識にとってそうなのであり、乳幼児の無意識的心には当てはまらない。ところが最初の自意識獲得は、この無意識的心によってなされているのである。したがって、それは宣言的記憶内容として残らず、明確な時間形式をもつ現象的意識が作動し始めたときの自己像の見えざる背景とはなっても、表には顕現しない。そして、この驚くべき事実は心脳問題の設定にも影響を及ぼすのである。その際、初期の混沌とした自意識獲得過程を顧慮しないと、脳と意識を切り離す二元論的態度に執着する破目になる。つまり意識の主体としての自己と物理的システムとしての脳が存在論的に全く異なる次元のものとみなされるのである。デカルトは、それを「思惟するもの」と「延長するもの」の区別として定式化した。しかしマッギンやハイデガーが言うように、意識や精神のもつ空間性には、物体的—幾何学的延長性を超えた独自の性質が備わっているはずである。そして、それは「生命の延び広がり」[9]ということに関係する。このことを顧慮して、次に空間を媒介として意識と生命の関係を考えてみよう。

空間は時間とともに我々の経験の基本的枠組みを形成している。そして意識的経験は生命感覚と結び付いている。時間が生命感覚に関係することは直前に述べた。それでは空間は生命感覚とどのように関係するのだろうか。まず注意すべきなのは、我々の意識的経験が身体的志向性をもって世界に関わるということである。意識的経験には身体の図式と運動が必須の構成要素となっている。それは、中枢神経系が脳と脊髄からなるという解剖学的事実にも大まかな形で表れている。認知主義的に考えると、人間の意識は脳の記号的情報処理に還元されるように思われるが、現実には脊髄と四肢と胴体を欠いた脳は、身体を意識できないのみならず、まともな思考もできないのである。人工知能の研究が、脳機能のシミュレーション一辺倒から身体性の重視に移行したのも当然の成り行きであった。人間の認知と思考は、身体運動を介しての環境世界への関わりと決して切り離せない。そして、「身体運動を介しての環境世界への関わり」という空間的要素は、先述の時間的契機と並んで生命感覚の一翼を担っている。

我々の「生きているという実感」は、身体性とともに「他者との社会的関わり」によって構成されている。個体の生命を維持しつつ種を存続させるためには、異なった生命体同士が相互に関わり合う必要があるが、この「関わり合い」のもつ独特の空間性が生命感覚の一翼を担うのである。この空間性は、心理学的な体験空間と生物学的な行動─生態空間の両要素をもち合わせたもので、身体性とも密接に関係している。ハイデガーやメルロ＝ポンティに倣って言えば、世界内存在の身体的空間性ということになる[10]。また日常的な経験のレベルで言うと、対人関係における距離のとり方とか身体的触れ合い（スキンシップ）とか居住性という契機がそれを構成する[11]。こうした生命的空間性を考える際、それが著しく脅かされた場合を参照するとよく分かる。例えば、一九九五年の阪神大震災において、地震の心配のない日本一優美な都市・神戸の生態環境が一瞬にして修羅場となった。芦屋の高級住宅街の被害も大きかった。神戸の街に身体的に投錨していた人々の生命感覚は、生態的空間性もろとも大変質した。精神科医の中井久夫先生も例外ではなかった[12]。しかし神戸の街は、その後全国からの支援の下、着々と復興を遂げてきた。そして、このプロセスこそ「生命の延び広がり」という深い空間性を示唆するのである。つまり、生命は個を超えた側面をもち、一つの生命の死は他の生命の存続によって補われるし、一つの生態系の損傷は他の生態系によって手厚く看護されるのである。

時間は確かに生命と意識の重要な構成契機である。しかし個人の死というものに注意を向けすぎると生命の空間性が見失われる。意識と生命の関係を考える際には、時間に着目するだけではだめで空間の意味もよく考えなければならないのである。それでは、このことに「情報」はどのように関わってくるのか。それについて次に考察しよう。

5　情報と時空統一体

意識は時間と空間の両契機によって構成されている。情報もまた然りである。さらに時間と空間は物理的自然界の根本要素でもある。前章でも触れたように、意識という主観的なものと物理的自然界という客観的なものは、情報というものによって架橋される。つまり情報は、主観の秩序と客観の秩序を架橋する高次の秩序を担うのである。そうした秩序を担うものとして、情報は物質に形と組織を与え、意識に時間的流れと空間的構造、ならびに意味を付与する。ところで物質と意識の中間に位置するものとして、情報の他に生命がある。前章でも指摘したように情報は、物理的客観性をもつものとして、それを認知・処理する生命体なしにも存続する「宇宙の根本要素」であるが、認知機能をもつ生命体の生物物理のメカニズムに深く関係している。そしてこのメカニズムが、極めて精緻な形で実現するのが人間の脳なのである。そこでは時間と空間を基本的枠組みとする意味の場が形成されている。それは、有機的ニューラルネットワークの発火パターン（ないし複合的ベクトルコード化による自律的計算様式）の時空形式をもつが、人工ニューラルネットワークと違って、遺伝子と生化学的な因子に深く影響されている。しかも脳は開放的な自己言及性をもつ情報システムなので、その情報場の形成には社会的―環境的変数による非線形効果が強く影響する。それを顧慮すると、脳の主観性の秩序と物理的自然界の客観性の秩序を架橋する原理の探求はあまりに難しすぎるように思われてくる。つまり、脳の客観的秩序に関する物理科学的研究には見通しはあるのだが、脳の主観性の秩序の探求は絶望的に思えるのである。そもそも「脳の主観性の秩序」といったものに着目する人はほとんどいない。普通「主観性」と言えば、物質としての脳から二元論的に分離されるものなのである。その点では、懐疑的ペシミズムを表明しながらも「脳の不可知の自然特性」を主張したマッギンや生物学的自然主義の立場から「脳の対象化されざる自然本性」を指摘したサールの思想は傾聴に値する。このうちマッギンはポジティヴな解明姿勢が全く見られない点で建設性がなく、サールはアイデアを提示するだけで、具体的探求のための方法論という点では極めて弱い。唯一可能性があるのは、ジンガーの提唱する「脳の時空理論」ないし「意識の時空モデル」である。ジンガーは、自然科学者としての節度をわきまえているのでマッギンやサールほどの根源志向はないが、具体的な解明の見通しは与えてくれる。彼によると、脳は社会文化的な環境の中で他の脳と情報交換しつつ機能する自己組織システムなのだが、その自己組織性は並列分散処理のトポロジカルな空間性とともに時間性の構造をもっている。それは、具体的にはニューロン集合体発火の同期化による情報の結合が空間性と時間性の両契機の統合から成り立っていることとして示される。その詳細の解明は今後の研究に委ねられているが、「時間と空間の統合」という発想はすぐに役立つ。ただしその際、脳内情報場の時空形式と環境世界の情報場の時空形式を統一的に理解し、環境世界への意識の延び広がりを捉えることが要求される。それによって主観性の秩序と客観性の秩序は情報の秩序へと統合されるのである。しかしこれは、繰り返すが、強引な一元論ではない。主観的観点と客観的観点はバランスよく保持されるのである。

ここで科学哲学者・伊藤俊太郎の思想を援用してみよう。彼は「存在の時間と意識の時間」[13]という講演録において主観と客観の対立を乗り越えるために時空統一的な根源的事件（event：出来事）への還帰を要請する。物理学的時間概念（存在の時間）、生物学的時間概念、心理学的時間概念、ベルクソンに代表される哲学的時間概念（意識の時間）それぞれの本質を分析した後、彼は「存在の時間」と「意識の時間」を統合する次元に目を向ける。彼は次のように述べている。

私の意識というものは決して私の頭の中にあるわけではない。私が見ているこれが私の意識だし、おそらくそこで見ておられる私の姿や机が皆さんの意識でもある。だとすると、「存在」と「意識」は一つのものではなかろうか。つまり私が見ているものはこれは存在であるが、また私の意識でもある。だからいままでの観念論では意識が何か頭の中にあるようで、それにすべてを「還元」するかのように考えられてきたのは間違いである。ベルクソンの言う「内」と「外」との区別は実はないのであって、意識というのはこの世界に広がって、そこに住みついているのである。したがって、時間と空間を統一して考えなければならないなら、そして空間が存在の根本様式であり、時間が意識の根本様式だといわれるなら、この両者の結びついた意識＝存在的な「事件」という根源にまで遡らなければならない。……しかし時空統一体としての根源的な「現実」はたんに意識でも存在でもなく、意識即存在的なものである。こうした「現実」の出来事がそこにおいて生じ、在り、消えてゆく場――プラトンのコーラーの意味がいちばんこれに近い――の根本的属性が時空である。

普通「主観と客観の対立の乗り越え」というと、純粋経験のようなものをもち出して、結局は主観性の次元へすべてを吸収させたがっているくせに、「客観的な物理的自然界もきちんと視野に収めているのだ」という妙な思い上がりがある。しかし、その思考は砂上の楼閣であるとの感を拭えない。それに対して、「意識は環境世界に広がって、そこに住みついている」という観点を顧慮して情報を基点に据えると、「経験」は客観的情報に根ざしたものとして理解されるようになる。一見主観主義的に見えるチャルマーズの立場も、実は客観的情報に深く根ざしている。それは「サーモスタットであるとはどのようなことか」と問い、人工知能による主観的意識の実現の可能性を支持する姿勢にもよく表れている。(14) そして、この点がジェームズや西田、あるいは諸々の超越論哲学者たちと違うところなのだ。さらに、この考え方を推し進めてゆくと、「経験」と「情報の場」の統一性が理解されるようになる。それは、時間論の場面で言うと、物理学的時間と生物学的時間と心理学的時間の統一的理解を可能にする根源への遡及ということになる。それを伊藤は、科学史を踏まえて、あくまで経験論的に論証しようとした。この姿勢に倣えば、経験の本性への問いを脳の神経生物学的研究から切り離す必要がなくなる。つまり、後者を飛び越して純粋経験に還帰したり、後者に先立つ超越論的考察を捏造したりする必要がなくなるのである。

情報の場、それは脳の中にもあるし環境世界の中にもある。しかし両方の情報場は決して切り離されない。両者は有機体の身体的志向性を介して、一つの主客統合的な自然現象を形成しているのである。この自然現象を伊藤は「時空統一的な根源的事件」と呼んでいる。今後の心脳問題の解決は、この概念を見やりながら、脳の自己組織化様態を捉えていくことにかかっていると言っても過言ではない。

注

（1）例えば、長野敬「生命を問い詰める——分子生物学の視角から」、中村雄二郎・木村敏監修『講座・生命』vol.6、河合文化教育研究所、二〇〇二年を参照。

（2）この点に関して以下の文献を参照されたい。伊藤宏司編『知の創発』NTT出版、二〇〇〇年、下原勝憲『人工生命と進化するコンピュータ』工業調査会、一九九八年、P. Fleissner/W. Hofkirchner, Emergent Information, *BioSystems* 2-3（38）1996, pp. 243-248

（3）この点に関しては、T. Nørretranders, *The User Illusion: Cutting Consciousness Down to Size*, pp. 364f.（邦訳、四四六ページ以下）を参照。また物理学における創発の概念と意識の創発の問題を関係づけて論じたものとしては、Murray Gell-Mann, Consciousness, Reduction and Emergence(http://genetics.med.harvard.edu/await/qtaas/gell-mann.html) がある。

（4）物理的＝実在的という思考法の陥穽については、サールも触れている。Cf. J. R. Searle, *The Rediscovery of the Mind*, pp. 25f. ただし彼は、唯物論批判を二元論的メンタリズムの観点からではなく生物学的自然主義の観点から行っている。その観点からすれば、物理的＝実在的という図式は二元論と表裏一体の関係にある。ところが意識ないし心は物的でも心的でもない生命的自然現象なのである。「心が〈心的〉でない」というのは誤解を招きやすい表現であるが、この場合の〈心的〉は〈物的〉の補助概念としてのそれ（つまり非‐物的ということだけを意味する空虚な規定）であり、従来の二元論的概念体系に呪縛された似非概念にすぎない。それに対して本当の「心的なもの」は生物学的自然主義の観点からのみ捉えられるのである。そして、その観点は主観（一人称的視点）と客観（三人称的視点）の対立を乗り越えて、真なる意識科学を創設することに寄与する哲学的立場だとされる。Cf. J. R. Searle, *The Mystery of Consciousness*, How to Study Consciousness Scientifically, *Toward a Science of Consciousness*, Bd. II, pp. 15-29. ただし彼は機能主義と情報物理学的観点を決して受け入れない。筆者としては、それらを受け入れることが、物理的世界像を豊かにし、物理学と生物学の接点を顧慮しながら意識の科学を構築することにつながると思うのだが。

（5）A・スコット『心の階梯』伊藤源石訳、産業図書、一九九七年、一一六ページ以下

（6）F. Crick, *The Astonishing Hypothesis : The Scientific Search for the Soul*, p. 252

（7）Vgl. L. Wittgenstein, *Philosophische Untersuchungen*, *Suhrkamp*, 1980

（8）例えば、松田文子他編『心理的時間』北大路書房、一九九六年を参照。

（9）この概念に関しては、信原幸弘「生命のひろがり」、日本哲学会編『哲学』第五四号、二〇〇三年を参照。

（10）拙著『時間・空間・身体』の第3章と第4章を参照。

（11）例えば、空間認知の発達研究会編『空間に生きる』北大路書房、一九九七年を参照。

（12）中井久夫編『一九九五年一月・神戸――「阪神大震災」下の精神科医たち』みすず書房、一九九五年を参照。

（13）東京大学公開講座『時間』東京大学出版会、一九九一年に所収。

（14）なおチャルマーズが、アンディ・クラークとの共著論文で皮膚と頭蓋骨を越えて延び広がった心の様式を把握する可能性について論じていることは注目に値する。Cf. A. Clark & D. J. Chalmers, The Extended Mind, *Philosophy of Mind : Classical and Contemporary Readings*, pp. 643-651

あとがき

意識と自我への神経哲学的旅は、これでいったん終わりにする。論じ尽せなかったことや論証上の不備は多々あるが、筆者としては全力を出し切ったつもりである。哲学には答えがなく、ただ永遠の問いかけがあるのみだ、とよく言われる。しかし、神経哲学には答えがある。そして、答えに至るための方法論と図式も整備されている。ただし神経哲学は心理学や認知科学ではないし、意識科学そのものでもない。つまり経験科学ではないのである。その意味では確かに「永遠の問いかけ」という性質を帯びている。しかし、それは「答えがない」ということとは違う。

筆者は最初、本書のタイトルを『意識の神経哲学』にしようか、それとも『意識の認知哲学』にしようか、と迷った。結果として前者を選んだが、内容的には後者の方が適切だったかもしれない。しかし筆者は、あくまで心身問題と心脳問題にこだわりがあるので、「脳と心」という問題を象徴させやすい「神経哲学」の方を選んだのである。

その神経哲学は、未完成の開放性をまといつつ、今ここに一つの果実を熟せしめた。その果実は晩冬のやわらかな日差しの中で鈍い反射光を発している。この晩冬のクオリアは、デネットが印象深い調子で語った春浅い日の優美な情景よりも、はるかに率直に、意識と脳の関係の考察へと読者を誘うのである。

ちなみに、「晩夏」「晩秋」という言葉はよく使われるが、「晩冬」と「晩春」はあまり、というよりほとんど使われることがない。なぜなら、それらの実感、つまりクオリアが前二者よりも希薄だからである。意識の神経哲学はまさに、この春に隣接した晩冬のクオリアに彩られている。つまり、かつての心の哲学の「答えのない冬」を背に認知神経哲学と意識科学の「風薫る春先」を見据えているのである。この臨界、はざまで心脳問題は自らを明け開きつつ言葉に届くのである。これこそ、意識の底からの根源的自然の立ち現れ、と言うべきであろう。

最後に、本書の成立に寄与した人々に謝辞を申し上げて起きたい。まずチャルマーズ。彼は、問題提起の鋭さと大胆な発想で、筆者に意識の問題に真っ向から取り組む勇気を与えてくれた。そしてデネット。彼は、妥協のない緻密な分析と辛らつな批判精神という点で、筆者の論述の構成に寄与してくれた。ちなみに、本書各章の比較的長い「まえがき」は彼の論述スタイルを真似たものである。また本書のレトリック全体が彼の『解明される意識』のそれに感化されている。次にチャーチランド夫妻。二人は神経科学と認知科学の実質的理解が、いかに心脳問題の解決にとって大切かを教えてくれた。とりわけ、ポールの思想は歯切れがよく明晰なので、思弁への退行を防御するために役立った。そして忘れてならないのはジンガーである。彼こそ意識の本質に最も肉薄しつつある人であり、最高の神経哲学者である。注意深い読者の中には気づいた人もおられると思うが、本書の中核的論点は、彼の提唱した「脳の社会的相互作用説」に強くインスパイアされている。その他マッギン、ポパー、サールなどの哲学者、そしてストウニアなどの科学者にも謝辞を申し上げておきたい。

それにしてもアヴェロンの野生児ヴィクトール君の意識に、彼を教育しようとした人々はどのように映っていたのであろうか。筆者はそれを知りたい。

二〇〇四年二月二一日　晩冬の日差しの中で

河村 次郎

■著者略歴

河村次郎（かわむら　じろう）

1958年　青森県むつ市に生まれる

1984年　東洋大学文学部哲学科卒業

1991年　東洋大学大学院文学研究科博士課程単位取得退学

現　在　東洋大学非常勤講師

主要著作

『時間・空間・身体――ハイデガーから現存在分析へ――』（醍醐書房，1999年），メダルト・ボス『不安の精神療法』（訳・解説：醍醐書房，2000年），『脳と精神の哲学――心身問題のアクチュアリティー――』（萌書房，2001年），「身体-自我の障害と他者経験の空間性」（河本・谷・松尾編『他者の現象学Ⅲ』北斗出版，2004年），他。

意識の神経哲学

2004年７月20日　初版第１刷発行

著　者　河村次郎

発行者　白石徳浩

発行所　有限会社 萌（きざす） 書 房

〒630-1242　奈良市大柳生町3619-1

TEL（0742）93-2234 / FAX 93-2235

[URL] http://www3.kcn.ne.jp/~kizasu-s

振替　00940-7-53629

印刷・製本　共同印刷工業・藤沢製本

ISBN4-86065-011-5

河村 次郎著

脳と精神の哲学 ——心身問題のアクチュアリティー——

A 5 判・上製・カバー装・206ページ・定価：本体2400円＋税

■唯脳論を根底から覆す21世紀の〈臨床神経哲学〉への格好の研究入門。マリオ・ブンゲの創発主義的精神生物学に基づき，脳と心のミステリアスな関係を解明した若き哲学者の意欲作。

ISBN 4-9900708-7-9　2000年12月刊

山形 頼洋著

声と運動と他者 ——情感性と言語の問題——

A 5 判・上製・カバー装・366ページ・定価：本体4800円＋税

■身体運動・キネステーゼを知覚・表象の従属から解放し運動そのものとして捉える〈運動の現象学〉の観点から，言葉の成り立ちの一端を発声という身体行為のうちに探る。

ISBN 4-86065-007-7　2004年 2 月刊

吉永 和加著

感情から他者へ ——生の現象学による共同体論——

A 5 判・上製・カバー装・272ページ・定価：本体3800円＋税

■サルトル／シェーラー／ベルクソン／アンリの他者把握の議論を「情感性」という視覚から分析。さらに，情感性に基づく共同体論の可能性と限界をルソーを通して検証。

ISBN 4-86065-008-5　2004年 3 月刊

ディディエ・フランク 著／本郷均・米虫正巳・河合孝昭・久保田淳 訳

現象学を超えて

A 5 判・上製・カバー装・236ページ・定価：本体2800円＋税

■背景にニーチェを置きつつ，フッサール／ハイデガー／レヴィナスを論究した 6 本の論文を収載。フランス現象学界における第一人者の待望久しい本邦初訳。

ISBN 4-86065-006-9　2003年 5 月刊